인문학을 좋아하는
사람들을 위한 불교수업

김사업 지음

연기·공·유식·선은 어떻게 삶이 되는가!

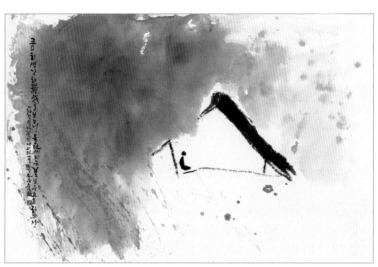

**머릿속에 갇힌
지식이 아니라
내게서 살아 움직이는
불교**

한 지인이 찾아왔다. 그는 불교 교리에 매우 해박한 사람이었다. 자신이 당하고 있는 일련의 사건에 대해 이야기하다가 화를 삭이지 못해 괴로워했다. 불교 교리가 머리로만 이해되고 있을 뿐 일상의 삶 속에 용해되지 않아서 툭하면 번뇌에 시달리며 사는 주변의 많은 사람들. 그는 주변의 아픔을 그대로 보여주고 있었다.

　그에게 물었다. "화가 나면 화를 내어야 합니까, 참아야 합니까?" 그는 화를 참아야 한다고 말했다. 다시 물었다. "화에서 자유로운 사람이 진정한 불교인입니다. 불교 교리를 산더미처럼 알고 있으나 화에서 자유롭지 못한 사람은 진정한 불교인이라 할 수 없습니다. 화를 내는 것은 당연히 화에서 자유로운 행동이 아닙니다. 그러나 화를 참는 것도 마찬가지입니다. 둘 다 화에 구속된 결과이지요. 화를 참는다고 해서 그 화가 없어집니까? 화를 참으면 속으로 골병이 들어 괴롭습니다. 그렇다고 화를 마구잡이로 낼 수도 없고. 어떻게 하는 것이 화로부터의 해탈입니까?"

그는 답변을 못하고 머뭇거리고 있었다. 나는 말했다. "불교를 많이 알고 있다고 생각했는데 화에서 자유롭게 되는 것도 모르고 있는 것 아닙니까? 부처님께서 설한 법은 머리로만 생각하는 이론이 아니라 직접 해탈에 이르게 하는 길이었습니다. 해탈에 대한 이론만 아는 것은 가려운 곳은 발인데 신발만 긁는 것과 같습니다. 화에서 진정 자유롭게 되는 것, 이것이 해탈을 실천하는 길이고, 선禪 수행을 하는 이유입니다."

이 이야기는 위의 지인에게만 한정된 말이 아니다. 거의 대부분의 불자들이 안고 있는 고민이자 풀어야 할 과제다. 아니, 불교 역사 전체를 통해서 항상 문제되어 왔고 그 해결을 모색해왔던 숙제였다. 어떻게 풀 것인가? 정확한 불교 교리를 알아야 하고, 그 교리가 머릿속의 지식으로만 갇혀있지 않고 내 몸과 마음에서 살아 움직일 수 있어야 한다. 그 계기를 마련해주고자 작은 도움이라도 되기를 바라는 마음에서 이 책을 집필하게 됐다.

책의 전체적 짜임새는 다음과 같다. 불교 교리를 그 핵심이라 할 수 있는 연기緣起·공空·유식唯識의 세 파트로 나누어서 각각 생활에 접한 예를 들어가면서 쉽게 설명한 다음, 선종의 선사들은 생활 속에서 이들 교리대로 어떻게 살았는가를 그들의 삶 속에서 찾아보고, 마지막으로 교리와 생활, 이론과 실천이 일치한 우리가 가야 할 길을 제시하려

한다.

선사들의 삶을 이야기하는 까닭은 거기서 교리와 생활이 일치한 펄펄 살아있는 실제의 사례를 볼 수 있기 때문이다. 교리의 내용이 그대로 자신의 몸과 마음이 되어 그 교리대로 철저하게 산 생생한 삶을 알게 되면 교리에 대한 이해도 심화될 뿐 아니라 본인도 그렇게 살 수 있는 나침반과 동기부여를 동시에 얻는다. 선사들의 삶은 교리와 생활이 일치한 삶을 살고자 하는 사람들에게 길을 밝혀주는 등불이 된다.

'여시아문'과 '여시아오'

선사들의 일거수일투족은 진리 덩어리가 된 사람의 꾸밈없는 울림이었다. 외워서 입으로만 말하는 진리가 아니라 평상시의 눈짓 하나, 툭 던지는 말 한마디가 진리 그대로였고 설법이었다. 보는 사람이 그 진수를 알아보지 못할 뿐이다. 안목이 있어 알아보는 순간, "어떻게 이렇게 살 수 있을까!" 하는 탄성이 터져 나온다.

경전은 '여시아문如是我聞', 즉 '이와 같이 나는 들었다'로 시작한다. 교리 또한 '여시아문'의 내용이다. 타인에게서 들은 내용이거나 그에 대한 분석과 해석이 교리라고 할 수 있다. 선禪에서 '여시아문'은 빵점이다. 선을 '여시아문'에 대응시켜 표현한다면, 선은 '여시아오如是我悟', 즉 '이와 같이 나는 깨달았다'를 생명으로 한다. 남의 이야기를 흉내 내는 것이 아니라 본인 자신이 온몸으로 깨달은 진리를 직접 보여주지 못하면 선이 아니다.

동산 수초(洞山守初, 910~990) 선사가 수행승 시절 스승을 찾아 중국 대륙을 종단하는 목숨 건 여행 끝에 겨우 광동성 운문산에 도착했다. 이렇게 먼 고난의 길을 찾아온 구도자에게 운문 문언(雲門文偃, 864~949) 선사는 아래와 같이 물었다.

> 운문: 최근 어디 있었느냐?
> 동산: 사도라는 곳에 있었습니다.
> 운문: 하안거는 어디서 했는가?
> 동산: 호남성의 보자사입니다.
> 운문: 언제 그곳을 떠났지?
> 동산: 8월 25일입니다.

문답이 여기까지 이르렀을 때 운문 선사는 천지가 진동할 정도로 고함을 질렀다.

"이 얼간이 같은 놈! 너는 몽둥이로 세 차례나 맞아도 모자라지만 몽둥이가 더러워질까봐 참는다!"

동산의 대답 어디에 잘못이 있기에 맞아야 하는가? 동산은 이미 안거를 몇 차례나 지냈으니 선이 무엇인지 알았어야 했다. 선은 진리를 생생하게 직접 체험하는 것을 생명으로 한다. 운문 선사는 장소나 일자를 물은 것이 아니었다. 하나하나 동산의 선적禪的 경지를 물은 것이고, 동산은 그에 맞는 자신의 선적 체험을 보여주어야 했다. 그런데도 동산은 보자사니, 8월 25일이니 하는 엉뚱한 대답만 했다.

느닷없이 호된 야단을 맞고 물러난 동산은 뜬눈으로 밤을 지새우다 날이 밝기를 기다려 운문 선사를 찾아가 물었다. "어제 화상께 세 차례나 맞을 것을 용서받았는데, 어디에 잘못이 있는지 모르겠습니다." 운문 선사가 다시 크게 꾸짖었다. "이 밥통아, 진리를 구하는 놈이 그런 식으로 여기저기 다니면서 세월만 보내면 어떻게 하느냐?" 진리 그 자체가 되지 못하고 여기저기 다니면서 남의 이야기만 읊조리는 것은 평생 남의 보물만 세고 자기 것은 하나도 없는 것과 같다는 일갈이다. 운문과 동산의 이 일화에는 진리 체험을 중시하는 선의 성격이 잘 나타나 있다.

선의 성격이 이러하므로 선에서 스승으로부터 제자로 진리가 전해지는 기준은 '체험'이지 '기억'이 아니다. 스승의 언행을 가장 잘 기억하고 있는 제자가 그 스승의 법을 잇는 것이 아니라, 스승의 진리 체험과 일치하는 체험을 가진 제자가 법을 잇는다. 진리의 동일한 체험이 확인되면 스승은 제자의 깨달음을 인가한다. 이 진리 체험에 의한 법의 전승을 선에서는 매우 중시해왔고, 그 결과 어느 스승에서 어느 제자로 진리가 전해졌는가를 밝히는 계보인 법맥이 형성되었다.

선사들의 일거일동은 이미 자신의 몸이 되고 마음이 된 진리가 그때그때의 상황에 따라 독특한 형태로 나타난 것이다. 예를 들면, 당나라 때의 대주 혜해(大珠慧海, ?~?) 선사는 "스님도 도를 닦기 위해 노력하십니까?"라는 질문에 조금도 지체하지 않고 곧바로 말했다. "배고프면 밥 먹고 피곤하면 잔다." 이 말은 불교의 핵심 교리인 연기의 이치 그대로 사는 사람이 '연기'의 냄새라고는 전혀 풍기지 않으면서, 살아있는 '연기'의 진면목을 그대로 보여준 것이다.

송나라 청원 유신(靑原惟信, ?~?) 선사가 말한 "산은 산이요 물은 물이다. 산은 산이 아니요 물은 물이 아니다. 여전히 산은 산이요 물은 물이다."는 바로 『반야심경』의 '색즉시공 공즉시색'을 온몸으로 체험하여 '색즉시공 공즉시색' 그대로 살아가는 자가 하는 말이다.

대주 혜해 선사가 "배고프면 밥 먹고 피곤하면 잔다"고 한 말이 어째서 불교의 핵심 교리인 '연기'대로 살아가는 자의 말일까? 또 청원 유신 선사의 게송이 어째서 『반야심경』의 '색즉시공 공즉시색'대로 살아가는 자의 말일까?

이렇게 난데없이 물으면 대답을 못하고 어리둥절할지 모르겠다. 하지만 앞으로 전개될 연기와 공에 대한 교리적 설명과 일상생활에 즉한 예를 보게 되면 위 선사들이 말하는 바의 진수에 눈을 뜰 것이다. 그래서 진리대로 산다는 것이 어떤 것인가를 생생하게 알게 되어 교리와 생활, 이론과 실천이 일치된 삶으로 나아가게 될 것이다.

이 책을 통해서 '불교가 어떻게 삶이 되는가'를 명확히 알게 되기를 바란다. 그래서 무문 선사의 게송처럼 "쓸데없는 일에 마음이 걸리지 않으면, 그야말로 인간 세상은 호시절"이 되었으면 좋겠다.

목
차

13

1
장

진리를 사는 사람

무엇이 당신을 괴롭히고 구속하는가?

내 삶의 자화상

먼저, 불교의 핵심인 '연기'의 이치부터 현실생활에 적용시켜 풀어가 보자.

회사원 준호가 있었다. 그는 동료 동수가 죽도록 미웠다. 동수만 보았다 하면 뒷골이 당기고 일이 손에 잡히지 않았다. 그러나 근무처가 같다 보니 동수를 만날 수밖에 없었고, 그럴 때마다 준호의 기분은 엉망이 되었다. 준호는 누구 때문에 이 고생인지 생각해 보았다. 평온하던 마음이 동수만 보았다 하면 괴로워지니 원인은 동수에게 있었다. 남은 것은 그 원인을 제거하는 일이었다.

다음 날부터 준호는 회사 사람들에게 깊은 신임을 받기 위해 훨씬 더 성실하게 일했다. 다툴 일도 좋은 웃음으로 양보했다. 준호에 대해 꽤 믿을 만한 사람이라는 인식이 점차 자리를 잡아갔다. 이때부터 준호는 사람들에게 동수의 약점을 부풀려 슬쩍슬쩍 말하기 시작했다. 신임을 얻고 있는 준호의 이야기였으니, 가랑비에 옷 젖듯 동수에 대한 사람들의 인식은 금이 가기 시작했다.

혹심한 불경기가 찾아왔다. 그 회사도 감원을 할 수밖에 없었다. 회사를 떠난 사람들 중에는 동수도 포함되어 있었다. 동수의 해고에는 장기간에 걸친 준호의 험담도 상당한 영향을 미쳤다. 준호는 내심 기뻤다. 내일부터 동수를 만날까 노심초사할 일도 없어졌다. 퇴근 후 그냥 집으로 돌아가기가 서운해서 술집에 들러 기분 좋게 취하고 노래도 서너 곡 불렀다. 건너편에서 한 젊은이가 세상의 고뇌를 다 짊어진 듯한 얼굴로 홀로 술을 마시고 있었다. 준호는 젊은이에게로 다가가 한 잔 따라주면서 말했다. "젊은이, 너무 괴로워 말게. 세상은 살 만한 곳이야!"

동수가 떠나자 준호의 회사생활은 밝았다. 매일 매일이 즐거운 가운데 준호는 사람을 미워하는 데서 오는 괴로움은 최소한 자신에게서 만큼은 끝난 줄 알았다. 한데 웬걸, 반년이 지나자 동수만큼 미운 놈이 회사에 또 한 사람 생겨났다. 괴로움은 또다시 시작되었다. 준호는 이런 서울이 싫었다. 한적한 지방으로 근무지를 옮겼으나 그곳에도 미운 놈은 있었다. 허탈해하던 준호는 미국으로 전근을 갔지만 살아보니 그곳도 마찬가지였다.

준호는 이렇게 여기저기 옮겨 다니며 미워하고 앙갚음하면서 직장생활을 마감했다. 퇴임하고 얼마 되지 않았을 때, 생로병사의 그림자는 예외 없이 준호에게도 찾아왔다. 중병에 걸린 것이었다.

생을 마감하게 된 시점에 와서야 준호는 자신의 생을 차근히 되돌아볼 수 있었다. 돌이켜 생각하니 일생 동안 내내 누군가를 미워하며 살아온 자신이었다. 다시는 그렇게 살지 않으리라고 후회했지만 생은 그를 기다려주지 않았다. 몇 십 년 전 젊은이에게 술 한 잔을 권하며 "세상은 살 만한 곳"이라 큰소리치던 그도 후회하며 그렇게 세상을 떠났다. 준호는 일생 동안 수많은 변화를 경험했다. 서울에서, 지방에서, 미국에서 각양각색의 사람들을 만났고 여러 가지 일을 겪었다. 신문에 오르는 기사들만큼이나 변화무쌍한 세상을 경험한 그였지만 그의 생애 내내 변하지 않았던 것이 하나 있었다. 그것은 바로 미워하는 마음이었다. 미움의 대상은 수없이 바뀌어 갔지만 미워하는 자신의 마음은 태어나서 죽을 때까지 그대로였던 것이다.

여기서 준호는 누구일까? 대부분의 사람은 곧바로 대답할 것이다. "나도 사람을 미워하긴 했지만 적어도 그렇게까지는 살지 않았다"고.

그러나 사촌이 땅을 사면 배가 아픈 것이 우리다. 욕심·욕망이라는 굴레에서 허우적거리며 사는 한, 미워하는 대상이나 미워하는 정도에 차이는 있을지 몰라도 준호는 바로 우리의 자화상이다. 우리도 준호와 별로 다르지 않은 삶을 살다가 이 세상을 떠난다. 준호처럼 후회하며 세상을 하직하기 싫으면 지금이라도 준호를 통해서 나의 모습을 되돌아보는 것은 어떨까?

모든 번뇌가
흔적 없이 사라진 그 자리

우리는 언제 미움으로부터 완전히 자유로워질까? 준호 이야기에서 보듯이 미운 사람이 생겨날 때마다 그 사람을 제거하거나 자신이 그 사람에게서 멀리 떠나는 것으로는 해결되지 않는다. 일시적인 처방일 뿐이다.

내 마음에서 미움이 완전히 녹아떨어질 때 비로소 미움으로부터의 해탈은 가능해진다. 나에게서 미움이 없어졌을 때 과거에 미워했던 사람이 옆에 있어도 전혀 불편하지 않다. 다른 번뇌도 마찬가지다. 내 속의 모든 번뇌가 흔적 없이 사라진 그 자리가 해탈이요 열반이다. 따라서 해탈과 열반의 길은 남이 아닌 내가 변하는 데서 열리기 시작한다.

그런데 우리는 준호처럼 문제의 원인을 바깥에서만 찾고 있다. 바깥의 원인 제거에만 전 생애를 소모하며 살아간다. 자신은 변하려 하지 않고 남만, 세상만 본인 입맛대로 변화시키려 하다가 한 번뿐인 삶을 마감한다. 마지막에는 허무만 안고 후회하며 간다.

그러면 어떻게 마음을 바꾸어야 할까? 마음이 바뀐다고 진정으로 괴로움에서 벗어날 수 있을까? 마음을 바꾸었을 때 만나게 되는 새로운 세상은 어떤 세상일까?

석가모니는 깨닫고 난 뒤 광활한 인도 땅 곳곳을 다니면서 가르침을 폈다. 길을 걸으며 만나는 사람마다 알아듣도록 가르쳤다. 교통이 발달되지 않았던 시절, 그 광대한 지역을 오직 자신의 두 발로만 다녔다. 날이 저물면 나무 아래에서 눈을 붙였고 탁발한 음식으로 끼니를 이었다. 이 세상을 떠날 때까지 45년 동안 이 가르침의 길은 멈추지 않았다. 그가 세상을 떠난 곳, 쿠시나가라도 바로 이 가르침의 길 위에 있었다.

석가모니는 무엇 때문에 이렇게까지 가르치고자 하셨던 것일까? 그것은 사람들이 겪지 않아도 될 온갖 괴로움을 겪고, 필요 없는 구속에 갇혀 있기 때문이었다. 그 괴로움과 구속에서 영원히 벗어나 평안과 대자유의 길로 인도하기 위해서였다.

영원한 평안과 대자유의 길은 어디에 있는가? 진리에 있다. 석가모니 부처님이 출현했든 출현하지 않았든 늘 존재했던 진리, 석가모니는 그 진리를 보여주었다. 진리에 대한 무지가 무명無明이고, 이 무명에 의해 끝없는 애착인 갈애渴愛가 생겨난다. 무명과 갈애 뒤에는 괴로움과 속박이 그림자처럼 따라다닌다. 우리의 마음을 진리에 초점을 맞추어 진리대로 살면 모든 대자유인들이 걸었던 영원한 평안과 자유자재의 길을 갈 수 있다. 그 길로 가는 문은 바로 당신 앞에 언제나 열려 있다.

연기緣起를 보는 자는
진리를 본다

무엇이 진리인가? 연기緣起가 진리다. 불교 교리 가운데 가장 핵심적인 것 단 하나만 말하라고 한다면 서슴없이 제시할 수 있는 것이 '연기'다. 연기는 불교 교리 전체를 꿰는 실이요, 정수라 할 수 있다. 동시에 세계 사상사의 견지에서도 실로 귀중한 사상이며, 앞으로도 인류에 크게 공헌할 사상이다.

연기를 축으로 하여 불교사상사가 전개되어온 만큼 실로 다양한 연기설이 있다. 12지연기, 업감연기, 아뢰야연기, 법계연기 등이 그것이다. 여기서는 어느 특정 연기설에 국한하지 않고 연기 일반의 핵심만 말하고자 한다.

> 연기를 보는 자는 진리를 보고,
> 진리를 보는 자는 연기를 본다.
> __『중아함경』

연기를 깨달아야 진리를 깨닫는다는 것이다. 연기란 무엇인가? 연기를 말로 정의하고 설명하는 데는 어쩔 수 없는 한계가 있다. 하지만 하늘의 달을 모르는 사람에게 그 달을 가리켜서 보게 하는 손가락이 필요하듯이, 언어는 연기를 이해시키고 보게 하는 데 유용한 도구이기도 하다. 진리를 말로 설명하는 것은 필요하기는 하나 한계를 가진다는 점을 분명히 해두고 앞으로의 이야기를 전개시켜 나가고자 한다.

연기緣起의 '연緣'은 '조건에 의해'를 뜻하고 '기起'는 '일어남·

생겨남'을 의미한다. 따라서 연기는 '조건에 의해 생겨남'을 뜻한다. 모든 것은 그렇게 생겨날 만한 조건이 갖추어졌을 때 생겨난다는 것이다.

라디오를 켜면 소리가 난다. 없던 소리가 생겨난 것이다. 소리가 나는 것이 연기의 '기起'에 해당한다. "소리가 왜 날까?"를 설명하는 부분이 연기의 '연緣'으로, 소리가 날 여러 조건이 갖추어졌기 때문이다.

라디오 소리가 나기 위해선 실로 무수한 조건들이 갖추어져야 한다. 그중에서 세 가지만 예로 들어보자. 전파를 보내는 방송국이 있어야 하고, 전파를 수신하는 라디오라는 기계, 그리고 라디오를 켜는 사람의 동작이 필요하다. 그런데 전쟁이 나서 방송국이 파괴되었다고 하자. 그런데도 계속 나는 라디오 소리는 세상 어디에도 없다. 방송국이 파괴되면 왜 나던 소리가 멈출까? 라디오 소리는 방송국에 의존해야만 비로소 나기 때문이다. 만약 라디오 소리가 방송국에 의존하지 않는다면 방송국의 파괴와 관계없이 소리는 계속 날 것이다. 따라서 의존해야만 있을 수 있는 것은, 다시 말해 조건이 갖추어질 때만 생겨나는 것은 영원할 수 없다. 조건이 변하거나 소멸하면 결과물인 그것도 함께 변하거나 소멸할 수밖에 없기 때문이다.

'연기'의 글자 그대로의 의미는 '조건에 의해 생겨난다'이지만, 여기에 함축된 의미는 앞에서 살펴본 대로 '조건에 의해 생겨났다가, 조건이 변하거나 소멸하면 함께 변하고 소멸한다'이다. 이때의 조건을 불교에서는 인연因緣이라고 한다. 우주의 모든 것은 예외 없이 연기의 이치에 따라 생겨나고 소멸한다. 연기의 이치는 누군가에 의해 만들어진 것이 아니며 만고불변의 진리다.

다시는 들을 수 없는
바람 소리

멀리 소나무 숲에서 바람 소리가 들린다. 바람 소리가 날 만한 조건이 갖추어져 소리가 난 것이다. 다시 말해 연기한 것이다. 그런데 이 소리가 우리가 알지 못하는 어딘가에 항상 있다가 지금 홀연히 여기에 나타나서 소리가 난다고 하면 어처구니가 없어 웃을 것이다. 이 소리가 더이상 나지 않을 때, "그 소리는 어디로 갔는가?"라고 물으면 무엇이라고 대답하겠는가? "그 소리는 어디로 가는 것이 아닙니다. 인연이 갖추어졌기에 소리가 났다가 인연이 다했기에 그냥 소멸했을 뿐입니다."라고 대답한다면 연기를 제대로 이해한 것이다.

그 바람 소리가 정말 마음에 든다고 해서 똑같은 소리를 다시 들을 수 있을까? 방금 전 바람 소리와 지금 바람 소리는 다르며, 설사 녹음을 해놓았다고 해도 실제 그 바람 소리와 녹음기에서 나는 소리는 어디가 달라도 다르다. 소리라는 것이 변치 않고 어딘가에 있다면 어떻게 해서라도 그것을 다시 불러올 가능성이라도 있다. 그러나 소리는 인연이 다하면 소멸할 뿐이다.

세상의 모든 것은 예외 없이 모두 바람 소리와 같이 연기한 것이다. 나 자신도 연기한 것이요, 기쁨과 슬픔도, 태어남과 죽음도 모두 연기한 것이다. 물질적·정신적인 무엇 가운데 연기하지 않은 것은 하나도 없다.

뭔가가 연기했다는 것은 조건(인연)이 갖추어졌기에 생겨났다는 것이며, 그 조건이 유지되는 한도 내에서만 존재할 뿐이라는 것을 동시에 의미한다. "모든 것은 조건이 갖추어졌기에 생겨난 것이며, 그 조건이 유지되는 한도 내에서만 존재할 뿐"이라는 구절은 골수에 새겨 되씹고 되씹어서, 내 몸과 마음은 물론이고 세상의 모든 것이 이 구절처럼 보이고 느껴지도록 사무쳐야 한다.

눈을 크게 뜨고 내 앞에 펼쳐지는 연기의 세계를 보라! 순간에 생겨났다가 순간에 사라지는 다이내믹한 세계를! 지금 내 귀에 들려오는 바람 소리는 영겁의 세월을 지나도 다시는 들을 수 없는 단 한 번뿐인 소리이고, 지금 이 순간의 그대 얼굴은 어느 누구도 흉내 내지 못하는 우주에 단 하나뿐인 얼굴이다.

그러나 우리들 마음에는 좋은 것은 끝까지 손에 쥐려 하고 싫은 것은 절대 수용하지 않으려는 집착이 있다. 좋은 것도 싫은 것도 조건에 따라 생겨났다가 조건이 다하면 없어지는 연기의 소산물 아닌가? 떠나보낼 때가 되면 떠나보내야 하고, 받아들여야 할 때는 받아들여야 한다. 하지만 진리를 등진 무명과 그로 인한 집착은 연기의 세계를 받아들이지 않는다. 괴로움과 얽매임은 여기에서 시작한다.

방금 전의 바람 소리가 듣기 좋았다고 해서 또다시 들을 수 있겠는가? '다시 한 번 더 듣고 싶다'고 목을 매달면 매달수록 골병만 깊어질 따름이다. 그 이루어질 수 없는 열망 때문에 애석하게도 지금 불고 있는 청량한 바람 소리는 놓치고 만다.

떠나간 소리가 변치 않고 머물러 있는 세계는 결코 없기 때문에, 우리는 다시는 돌아오지 않는 소리의 세계, 곧 연기의 세계 안에서 그 초월을 찾아야 한다. 떠나간 사람, 과거의 원한과 영광 등은 지나간 소리와 같다. 어떻게 해야 여기서 초월할 수 있을까?

이 아이를 살려낼 약이 없습니까?

죽은 자가 없는 집은
한 곳도 없다

모든 것은 연기緣起한 것이다. 연기했다는 것은 '조건이 갖추어졌기에 생겨났으며, 그 조건이 유지되는 한도 내에서만 존재할 뿐'이라는 것을 의미한다. 그러므로 한번 생겨난 것은 소멸할 수밖에 없고, 소멸한 것은 방금 전에 불었던 바람처럼 그 자체로서는 다시는 돌아오지 않는다.

사랑하는 사람과도 언젠가는 영원한 이별을 해야 하고, 지금 누리고 있는 부와 명예와 건강도 때가 되면 매몰차게 떠난다. 내가 이 세상에 살 수 있는 날도 그리 길지 않다. 여기까지만 예를 들어도 가슴 한구석에 '무상하다!'는 감정이 피어오를 것이다. 그렇다. 세상은 참으로 무상하다.

초기불교 경전에는 '무상無常'이라는 말이 수없이 많이 나온다. 그런데 눈길을 끄는 것은 어떤 이론적인 설명도 없이 불쑥 나온다는 점이다. 초기 경전에서는 무상의 이유나 근거를 파고드는 일이 없다. 무상은 차분한 마음으로 자신과 주위를 둘러보면 누구나 공감할 수밖에 없는, 그래서 더 이상 설명할 필요가 없는 우리의 있는 그대로의 모습이기 때문이다. 다음의 이야기를 들어보라.

부처님 당시 인도 코살라국의 수도 사위성에 크리샤 가우타미라는 여인이 살고 있었다. 그녀는 결혼해서 좀처럼 아기를 갖지 못하다가 겨우 아들 하나를 얻었다. 아들에 대한 그녀의 사랑은 정상을 벗어나 지나칠 정도였다. 그런데 그 아들이 걸음마를 떼고 한창 재롱을 부리던 나이에 그만 세상을 떠나고 말았다.

가우타미는 죽은 아들을 끌어안고 사위성 거리 곳곳을 돌아다니며 미친 듯이 외쳤다. "누가 이 아이를 살려낼 약이 없습니까?" 아이의 시신은 부패하기 시작하여 냄새가 나고 있었다. 그래도 그녀는 아이를 끌어안고 내려놓지 못했다.

어제까지 웃음 짓던 사랑하는 아들이 오늘은 싸늘한 시신으로 변했다. 사랑하는 아들과의 이별. 결코 원하지 않지만 언젠가는 피할 수 없이 겪어야 하는 무상한 세상의 한 단면이다. 어머니는 슬픔을 주체하지 못해 부패하는 아들의 시신을 끌어안고 외친다. "이 아이를 살려낼 약이 없습니까?" 이 외침은 무상을 받아들이지 못하는 우리 모두의 절규다. 도대체 이 무상한 세계를 초월할 수 있는 길은 없는가? 다시 가우타미의 이야기로 돌아가자.

몇 날 며칠이 지났지만 약을 지어주겠다고 나서는 사람은 아무도 없었다. 그런데 어느 날, "여인이여, 내가 그 약을 지어주겠노라"며 말을 거는 사람이 있었다. 석가모니였다.

석가모니는 가우타미에게 약의 원료가 되는 겨자씨를 얻어오라고 했다. 겨자씨는 흔한 조미료였기 때문에 어느 집에나 있었다. 다만 지금까지 죽은 자가 한 사람도 없는 집에서 얻어와야 한다고 했다.

가우타미는 사위성 골목골목 집집마다 돌아다니며 물었다. "당신 집에는 죽은 사람이 없습니까?" 정신 나간 듯 이집 저집 찾아다녔지만 가까운 사람을 저세상으로 떠나보낸 적이 없는 집은 한 곳도 없었다.

빈손으로 돌아온 가우타미에게 석가모니가 물었다.

"가우타미여, 아직도 겨자씨가 필요하느냐?"

가우타미는 말했다.

"아닙니다. 이제 필요 없습니다."

마침내 가우타미는 아이의 시신을 내려놓았다. 아이를 화장하고서 장례를 치른 뒤 출가했다. 그러고는 오랜 수행 끝에 깨달음을 얻었다.

빈손으로 돌아온 가우타미에게 석가모니는 눈이 번쩍 뜨이는 질문을 던진다. "아직도 겨자씨가 필요하느냐?" 실로 캄캄한 무지를 일깨우는 천금 같은 한마디다. 가우타미는 대답한다. "아닙니다. 이제 필요 없습니다." 이 대답에서 우리는 무상을 초월한 가우타미를 본다.

아들의 죽음이라는 무상을 거부하며 아들을 살릴 수 있는 약을 애타게 찾던 가우타미는 이제 더 이상 그 약의 필요성을 느끼지 않는다. 누구나가 가까운 사람을 죽음으로 떠나보낸다는 사실을 맨눈으로 생생히 보고는 무상에서 초월하는 지혜를 얻은 것이다. 이 지혜를 불교에서는 반야般若라고 부른다. 이제 그 지혜의 내용에 대해 말할 차례다.

'왜 무상한가?'에 대한 답을 굳이 찾는다면 모든 것은 연기하기 때문이다. 조건이 지속되는 한도 내에서만 존재할 수 있을 뿐이기 때문에 무상할 수밖에 없다. 이 무상한 세계로부터 도피할 곳은 없는가? 없다. 있는 것은 무상한 세계뿐이다. 죽은 자가 없는 집은 한 곳도 없다는 사실이 잘 말해주고 있지 않은가?

파초 잎에 내리는 비는
근심이 없다

무상한 세계 말고 영원의 세계가 별도로 있는 것은 아니다. 그러므로 무상의 초월도 내가 서 있는 바로 이 무상의 세계에서 이루어질 수밖에 없다. 연꽃이 의미가 있는 것은 맑은 물이 아니라 진흙탕에서 아름다운 꽃을 피우는 데 있다. 오갈 데 없는 무상의 진흙탕에서 영원이라는 꽃 한 송이는 어떻게 필 수 있을까? 다음과 같은 게송이 있다.

파초 잎에 내리는 비는 근심이 없는데
단지 사람이 그것을 보고 애간장을 태운다.

비는 아무런 근심 없이 그냥 파초 잎을 적신다. 파초 잎에 떨어지는 자신을 정당화하려고도 않고 일부러 그 의미를 찾지도 않는다. 바람이 불면 파초 옆의 잡초에 떨어졌다가 날이 개면 발버둥치는 일 없이 깨끗이 말라버린다. 인연이 되면 또다시 파초 잎에는 비가 내린다.

실제로 있는 세계는 인연이 되어 파초 잎에 비가 내렸다가 인연이 다 되면 흔적도 없이 마르는 세계밖에 없다. 이것이 만고불변의 진리의 세계다. 이 세계를 있는 그대로 받아들이지 못하는 사람들은 자신의 좁은 소견으로 이 세계를 슬픔과 기쁨 등 갖가지 색깔로 물들여 놓고는, 세계는 애초부터 그런 색깔로 되어 있다고 착각한다.

생각해보라. 아무리 거부해도 있는 것은 생멸 변화하는 무상한 세계뿐이다. 그리고 이것이 진리다. 진리대로 산다는 것은 무상한 세계를 무상한 그대로 받아들이는 데서 시작한다. 이렇게 받아들이지 못한다면 영원한 평안과 대자유는 없다. 가우타미도 아들의 죽음을 받아들였기 때문에 아들의 시신을 내려놓고 깨달음에 이를 수 있었다.

가우타미가 그토록 사랑한 죽은 아이는 우리 각자에게도 있다. 우리가 부여안고 있는 것은 비단 죽은 아이만이 아니다. 사업 실패, 누군가에게서 받은 모욕, 배신감 등 마음속에 응어리져 내려놓지 못하는 것은 모두 죽은 아이에 해당한다. 원하는 것의 영원한 지속을 바라는 마음이 무상한 현실에 부딪혀 산산조각이 났고 이것을 받아들이지 못해 마음에 응어리가 맺힌 것이다.

가우타미가 죽음을 받아들이지 않았다면, 죽은 아이를 안고 한이 맺힌 채 이 세상을 떠났을 것이 분명하다. 가우타미가 깨달음을 얻어 영원한 평안의 경지에 이른 것은 아이를 내려놓았기 때문이다. 원치 않는 일을 당하지 않도록 노력은 해야겠지만 이미 벌어져 끝난 일은 돌이킬 수 없다. 가우타미가 죽은 아들을 내려놓듯이 우리도 지나가버린 일에 대한 응어리를 마음에서 내려놓아야 한다. 이것이 무상 속에서 영원으로 승화하는 첫걸음이다.

무상 속에서
영원을 살다

응어리를 내려놓아야 한다는 것을 머리로 이해하기는 쉽다. 남들에게 말하기도 쉽다. 그러나 정작 본인이 내려놓는 것은 참으로 힘들다. 베어도 베어도 잡초가 돋아나듯이, 잊으려 해도 응어리는 새록새록 또다시 솟아오른다. 응어리는 없어질 수 있을까?

역사에 이름을 남긴 많은 선사들은 이론적으로 아무리 분석해서 파고들어도 괴로움에서 쉽사리 벗어날 수가 없다는 것을 통절히, 그야말로 뼈저리게 안 사람들이었다. 이 절망의 끝에서 그들은 선 수행에 몸을 던졌다. 사무치는 추위에도 시퍼런 눈을 하고 앉아 화두를 든 것이 몇 해였던가. 마침내 그들은 모든 응어리와 괴로움에서 자유롭게 되었다.

아무리 떨쳐버리려 해도 응어리가 쉽사리 떨쳐지지 않는다면, 다음의 글을 음미해보라.

낯선 땅의 높은 봉우리에 서서 생전 처음 경험하는 신비로운 바람을 맞는다. 지인으로부터 그 바람에 대해 알려달라는 간곡한 부탁까지 받았다. 그 바람이 어떤 것인지 알려는 일념으로 바람을 맞을 것이다. 당신의 몸에도 바람뿐이고 당신의 마음에도 바람뿐일 것이다. 당신은 바람과 하나가 된다.

생전 처음 경험하는 신비로운 바람을 맞듯이 이 생각 저 생각 하지 말고 그냥 눈앞의 일을 직시해보라. 화가 나는 일이 있다면, '이런 이유로 화를 낼 수밖에 없다' 하면서 화를 내는 자신의 정당성을 되뇌지 말라. 화를 내는 것에 대해 자꾸 설명하거나 이유를 붙이면 화는 정당성을 확보하고, 그럴수록 화의 뿌리는 더 깊어져 끝날 줄을 모른다. 화에서 도피하지도 말라.

화에 대한 어떤 생각도 없이, 이것이 화라는 생각도 없이, 세상에 태어나 처음으로 그것을 만난 것처럼 '이것이 무엇일까?' 하는 일념으로 그냥 그것과 만나라. 당신 몸에도 마음에도 진정 초면初面의 화뿐일 때, 당신은 맨눈으로 화를 본다.

무상의 세계를 거부하지 않고 이렇게 맨눈으로 볼 수 있다면, '무상'은 더 이상 '허무'의 동의어가 아니다. 변해가는 순간순간이 매번 새로운 순간으로 승화하고, 매일매일이 그 자체로서 완성된 나날로 변모한다. 깨달은 자는 이 순간은 이 순간을 잡념 없이 100퍼센트 살고, 다음 순간은 다음 순간을 그렇게 산다. 매 순간에는 과거가 남긴 앙금도 없고 미래가 드리우는 그림자도 없다. 이 순간이 전부다. 그러므로 이 순간이 곧 영원이요, 영원이 곧 이 순간이다.

선사들은 이렇게 무상 속에서 영원을 살았다. 무상 중에서도 가장 무상하다고 할 수 있는 것이 죽음이다. 당신은 죽음을 어떻게 맞이하겠는가? 죽음의 문턱에서도 영원을 사는 모습을 마조 선사에게서 찾아볼 수 있다.

오늘은
오늘뿐이다

마조 도일(馬祖道一, 709~788) 선사가 중병이 들어 이윽고 입적하기 전날 저녁이었다. 그 절의 원주(院主, 절의 사무 일체를 맡아서 처리하는 스님)가 물었다.

"화상이시여, 건강은 어떠신지요?"

마조 선사는 말했다.

"일면불日面佛, 월면불月面佛."

'일면불', '월면불'은 둘 다 부처님 이름이다. 일면불은 해를 상징하는 부처님으로 수명이 1,800세, 월면불은 달을 상징하는 부처님으로 수명이 하루에 불과하다. 일면불은 장수하는 부처고 월면불은 단명의 부처다.

마조 선사가 "일면불, 월면불"이라 한 것은 수명의 장단은 상대적인 것으로 절대적인 가치와는 아무런 관계가 없다는 것을 보이기 위함이라고 생각할지 모른다. 마조 선사는 그런 지푸라기에는 용무가 없다. 그러나 우리는 그런 지푸라기조차 언급하지 않으면 감조차 잡지 못한다. 어쩔 수 없이 다음과 같은 군더더기를 붙인다.

임종을 하루 앞둔 마조 선사에게 병의 상태가 어떤지 물었다. 마조 선사는 태연하게 "일면불, 월면불"이라 대답했다. 1,800년을 살아도 부처고, 하루만 살아도 부처다. 장수하면 장수하는 대로 좋고 단명하면 단명하는 대로 좋다. 일면불은 일면불이고 월면불은 월면불이지만, 일면불도 부처고 월면불도 부처다. 어느 쪽도 그 자체로서 완성되어 있다. 비교를 통한 양자의 평가는 없다. 이 순간은 이 순간으로 완성되어 완결되는 것이지, 결코 다른 순간과 비교되어 흠집이 나거나 다른 순간에 자신의 그림자를 드리우지 않는다. 오늘은 오늘뿐이다.

편하면 편한 대로, 아프면 아픈 대로 살며, 죽음이 오면 죽는 것이다. 그날그날이 좋고 나쁨을 초월한, 매일매일이 그날밖에 없는 유일한 날, 절대적인 날, 최고의 날이다. 이렇게 사는 자에겐 매 순간이 모든 것이므로 매 순간이 곧 영원이다. 순간순간의 장면은 편하거나 아프거나 하는 무상의 연속이지만 그 속에서 그는 영원을 산다.

어떻게 이렇게 살 수 있을까? 진리인 연기 그대로 살기 때문이다. 인연이 되어 생겨날 때는 100퍼센트 생겨나고, 인연이 다 되어 소멸할 때는 100퍼센트 소멸한다. 인연의 세계에서 이것 말고 또 무엇이 있는가? 살아갈 때는 100퍼센트 살고 죽을 때는 100퍼센트 죽는다. 결코 미진함과 쓸쓸한 뒷맛을 남기지 않는다.

임종을 하루 앞둔 날 나는 과연 "일면불, 월면불" 할 수 있을지 스스로 물어볼 일이다. 입으로 흉내만 내는 것이 아니라 진정 그렇게 할 수 있을까? "일면불, 월면불"의 경지 뒤에는 마조 선사의 눈물겨운 수행이 숨어 있다는 것도 놓쳐서는 안 된다.

나, 벼락에도 멍들지 않는 허공

집착할수록
진리에서 멀어진다

모든 것은 조건에 의존하여 생겨나며, 그 조건이 유지되는 한도 내에서만 존재할 수 있다. 이것이 바로 불교의 핵심 교리인 '연기'라고 했다. 연기의 쉬운 예를 들어보자. 물을 컵에 부으면 물은 컵 모양이 된다. 컵 속의 물을 바가지로 옮겨 부으면 물은 금세 바가지 모양이 된다.

물이 처음부터 컵 모양을 한 것은 아니다. 컵이라는 조건(인연)에 의존해야만 비로소 컵 모양이 생겨난다. 그러나 한번 컵 모양을 했다고 해서 컵 모양이 영원히 지속되는 것은 아니다. 바가지로 옮겨 부으면, 다시 말해 컵이라는 조건은 없어지고 바가지라는 새로운 조건을 만나면 물은 순식간에 바가지 모양으로 변한다. 컵 모양이든 바가지 모양이든 그 조건에 의존해야만 있을 수 있고, 조건이 소멸하면 그 모양도 함께 소멸하니 연기를 잘 보여주는 예가 된다.

연기에 대한 이런 설명을 들으면 연기가 별로 어렵지 않다는 생각이 들 것이다. 연기만 깨달으면 영원한 평안과 대자유를 얻는다고 했으니 얼마 있지 않아 곧 그렇게 될 것처럼 느껴질지도 모르겠다.

석가모니는 연기를 깨달아 성도하신 뒤 이렇게 염려했다. "내가 깨달은 연기의 도리는 매우 깊고 어려워서, 이 연기를 설한다 해도 집착을 즐기고 집착을 기뻐하는 사람은 알기 어려울 것이며 이 진리에 들어가기 힘들 것이다." 연기의 원리는 간단할지 모르나 거기에서 파생되는 의미는 실로 다양하고 깊다. 지금부터 연기의 이치를 통해 나의 사고가 얼마나 편협하고 왜곡되어 있는지, 또 거기서 벗어나는 길은 무엇인지를 하나하나 짚어보기로 하자.

불성佛性, 모든 것에서
자유로운 초월성

"물은 어떤 모양입니까?" 하고 묻는다면 대답하기가 난처할 것이다. 왜 난처할까? 물은 컵에 들어가면 컵 모양, 바가지에 들어가면 바가지 모양이 될 뿐, 물 자체에 고정된 모습이 있는 것은 아니기 때문이다. 물뿐만 아니라 모든 것은 연기한 것이므로 고정된 모습이 없다. 인연(조건)에 따라 언제나 변한다.

명심해야 할 것은, 물에 고정된 모습은 없지만 변하지 않는 물 그 자체는 있다고 생각하면 잘못이라는 것이다. 물 자체도 조건에 의존해서 생겨난 것이며 조건이 다하면 소멸한다. 물도 온도가 올라가면 수증기가 되어 증발하고 만다. 물뿐 아니라 다른 모든 것도 마찬가지니 주의해야 한다.

연기한 것의 진짜 모습은 이것이라 해도 틀리고 저것이라 해도 틀린다. 물의 진짜 모습은 컵 모양이라 해도 맞지 않고 바가지 모양이라 해도 맞지 않다. 이와 같이 모든 것은 어느 모습에도 갇혀있지 않으므로 어느 것에도 구속되는 법이 없다.

물이 컵 모양을 하고 있을 때라도 결코 컵 모양에 구속되어 있지 않다. 컵 모양에 구속되어있다면 바가지에 들어가도 순식간에 바가지 모양으로 변하지 못한다. 컵 모양을 하고 있는 바로 그때에도 컵 모양으로부터 자유로운 것이다.

우리의 본래 모습도 이와 같아서 그 어떤 처지나 상황에 있더라도 그것에 구속되어 있지 않고 자유롭다. 비록 가난하더라도 나는 그것에 구속되어 있지 않고 자유롭다. 그래서 때가 되면 잘살 수 있다. 성공과 실패, 칭찬과 비난, 그 어느 것에 대해서도 나는 구속되어 있지 않고 자유롭다. 나는 벼락에도 멍들지 않는 허공과 같다.

연기한 모든 것은 이와 같이 조건에 의해 특정한 모습을 하고 있지만, 동시에 그 모습에 구속되어 있지 않고 거기에서 자유로운 초월성도 함께 가지고 있다. 진흙탕이라는 상황에서도 더러워지지 않고 청정한 연꽃이 피어있는 것과 같다. 모두가 다 가지고 있는 이 자유로운 초월성, 이것을 불성佛性이라 한다. 내가 게을렀다는 조건에 의해 비록 시험에는 낙방했지만, 나의 본래 모습, 진실한 모습은 낙방에 전혀 구속됨이 없이 낙방에서 초월해있다. 그래서 열심히 공부하면 언제라도 합격한다. 나의 본래 모습은 언제나 그대로이지만 이것을 완전히 회복하는 데는 지혜와 자비행이 필요하다.

그런데도 한때의 자기 모습을 영원히 고정된 것으로 본다면, 그것이 바로 무명無明, 곧 어리석음이다. 마치 물은 늘 컵 모양을 하고 있다고 착각하는 것과 같다. 이 어리석음에 의해 괴로움의 씨앗이 뿌려진다. 자신의 어느 한 모습에 집착하는 순간이 괴로움을 부르는 순간이다. 나의 진짜 모습은 사장도 아니고 일용직 노동자도 아니다. 그러나 내가 사장이라고 고집하는 순간, 회사 밖에서도 사장님 대우를 받지 못하면 화가 난다. 여기 오곡도에서 지게를 져야 할 때도 사장님인 내가 대단한 하심을 했다고 은근히 뽐내며, 그 하심을 남들이 알아주지 않으면 마음이 편치 않다. '사장'이라는 한 모습에 집착하기 때문에 겪지 않아도 될 괴로움을 겪는 것이다.

진리의 눈으로 보면, 당신의 모습은 어느 것으로도 정해져 있지 않다. 그렇다면 진리대로 산다는 것이란 어떻게 사는 것일까?

뱀이 낡은 허물을
벗어버리는 것처럼

다시 물의 이야기로 돌아가자. 물론 물과 인간을 단순 비교하는 것에는 무리가 따른다. 그러나 큰 모순이 없다면 단순할수록 이해는 쉽다. 일단 컵 모양과 바가지 모양이 윤리적으로나 가치적으로 아무런 결함이 없는 것으로 가정하고 논의를 전개시켜보자.

물의 작용은 진리, 곧 연기 그대로다. 컵에 들어가면 100퍼센트 컵 모양이 되지만 바가지로 옮겨지는 순간 조금도 주저하지 않고 100퍼센트 바가지 모양이 된다. 바가지에 들어갔는데도 좀 전의 컵이 좋다고 고집하며 바가지 모양을 거부하거나, 망설이면서 반만 바가지 모양을 하지 않는다.

물은 어떤 모습에도 집착하지 않는다. 그래서 바가지로 들어가는 순간 금세 100퍼센트 바가지 모양이 된다. 그것도 억지로 바가지 모양이 되는 것이 아니라 자연스럽게 된다. 그리고 바가지 모양을 하고 있는 그 순간에도 거기에 구속되어 있지 않고 자유롭다. 이것이 연기, 곧 진리대로 사는 것이다.

사람이 물처럼 산다면 어떻게 살까? 그는 도서관에 가서는 100퍼센트 공부에 열중하고, 회사에서는 100퍼센트 일에 매진하며, 야유회에 가서는 100퍼센트 신나게 놀 것이다. 그런데 우리는 도서관에 가면 야유회 가서 놀고 싶어 하고, 막상 야유회에 가면 공부해야 한다고 걱정한다. 진리대로 살지 못하는 것이다. 그러니까 괴롭다. 도서관에서는 야유회 가지 못하는 괴로움, 야유회에서는 공부 걱정하는 괴로움, 괴로움 천지다.

왜 지금 이 자리에 100퍼센트 존재할 수 없는가? 잊을 것을 미련 없이 잊지 못하고 버릴 것을 미련 없이 버리지 못하기 때문이다. 바가지에 들어간 물이 100퍼센트 바가지 모양을 하는 것은 그 전의 컵 모양을 100퍼센트 버렸기 때문이다. 포기할 것은 깨끗이 포기해야 새로이 얻는 것이 있다.

뱀이 낡은 허물을 벗어버리는 것처럼, 사업 실패·어차피 받지 못할 돈·도서관에서의 야유회 생각 등은 미련 없이 잊을 수 있어야 한다. 잊고 버린다는 것, 쉬운 일이 아니다. 하지만 그렇게 하지 않고는 대자유와 영원한 평안에는 이르지 못한다.

선禪의 전통에는 독참獨參이라는 제도가 있다. 스승이 정기적으로 제자와 일대일로 만나 화두에 대해 치열한 선문답禪問答을 나눔으로써 제자의 경지를 점검하고 수행에 매진할 수 있게 이끌어주는 제도다. 독참 시간 때, 지나간 선문답에 마음이 걸려있으면 어느새 방장스님의 벽력같은 호통이 날아온다. "얻었으면 버려! 얻었으면 버리라고 하지 않았나!" 명심해야 할 가르침이다.

배고프면 밥 먹고
피곤하면 잔다

물과 같이 연기 그대로 살아가는 생생한 모습을 우리는 당나라 때의 대주 혜해(大珠慧海, ?~?) 선사의 일화에서 볼 수 있다.

원율사原律師라는 스님이 대주 선사에게 와서 물었다.

"스님도 도를 닦기 위해 노력하십니까?"

"그렇다네."

"어떻게 노력하십니까?"

"배고프면 밥 먹고 피곤하면 잔다네(飢來喫飯, 困來卽眠)."

"그거야 모든 사람이 다 하는 일 아닙니까? 그렇다면 그 사람들도 스님처럼 도를 닦는다고 할 수 있겠군요?"

"그렇지 않네."

"이유가 무엇입니까?"

"사람들은 밥 먹을 때 오로지 밥만 먹지 않고 이것저것 요구가 많고, 잠잘 때 잠만 푹 자지 않고 온갖 쓸데없는 것을 생각하고 있지. 그게 나와 다른 까닭이야."

율사는 아무 말도 못 했다.

대주 선사는 도를 닦기 위해 어떻게 노력하느냐는 질문에 "배고프면 밥 먹고 피곤하면 잔다"고 답했다. 이 대답과 "컵에 들어가면 컵 모양이 되고 바가지에 들어가면 바가지 모양이 된다"의 사이에 어떤 차이라도 있는가?

아둔한 사람은 대주 선사의 말을 자기 수준으로 받아들여 마음속으로 이렇게 말한다. '그러면 나는 정말 진리 그대로 산다. 남들이 세 끼 먹을 때 나는 네 끼 먹고 시도 때도 없이 자니까.'

비는 차별 없이 내린다. 좋은 이에게 더 많이 뿌려주거나 싫은 이를 외면하는 일이 없다. 하지만 매화는 그 비를 맞으면 향기로운 꽃을 피우지만 뱀은 똑같은 비로 독을 만든다. 이와 마찬가지로 같은 말이라도 듣는 이에 따라 다 다르게 듣는다. 누구 때문에 다르게 들리는지 스스로 물어볼 일이다. 말하는 상대 때문인가? 듣는 나 때문인가?

대주 선사와 같은 선승이 위의 말로써 보여주는 경지는 우리가 생각하는 그런 수준이 아니다. 우리는 밥 먹을 때 아무런 잡념 없이 밥만 먹지 않는다. 어제보다 반찬이 적거나 맛이 없으면 투정을 부린다. 친구가 던진 자존심 상하는 말 한마디에 상처 받았을 때는 그 녀석 때문에 밥맛이 떨어졌다고 울분을 터뜨린다. 그는 친구의 말 한마디를 곱씹지 밥을 먹지 않는다. '학교 다닐 때는 나보다 모든 면에서 떨어지던 녀석이 사회에 나가 성공했다고 어떻게 나에게 그런 말을 해? 다른 사람도 아니고 내게.' 밥알을 씹는 것이 아니라 상대를 씹는다.

잠자리에 누워서도 그만두어야 할 생각을 놓지 못한다. '어떻게 하면 그 녀석의 코를 납작하게 해 주지? 아, 이러면 안 돼. 잠을 잘 자야 건강하지. 자자, 자. 그런데 왜 이렇게도 잠이 오지 않는 거야? 짜증 난다.' 잠들기가 쉽지 않다. 그래서 수면제를 찾고 정신과 의사를 만난다.

대주 선사는 밥 먹을 때 잡념 없이 100퍼센트 밥만 먹는다. 잠을 잘 때는 천하를 잊고 100퍼센트 잠만 잔다. 대주 선사의 경지라면 연구할 때는 100퍼센트 연구에만 몰두하고, 운동할 때는 100퍼센트 운동에만 몰입한다. 물이 컵에 들어가면 100퍼센트 컵 모양을 하듯이, 이 순간은 이 순간대로 100퍼센트 살고 다음 순간은 다음 순간대로 100퍼센트 산다. 그는 과거에 매달리지도 않고 미래를 두려워하지도 않는다. 이것이 진리대로 사는 사람의 모습이다.

진리를 사는 사람은 지금 눈앞의 현실에서 한 발자국도 벗어나려 하지 않는다. 슬픈 일이든 기쁜 일이든 '싫다', '좋다' 말을 늘어놓지 않고 만나는 찰나 찰나와 온전히 함께 머문다. 이렇게 머문 적이 있는가? 슬픔에서 한 발자국도 벗어나려 하지 않고 온전히 머물렀을 때 어떠하던가?

　도인이 과거를 반성하지 않거나 미래에 대한 계획을 세우지 않는 것은 아니다. 지금 과거를 반성해야 할 때라면 철저히 반성한다. 미래에 대한 계획을 세울 때도 마찬가지다. 그러나 어떤 일을 하고 있는 이 순간을 과거에 대한 미련이나 후회, 미래에 대한 기대나 걱정으로 허비하지 않는다. 지금 이 순간과 하나 되어 있는데 그런 틈새가 어디 있겠는가?

　"배고프면 밥 먹고 피곤하면 잔다." 이 말은 불교의 핵심 교리인 연기의 이치 그대로 사는 사람이 연기의 냄새라고는 전혀 풍기지 않으면서, 살아있는 연기의 진면목을 그대로 보여준 것이다. 그런데 당신이 이 말을 외워서 사람들에게 말하면 어떻게 될까? 똑같은 말이지만 말하는 사람에 따라 그 질은 천양지차다. 울림이 없는 말, 그 허황함을 통절히 안 사람은 선禪에 눈을 뜬다.

나의 시작은 어디이고 끝은 어디인가?

먼저 『유마경』의 한 장면으로 들어가 보자. 갠지즈강의 지류인 간닥(Gandak)강 하류에 위치한 바이샬리(Vaiśālī, 毘舍離). 이곳은 석가모니 당시 교통의 요충지로 자유로운 기운이 넘치는 부유한 상업도시였다. 자이나교의 창시자 마하비라의 고향이기도 하며, 온 세상에 매혹을 떨치던 유녀遊女 암바팔리가 살았던 곳이기도 하다. 그녀의 허리가 한 번 흔들릴 때마다 시바신까지도 자신의 아내인 여신들을 잊어버릴 정도로 매력적이었다는 암바팔리, 그녀도 결국 석가모니에 귀의해 머리를 깎고 출가했다.

중생이 아프면
나도 아프다

석가모니는 바이샬리에서 많은 교화 활동을 펼쳤다. 열반에 들기 전 마지막 안거를 보낸 곳도 여기였으며, 열반에 든 후에는 사리탑이 세워지고 제2회 불전 편찬회의(結集)가 이곳에서 개최되었다.

바로 이 도시에 유마維摩라 불리는 장자가 살고 있었다. 그는 높은 지혜와 넓은 덕으로 만인으로부터 존경을 받았다. 어느 날 그는 방편으로 병석에 누웠다. 국왕을 비롯한 수많은 사람이 병문안을 왔고, 유마 거사는 그들 각자에게 맞는 가르침을 설하여 깨달음을 향한 간절한 마음을 일으키게 했다.

바이샬리 교외의 암바팔리 동산(菴羅樹園, 유녀 암바팔리가 기증한 땅)에서 법을 설하고 있던 석가모니는 유마 거사의 병을 알고 제자들을 보내어 병문안을 하려고 했다. 그런데 그 유명한 10대 제자와 보살들 모두가 자신들은 자격이 되지 않아 병문안을 갈 수 없다고 했다. 까닭인 즉, 예전에 유마 거사의 뛰어난 설법에 한마디 대꾸조차 할 수 없었던 경험을 가지고 있었기 때문이었다. 마침내 문수사리보살이 어쩔 수 없이 병문안을 가게 되었다.

암바팔리 동산의 법회에 있던 수많은 보살과 불제자와 천인들은 생각했다. '천하의 문수사리보살과 유마 거사, 이 두 위인이 대론을 벌이면 불교의 궁극적 진리가 설해질 것이다.' 그들은 문수보살의 뒤를 따라 바이샬리 성 안의 유마 거사의 방으로 찾아 들어갔다.

문수보살은 병의 차도를 물으면서 유마 거사가 앓고 있는 병의 원인은 무엇이며 치료는 어떻게 해야 하는지 물었다. 이에 대해 유마 거사는 이렇게 대답했다.

중생이 병들면 내가 병들고,
중생의 병이 나으면 내 병도 낫습니다.

유마 거사의 이 말을 나와 관계없는 위대한 성인의 말로 넘겨버린다면, 당신에게 불교는 이미 죽고 없다. '불교 따로, 나 따로'의 불교는 앙상하게 뼈대만 남은 형해에 불과하다. 유마 거사의 이 말을 나의 말로 받아들일 때, 불교는 당신의 일상에서 의미 있는 꽃으로 피어날 것이다.

이 몸도
내 것이 아니다

"중생이 병들면 내가 병들고, 중생의 병이 나으면 내 병도 낫습니다."
어떻게 이런 말을 할 수 있을까? 우리는 이웃집 사람이 로또에 당첨되
면 배가 아프고, 그 당첨이 무효화되면 아팠던 배가 낫는 그런 사람들
아닌가? 우리와는 차원을 달리하는 유마 거사의 이 대단한 말은 연기
를 체득體得한 자가 하는 말이다. 또한 유마 거사의 방에 모인 사람들이
알기를 기대했던 불교의 궁극적 진리이기도 하다.

왜 이런 말을 할 수밖에 없는지, 그 이유부터 살펴보자. 흔히 사람은
정신과 육체로 구성되어 있다고 한다. 나의 몸은 어디서부터 시작되었
을까? 부모님의 두 정혈이 합쳐져서 현재의 이 몸이 잉태되었다. 부모
님의 정혈은 내 것이 아니니 처음부터 이 몸은 내 것이 아니었다. 내 몸
의 시작은 그렇다고 하더라도 태어난 뒤부터는 나 혼자 힘으로 몸을 유
지해온 것이라 생각할지 모른다. 이것도 큰 착각이다.

오늘 저녁 밥상에 올라오는 김치 한 쪽은 온 우주의 합작품이다. 배
추가 자라는 땅은 아득한 옛날 바다 아래의 암반이었는지도 모른다. 그
암반이 지금의 비옥한 토지가 된 것은 헤아릴 수 없이 오랜 세월 동안
태양, 비, 바람, 낙엽 등에 의해서였다. 배추 씨앗 하나가 만들어지기까
지는 또 얼마나 많은 세월 동안 얼마나 많은 것들이 필요했으며, 배추
가 김치로 익기까지 얼마나 많은 미생물이 참여했던가?

배추를 뽑아 다듬고 양념을 버무린 사람들의 노고, 그 김치를 보관
하는 독을 만들 때 쏟아부었던 그 누군가의 땀, 배추와 독을 운반한 자
동차를 발명한 사람의 열정, 그 자동차를 제조한 사람의 기술과 힘, 또

한 그 사람들을 낳아서 기른 부모님들의 정성과 애환, 그 부모님의 부모님은 또 얼마나 정성을 다했던가?

이 모든 것이 내 입에 들어온 김치 한 쪽에 다 들어가 있다. 김치 한 쪽이 이러하거늘, 내가 이때까지 먹었던 음식과 입었던 옷과 살았던 집은 또 어떠할까? 따라서 내 몸은 내 것이 아니라 온 우주의 합작품이라 해야 맞다.

내 몸이 이렇다면 나의 정신은 어떠할까? 나는 지금 불교가 어떠한 것인지 안다. 나의 정신의 일부를 구성하고 있는 이 불교를 내가 미리 알고 태어난 것은 아니다. 불교가 내 정신의 일부가 될 때까지 얼마나 많은 존재들의 피와 땀과 은덕이 필요했던지 생각해본 적이 있는가?

인도에서 시작된 불교는 실크로드를 따라 서역을 거쳐 중국에 전해졌다. 실크로드는 예부터 중국과 인도·중앙아시아·유럽을 연결해주던 교역로였다. 이 길을 통해서 중국의 비단이 고대 로마에까지 전해지기도 했고, 불교가 인도에서 중국에 전래된 것도 이 길을 통해서였다.

당나라 때의 중국 수도 장안(長安, 현재의 섬서성 서안西安)에서 서쪽으로 초원과 사막이 반복되는 지역을 한참 지나면 교통의 요충지 돈황에 이른다. 돈황 앞에 끝없이 광활하게 펼쳐진 사막, 그 이름은 '타클라마칸', 현지어로 '살아서 돌아올 수 없는 땅'이란 뜻이다. 실크로드는 이 사막의 가장자리를 따라 난 험난한 길이었다.

서기 400년경 이 길을 따라 인도로 구법을 떠났던 중국의 고승 법현(法顯, ?~?) 스님의 여행기에 다음과 같은 구절이 나온다.

장안에서 출발하여 서쪽으로 사막을 건넜다. 하늘에

는 새도 없었고 땅에는 들짐승도 없었다. 사방을 둘러보면 망망하기만 할 뿐 가야 할 곳을 가늠할 수 없었다. 오직 해를 보고 동서를 구별하고 해골을 보고서 행로를 정할 뿐이었다. 때때로 열풍과 악귀가 출몰했으며 그것을 만나면 죽음을 면치 못하였다.

죽음을 불사하고 이 길을 왕래하며 불법을 전한 사람들. 그들이 원한 것은 부도 명예도 아니었다. 자신의 목숨을 바쳐서라도 알고 싶었고 전하고 싶었던 불교를 위해 그들은 이 길을 걸었고 돌아오지 못한 사람도 많았다. 중국에서 우리나라로 불교가 다시 전해져 지금 내가 그것을 알게 되기까지, 그 과정에 얼마나 많은 인연들이 필요했는지 생각해보라. 그 인연 가운데 하나만 빠졌다 해도 나는 불교를 알 수 없었다.

예불문에 "지심귀명례 서건동진 급아해동 역대전등 제대조사至心歸命禮 西乾東震 及我海東 歷代傳燈 諸大祖師"라는 구절이 나온다. 서건은 인도, 동진은 중국, 해동은 우리나라를 뜻한다. 따라서 전체적 의미는 "인도에서 중국을 거쳐 이 땅에 이르도록 진리를 전해오신 모든 조사님들께 지극한 마음으로 예를 올립니다"이다. 이 구절 뒤에 숨은 배경을 알고 예불을 하면, 나에게 진리 한마디를 일러주기 위해 이토록 수많은 세월 동안 온갖 정성을 기울인 인연들을 자각함과 동시에 그것에 대한 감사한 마음이 절절히 묻어나온다.

그러므로 내 정신의 일부를 구성하고 있는 불교, 나아가서는 내 정신 전체도 내 것이라고 할 수 없다. 온 우주의 합작품이다.『반야심경』에서 말하는 "무안이비설신의無眼耳鼻舌身意", 즉 "눈도 없고 귀도 없고 코도 없고 혀도 없으며, 몸도 없고 마음도 없다"는 처음부터 내 눈·내 귀·내 코·내 혀·내 몸·내 마음이라 할 만한 것은 없다는 뜻으로 보아도 된다. 그렇다면 나의 시작은 어디이고 끝은 어디인가?

네가 있으므로
내가 있다

경전에는 연기를 나타내는 정형구로 다음의 구절이 자주 나온다.

> 이것이 있으므로 저것이 있고(此有故彼有),
>
> 이것이 없으면 저것도 없다(此無故彼無).

컵과 물 모양의 관계를 이 정형구에 대입시킨다면, '컵이 있어야 컵 모양의 물이 있고 컵이 없으면 컵 모양의 물도 없다'가 된다. '이것'이라는 조건에 의존해야만 '저것'이 있을 수 있다고 하여 연기를 간명하게 나타내고 있다.

나비효과라는 것이 있다. 지금 서울에서 나비 한 마리가 날갯짓을 하여 공기를 움직인 것이 다음 달 북경에서 폭풍우를 만들어낸다는 내용이다. 이것이 있으므로 저것이 있다. '이것'이 '지금 서울의 나비 날갯짓'이라면 '저것'은 '다음 달 북경의 폭풍우'다.

이와 같이 전혀 관계없는 듯이 보이지만 우주의 모든 것은 서로 밀접한 관계 속에서만 존재할 수 있다. 이러한 연기적 사실을 시적으로 표현한 것이 서정주 시인의 "한 송이 국화꽃을 피우기 위해 봄부터 소쩍새는 그렇게 울었나보다"이다.

가을에 핀 국화꽃과 봄에 운 소쩍새가 무슨 관계가 있겠는가? 하지만 이 시는 봄에 소쩍새가 울지 않았다면 가을에 국화꽃이 피지 않았다고 노래한다. 전혀 관계없는 것처럼 보이지만 사실은 그것 때문에 이것이 존재할 수 있었다는 것이다. 이것이 있으므로 저것이 있다. 봄의 소쩍새가 '이것'이라면, 가을의 국화꽃은 '저것'에 해당한다.

'저것'이 나라면 '이것'은 무엇일까? 나 하나를 있게 하기 위해서 필요했던 것이 무엇인가? '이것'은 천 년 전에 만주 어딘가에서 산 할머니다. 왜냐하면 그 할머니의 후손이 나의 부모님을 결혼하도록 소개시켜 주었고, 부모님 없이는 나는 있을 수 없었기 때문이다.

또한 '이것'은 강원도 산골의 이름 모를 농부다. 그 농부가 가꾼 야채를 먹고 나는 살고 있다. '이것'은 앞으로 아마존 밀림에서 산소를 내뿜을 한 그루 나무의 씨앗이기도 하다. 그 산소가 있어야만 앞으로도 나는 살아갈 수 있다. 이와 같이 나는 우주의 뭇 중생에 의존해야만 존재할 수 있다.

우리 몸에서 심장이 없는 위장, 위장 없는 심장은 상상할 수 없다. 여기서 위장이란 소화기관을 통틀어 말하는 것이다. 둘은 서로가 서로에 의존해야 비로소 존재할 수 있는 연기적 관계다. 위장이 음식물을 소화해서 영양분을 흡수하면 심장은 그 영양분을 피에 실어 온몸에 보낸다. 심장도 그 영양분이 없으면 유지될 수 없고, 위장도 피를 공급받지 못하면 존속이 불가능하다. 위장이 있기 때문에 심장이 있고, 위장이 없으면 심장도 없다. 그 역도 동일하다.

내 몸의 장기는 모두 이와 같은 관계에 있기 때문에 한몸이다. 위장에 암이 생기면 결국 심장도 아파진다. 우주의 만물도 한몸인 관계이다. 서로가 서로에게 의존해야 비로소 존재하게 되는 연기의 세계인 것이다.

네가 위장이라면 나는 심장이다. 네가 있으므로 내가 있고, 네가 없으면 나도 없다. 위장이 아프면 심장도 아프고, 위장이 나으면 심장도 낫는다. 중생이 아프면 내가 아프고, 중생의 병이 나으면 나도 낫는다. 이것이 연기를 체득한 유마 거사의 눈에 비친 세상이다.

내 몸 가운데 위장이 나인가, 심장이 나인가? 둘 다 모두 나다. 둘 다 '나'지만 위장은 위장이고 심장은 심장이다. 네가 위장이라면 나는 심장인 관계에 있다. 너와 나는 한몸이고, 우주와 나는 한몸이다. 그렇다면 나의 범위를 어디까지라고 해야 할까? 나의 시작은 어디이고 끝은 어디인가? 우주가 곧 나고 내가 곧 우주다. 중생이 곧 나고 내가 곧 중생이다.

'무연대비無緣大悲'라는 말이 있다. '아무런 이해관계가 없는데도 베푸는 자비'를 뜻한다. 내 부모나 자식이기 때문에, 같은 종교를 믿기 때문에 베푸는 자비가 아니다. 상대가 누구든 그냥 베푸는 자비다.

왼팔이 아프면 오른팔이 그냥 왼팔을 주무른다. "너는 해준 것 없는데 왜 내가 주물러야 하나?" 하고 따지지 않는다. 주무르고 난 뒤에는 주물렀다는 사실조차 까맣게 잊어버린다. 오른팔이 왼팔을 주무르듯 베푸는 자비가 무연대비다. 이 일이 어째서 가능한가? 둘 다 내 팔이기 때문이다. 왼팔이 중생이라면 오른팔이 나라는 것이 연기의 세계요, 그것을 깨달은 사람이 하는 자연스러운 행동이 무연대비다.

유마 거사는 무연대비로 살았다. 그에게는 슬픔과 외로움과 절망을 겪는 사람이 바로 자신이었다. 역으로 유마 거사와 같은 무연대비에 가까운 행동을 할수록 깨달음에 가깝고 영원한 평안과 대자유도 가깝다. 유마 거사는 "당신이 먼저 베풀면 나도 베풀겠다"고 하지 않는다. 진리대로 산다는 것은 그런 것이 아니다. 그런 태도는 '중생이 아파도 나는 아프지 않다'는 '중생 따로, 나 따로'의 사고방식에서 하는 말이다.

스승의 사리는 어디에 있는가?

어느 날, 점원 중흥(漸源仲興, ?~?) 선사는 괭이를 들고 법당 안을 왔다 갔다 하고 있었다. 이를 본 사형인 석상 경제(石霜慶諸, 807~888) 선사가 물었다.

"무엇 하고 있는가?"

"입적하신 스승 도오(道吾圓智, 769~835) 선사의 사리를 찾고 있습니다."

점원 선사는 도오 선사의 사리가 법당 안 어딘가에 흔해 빠진 돌처럼 뒹굴고 있다는 듯이, 괭이를 들고 그것을 찾는 시늉을 하고 있었다. 석상 선사에게 자신의 경지를 내보인 것이다. 그러자 석상 선사는 곧바로 말했다.

"온 천지를 가득 메운 파도가 하늘에까지 치솟고 있는데 도오 선사의 사리를 찾겠다니?"

이 말은 온 천지가 바로 도오 선사인데 도오 선사를 찾고 말고가 어디 있느냐는 뜻이다. 온 천지, 풀도 나무도, 비도 바람도, 어느 것 하나

도오 선사 아닌 것이 없다는 석상 선사의 선적禪的인 경지를 나타내 보인 것이다.

　나의 시작은 어디이고 끝은 어디인가?

2
장

영원한 것은 없다

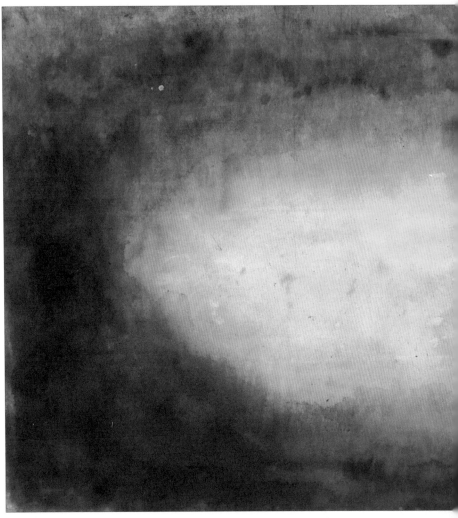

우주(宇宙)

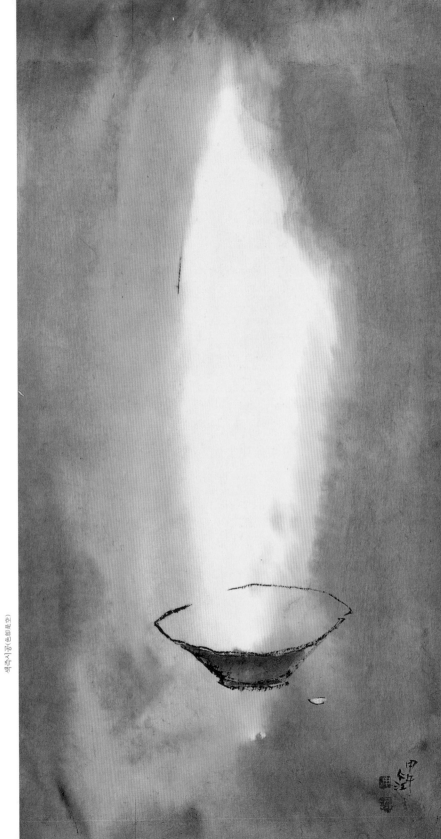

색즉시공(色卽是空)

공^空이란 무엇인가?

첨단과학이 발달하면서 우리 사고방식에도 많은 변화가 일어났다. 그러나 아직도 초상집에 섣불리 가면 액운이 붙는다는 속설을 믿는 사람들이 더러는 있다. 이 속설은 초상집에는 액운이 있다는 고정관념의 표현이다. 그래서 초상집 가기를 기피한다. 어쩔 수 없이 가야만 한다면 액운이 붙는 것을 막기 위해 여러 방편을 쓴다. 초상집에서 돌아와 자기 집 현관에 들어서기 전에 몸에 소금을 뿌리는 것도 액운을 쫓기 위한 것이다.

초상집에 가면
액운이 붙는다?

이런 속설에 근거하면, 초상집의 액운은 내가 가든 가지 않든 변함없이 늘 있다. 내가 가면 내게 초상집의 액운이 붙고, 가지 않으면 액운이 붙지 않는다는 식이다. 이런 사고방식은 초상집뿐만 아니라 '나'에 대해서도 마찬가지다. 내가 초상집에 가고 가지 않음에 상관없이 여전히 나는 '나'로서 있다. '나'라는 고유의 본질이 있다고 생각하는 것이다.

따라서 '초상집에 가면 나에게 액운이 붙는다'는 생각은 마치 흰 종이(나)에 검은 종이(초상집의 액운)를 붙여놓은 것과 같다는 발상이다. 두 색깔의 종이는 붙여지기 전에도 각각 흰 종이와 검은 종이였고, 떼어낸 후에도 변함없이 각각 흰 종이와 검은 종이다.

앞에서 '연기'란 '조건에 의해 생겨남'을 뜻한다고 했다. 또한 모든 것은 연기의 이치에 의해 생겨난다고 했다. 그 일례로 들었던 것이 물이 컵이라는 조건에 의존하여 컵 모양을 한다는 것이었다.

'초상집에 가면 나에게 액운이 붙는다'도 '내가 초상집(액운)에 간다는 조건에 의존하여 나에게 불행이 생겨난다'고 풀어쓸 수 있다. 말의 표현으로만 보면 '조건에 의존한 생겨남', 즉 '연기'에 해당한다고 생각될 것이다. 따라서 연기를 이런 식으로 이해하는 것이 타당한 것처럼 보이기도 한다. 그런데 과연 그럴까?

컵 모양과 초상집의 예를 각각 간략하게 도식으로 표시해보자.

물 + 컵 → 컵 모양의 물
나 + 초상집(액운) → 나의 불행

물과 컵이라는 조건에 의존하여 컵 모양을 한 물이 있고, 나와 초상집이라는 조건에 의존하여 나의 불행이 있다는 도식이다. "이것이 있으므로 저것이 있다"는 연기의 정형구에도 잘 맞는 것처럼 보인다.

초상집에 간 결과 불행이 생겨났다면 그 불행은 연기의 이치에 따라 생겨난 것이 맞다. 그러나 불행이라는 결과가 어떻게 해서 생겨났는가에 대해서 위의 초상집의 경우와 같이 생각하면 심각한 오류가 생기고 만다. 나와 세상을 바라보는 세계관은 물론 열반涅槃의 정의에서도 큰 차이를 초래하게 된다. 왜 오류가 생길까? 앞글에서 컵 모양의 예를 들 때 이런 오류를 방지하기 위해 단단히 주의시킨 부분이 있다. 그 내용을 다시 보면 이렇다.

"명심해야 할 것은, 물에 고정된 모습은 없지만 변하지 않는 물 그 자체는 있다고 생각하면 잘못이라는 것이다. 물 자체도 조건에 의존해서 생겨난 것이며 조건이 다하면 소멸한다. 물도 온도가 올라가면 수증기가 되어 증발하고 만다. 물뿐 아니라 다른 모든 것도 마찬가지니 주의해야 한다."

이 내용을 다시 곰곰이 생각해보는 것도 초심자가 불교를 공부하는 좋은 방법 중의 하나다. 이상의 내용과 지금부터 이야기할 공空은 깊은 관련이 있다.

잘못 이해한 '연기'를
바로잡는 '공'

공空이란 무엇일까? 공사상을 대성시킨 용수(龍樹, Nāgārjuna, 150~250경) 보살이 "연기가 곧 공이다"라고 천명하고 있듯이, 공은 연기의 동의어다. 그렇다면 '연기'라는 기존의 용어를 두고 왜 대승불교는 '공'이라는 또 다른 용어를 제시해야만 했을까? 결론부터 말하면, 석가모니의 깨달음의 내용이기도 하고, 불교의 핵심이기도 한 연기가 왜곡·오해되고 말았기 때문이다.

연기에 대한 오해의 전말을 알면 공에 대한 이해도 한층 명확해진다. 이를 위해서는 우선 인도불교의 역사부터 간략하게나마 숙지하고 있어야 한다.

석가모니 부처님이 80세의 생애를 마치고 입적한 것이 기원전 5세기경. 그 후 약 100년의 세월이 흐르자, 교단도 확대되었을 뿐 아니라 계율에 관한 의견의 차이 등도 표면에 대두하여 불교교단은 상좌부와 대중부라는 두 부파로 분열되고 만다. 이것을 근본분열이라고 부른다.

시간이 지남에 따라 상좌부와 대중부 내에서도 다시 지말분열이 연쇄적으로 일어났다. 그리하여 기원 전후의 시기에 이르기까지 불교교단은 18개 내지 20개 부파로 분파되어간다. 이들 부파 중 강력했던 부파로는 상좌부·대중부·설일체유부·정량부 등을 들 수 있다.

이렇게 근본분열 이후부터 불교교단이 여러 부파로 나누어지면서 전개되어갔던 불교를 부파불교·소승불교·아비달마불교 등으로 부른다. 부파는 독자적인 율장을 가지고 있었으므로 승복의 색깔이나 착의법, 수행과 생활 규칙 등이 일치하지는 않았다.

전통적인 설에 따르면 부파는 불교 출가교단이 분열된 결과 생긴 것으로, 현재 우리나라의 조계종과 태고종과 같은 '종파'나 '종단'과 유사한 개념처럼 보인다. 부파가 종단과 유사한 개념이라 하면, 현재의 우리나라 종단처럼 본사와 말사의 제도를 갖춘 중앙집권적인 기구로 연상하기 쉬운데 그런 체제는 아닌 것 같다. 최근에는 부파는 종파나 종단이 아니라 가톨릭의 수도회에 가깝다는 견해도 나왔다.

부파불교의 공적은 역사상 처음으로 석가모니의 가르침을 체계적인 사상으로 조직한 것이다. 석가모니는 그때그때마다 만나는 사람의 눈높이에 맞추어 대기설법을 했다. 따라서 그 설법을 모아놓은 경전이 체계적으로 정리되어 있지 않은 것은 당연했다. 여기서 경전이라 하는 것은 지금 전해지고 있는 한역 『아함경』과 빨리어로 된 『니까야』의 모태가 되는, 석가모니 서거 직후 최초로 편찬된 경전이다. 이 최초의 경전을 전승해온 것은 부파들이었고, 부파들은 전승의 과정에서 경전에 많은 변용을 가했다. 이렇게 변용이 가해진 형태로 전해지고 있는 것이 지금의 『아함경』과 『니까야』다.

현재까지 확인되는 범위 내에서 몇몇 부파는 독자적인 안목을 가지고 경전에서 주요 교리를 추출하고 이를 조직했을 뿐 아니라 자신들만의 특유한 해석을 부가하여 장대한 사상적 건축물을 세웠다.

부파가 불교교리에 대한 자신들의 이러한 독자적인 연구와 해석을 모아놓은 것을 '논(論, 아비달마abhidharma)'이라 부른다. 물론 여기서의 논은 소승불교의 논을 말한다. 나중에 출현하는 대승불교도 논을 제작한다. 부파불교에서 논이 이루어짐에 따라 마침내 경·율·논 삼장이 처음으로 성립하게 된다. 부파들의 논이 서로 달랐으므로 그들이 주장하는 교설도 서로 다를 수밖에 없었다.

그러나 부파불교의 사상이 석가모니의 가르침을 치우침이 없이 이해하고 계승·발전시켰다고는 할 수 없다. 종종 비판되고 있는 바와 같이 부파불교는 경전의 어구에 집착한 결과, 분석적·형식적 해석에 치우쳐 사상의 청신함과 발랄함을 잃어버린 면도 많다. 이러한 점이 석가모니의 말에 집착하여 석가모니의 정신을 잃어버렸다는 비판을 불러일으키는 이유이기도 하다.

부파불교의 문제점들을 지적하며 기원 전후의 시기에 인도에서 새로운 불교 운동이 일어났으니 그것이 바로 대승불교다. 대승불교가 흥기함에 따라 불교는 마침내 세계적인 종교로 발돋움하게 된다. 대승불교는『반야경』,『화엄경』,『법화경』 등의 수많은 경전과 논을 출현시켰다. 인도 대승불교의 이와 같은 다양한 사상을 떠받치는 두 기둥이 공空사상과 유식唯識사상이다. 한편 대승불교가 중국에 전해져 중국적 토양 위에서 꽃을 피운 것이 화엄華嚴과 천태天台, 선禪이라고 할 수 있다.

주의할 점은 인도의 경우 대승불교가 흥기한 이후에도 강력한 부파는 오랫동안 존속했다는 사실이다. 대승불교와 부파불교는 각자의 교설을 주장하며 논쟁을 벌이기도 하면서 공존해갔다. 그러다가 13세기 초에 이르러 힌두교의 융성과 이슬람 군대의 침입 등으로 인해 인도 땅에서 불교는 급격히 쇠퇴하고 마는 비운을 만나게 된다.

꽃이 문제인가,
꽃에 대한 분별이 문제인가?

이제부터 부파불교와 대승불교는 각각 연기를 어떻게 이해했으며, 그 차이는 무엇이고 어디에 무슨 문제가 있는지 살펴보기로 하자.

대승불교의 주요 경전인 『유마경』에 다음과 같은 내용이 나온다. 유마 거사의 집에 천녀(天女, 천상 세계의 여인) 한 사람이 있었다. 그녀는 유마 거사와 여러 보살들의 설법을 듣고 너무도 기쁜 나머지 자신의 진짜 모습을 나타낸 다음, 유마 거사의 방에 모인 수많은 대승의 보살과 소승의 성문(聲聞, 부파불교의 출가승)들 위로 하늘의 꽃을 뿌렸다.

그런데 대승 보살들에게 뿌린 꽃은 그대로 땅에 떨어지는데 소승의 성문들에게로 간 꽃은 성문들 몸에 착 달라붙어 떨어지지 않았다. 성문들은 신통력을 발휘하여 꽃을 떨쳐내려 했으나 꽃은 꼼짝도 하지 않았다. 이때 천녀가 장로 사리불에게 물었다. 여기서 사리불은 성문, 즉 부파불교의 출가자를 대표한다.

"대덕이시여, 이 꽃을 떨쳐내어 어떻게 하시겠다는 겁니까?"

사리불이 대답했다.

"천녀여, 이 꽃으로 몸을 장식하는 것은 출가자에게는 적당치 않습니다. 때문에 제거하려는 것입니다."

천녀가 말했다.

"대덕이시여, 그렇게 말씀하시면 안 됩니다. 이 꽃은 진리 그대로입니다. 왜냐하면 이 꽃은 아무런 분별도 하지 않기 때문입니다. 장로 사리불 혼자만 분별하고 있을 뿐입니다. 대덕이시여, 출가하여 선설善說의 법과 율 가운데 있으면서도 분별한다면, 그것이야말로 진리에 맞지 않는 것입니다. 대덕께서는 요모조모 재면서 분별하고 계시는데, 헤아림이 없는 것이야말로 바른 것입니다. 대덕이시여, 보십시오. 사려思慮나 분별을 떠나 있기 때문에 이들 보살의 몸에는 꽃이 붙지 않습니다. 분별의 습쭵을 아직 끊지 못한 사람들에게는 꽃이 달라붙지만 그것을 끊은 사람의 몸에는 붙지 않습니다. 때문에 습을 완전히 끊은 보살들의 몸에는 꽃이 붙어있지 않은 것입니다."

사리불은 몸에 붙은 꽃을 떨쳐내려고 안달이다. 왜 그럴까? 우선 출가자가 꽃으로 몸을 치장해서는 안 된다는 생각이 있다. 또한 부파불교의 교리에 따르면, 꽃뿐만 아니라 우리들의 일상사 모든 것은 무상하며 따라서 괴로움이므로 역겹도록 싫어해서 멀리 떠나야 한다. 간단히 말하면, 꽃은 출가자를 오염시키는 번뇌 덩어리라고 보기 때문에 떨쳐내려 한 것이다.

이에 대해 대승불교를 대변하는 천녀는 그렇게 생각하는 자체가 분별이며 잘못된 것이라고 질타하고 있다. 바로 그 잘못된 생각 때문에 대승불교의 보살들에게는 붙지 않는 꽃이 사리불에게는 붙어서 큰 장애를 일으키고 있다는 것이다.

『유마경』이 위의 구절에서 시사하는 바는 이러하다. 부파불교에서는 꽃 자체가 번뇌라고 보는 데 반해, 대승불교에서는 꽃 자체에 문제가 있는 것이 아니라 꽃에 대한 분별과 집착 때문에 번뇌가 일어난다고 본다는 것이다.

부파불교에 대한『유마경』의 이러한 시각은, 부파불교의 대표 격인 설일체유부의 교리에 근거하면 세부적으로 수정할 필요가 있다. 하지만 여기서는 생략한다. 다만 꽃이든 무엇이든 번뇌 자체가 있다고 보는 점에서는『유마경』의 부파불교 이해와 설일체유부의 교리 사이에 차이가 없으므로,『유마경』의 위의 이해를 그대로 수용해도 지금의 논의에서는 무리가 없다고 생각한다.

초상집은
훌륭한 스승이다

인용한『유마경』의 핵심 내용을 도식으로 표현하면 다음과 같다.

> 부파불교: 꽃(번뇌) + 사리불 → 사리불의 번뇌
> 대승불교: 꽃 + 분별·집착 → 번뇌

여기서 우리는 부파불교의 사고방식이 앞에서 살펴본 '초상집에 가면 나에게 액운이 붙는다'는 생각에 깔린 연기 이해와 매우 흡사하다는 것을 발견하게 된다.

> 꽃(번뇌) + 사리불 → 사리불의 번뇌
> 초상집(액운) + 나 → 나의 불행

부파불교의 연기 이해, 그리고 초상집의 예와 같은 우리들의 통상적인 연기 이해에는 오류가 있다. 대승불교에 들어와 이 오류를 시정하고자

'연기'라는 용어 대신에 '공'이라는 용어를 사용했다. 기존의 부파불교에서 사용되던 '연기'라는 동일한 용어로는 올바른 연기를 나타낼 수 없었기 때문이다.

그렇다면 부파불교의 연기 이해는 무엇이 문제인가? 꽃 자체가 번뇌라는 생각, 초상집 자체가 액운이라는 생각이 문제다. 모든 것은 조건에 의존하여 생겨난다는 것이 연기인데, 어떤 것에도 의존하지 않고 꽃이든 무엇이든 번뇌 자체가 있다는 것이 타당하겠는가? '꽃 자체로서 번뇌', '초상집 자체로서 액운'이라는 사고방식 자체가 연기를 거부하는 것이다.

대승불교는 '공'이라는 이름으로 석가모니가 보여준 연기의 참뜻을 되살리고자 했다. 그렇다면 공으로 조망했을 때 꽃과 초상집은 어떻게 보아야 하나? 정성을 다해 부모님 가슴에 달아드린 꽃 한 송이는 빛나는 보석이지만, 공연장 여기저기에 버려두고 간 꽃은 쓰레기다. 초상집에 가면 액운이 붙는다는 고정관념에 사로잡혀 있으면 불안을 초래하지만, 초상집 조문을 통해 삶이 짧다는 것을 깨달아 참답게 사는 계기가 되었다면 초상집은 훌륭한 스승이다.

어느 것도 그 자체로서 무엇으로 정해진 것은 없다. 정해진 그 자체가 없이 단지 조건에 의해 생겨났다가 조건이 다하면 소멸할 뿐이라는 것이 '공'이다. 반면에 부파불교는 A(존재의 요소)는 A로서 정해져 있고, 그 정해진 A가 조건에 의해 나타나 작용했다가 조건이 다하면 모습을 감추어 눈에 보이지 않는 영역으로 사라지는 것이 곧 연기라고 이해했다. 눈에 보이지 않는 영역으로 사라졌다 해도 그곳에서 A는 A 그대로 영원히 존재한다. 대승불교의 '공'은 이러한 부파불교의 연기 이해가 잘못되었다고 비판하며 출현했던 것이다.

무상한 현실을 바르게 아는 것이 열반이다

홍길동이 태어났을까, 태어났으니 홍길동일까? '홍길동이 태어났다'는 말은 태어나기 전부터 홍길동이 있었다는 뜻이고, '태어났으니 홍길동이다'는 태어남을 통해 비로소 홍길동이 된다는 뜻이다.

이 두 가지 관점 가운데 어느 쪽에 서느냐에 따라 행동도 달라지고 삶도 달라진다. 전자는 부파불교(설일체유부)의 사고방식이고, 후자는 대승불교의 사고방식이다. 두 사고방식 모두 '연기'라는 동일한 이름의 교리 아래에서 전개된 결과물이다. 왜 이처럼 차이가 나타나며, 어느 쪽을 따라야 할까?

영원한 것은 없다

"나는 누구인가?" 이 질문에 대해 불교는 "나는 오온五蘊의 가화합假和合에 붙여진 명칭일 뿐이다"라고 답한다. 오온은 색·수·상·행·식을 말한다. 색色은 육체를 말하며, 수受는 좋고 싫다는 등의 느낌, 상想은 이미지와 개념을 형성하고 언설을 일으키는 작용, 행行은 의지 작용, 식識은 마음 그 자체를 가리킨다. 결국 오온은 육체와 정신을 다섯으로 세분한 것이라 할 수 있다. 색이 육체이며 나머지 넷은 정신에 해당한다. '가화합假和合'은 인연에 의해 임시적으로(假) 조화롭게 결합되어 있다(和合)는 뜻이다.

'나'라고 불리는 것의 진상은 오온의 가화합일 뿐이다. 다시 말해, 색·수·상·행·식이라는 다섯 요소(오온)가 인연에 의해 임시적으로 조화롭게 결합되어 있는 것에 불과하다. 인연이 다하면 다섯 요소의 화합도 다하고 '나'도 없어진다. '나'를 구성하고 있는 다섯 요소 가운데 영원하며 변치 않는 것은 하나도 없다. 이 몸도 언젠가는 사라지고, 기쁨도 잠깐이며 영원한 미움도 없다.

이 오온이 가화합되어 있는 상태를 편의상 '나'라고 부를 뿐이다. 따라서 영원히 머무르며 변치 않는, 즉 상주불변常住不變의 '나'가 있다는 생각은 착각에 불과하다. 그와 같은 상주불변의 '나'는 없다는 것을 '무아無我'라고 한다.

『잡아함경』에 수레와 '나'의 대비를 통해 무아를 이해시키고자 하는 다음과 같은 게송이 나온다.

> 여러 부속품을 조합한 것을
> 세간에서 수레라 하는 것처럼,
> 오온이 인연에 의해 화합한 것을
> 임시로 '나(我)'라고 부른다.

바퀴·축·손잡이 등 여러 부품을 조립한 것을 두고 수레라고 부른다. 그러나 그 부품들이 해체되면 수레도 없어진다. 마찬가지로 '나'라는 것도 색·수·상·행·식의 다섯 요소가 인연에 의해 임시로 화합되어 있는 것에 붙여진 명칭에 불과하다. 인연이 다하여 이 다섯 요소가 흩어지면, 수레가 없어지듯이 '나'도 없어진다.

수레가 바퀴 등 여러 조건에 의존하여 생겨난 연기의 소산물이듯이, '나'라는 것도 마찬가지다. '나'는 오온의 화합이라는 조건에 의존한 연기적 존재이며, 그 조건이 유지되는 한도 내에서만 존재할 뿐이다.

따라서 상주불변의 '나'란 있을 수 없으므로 '무아'다. 위의 게송이 보여주고자 하는 이러한 내용은 불교의 초기 시대부터 설해져왔다.

그런데 이 설명을 이렇게 이해하면 어떻게 될까? 수레로 조립되기 전부터 바퀴·축 등의 부품은 이미 그대로 있었다. 수레를 해체해도 그 부품은 그대로 있다. 이와 마찬가지로 '나'를 구성하고 있는 오온 각각은 '나'가 생기기 전에도 그대로 있었고, 없어진 뒤에도 그대로 있다.

문제는 수레와 부품의 관계는 위와 같이 생각할 수 있지만, '나'와 오온의 관계는 그렇게 생각할 수 없다는 점이다. 이 몸과 이 감정이 태어나기 전에도 있었고, 사후에도 있다고 생각할 수 있겠는가? 인공물인 수레와는 달리, 생명체를 구성하고 있는 오온은 그것이 있다고 하면 이미 누군가의 오온으로 있을 뿐, 누군가를 떠난 오온은 존재하지 않는다.

그런데도 위의 비유를 통해 오온이 누군가의 출생 전이나 사후에도 변함없이 늘 있다고 생각했다면, 이 비유는 무아를 이해시키는 데는 유효했을지 모르나 사실과는 다른 터무니없는 오해를 낳는 부작용을 가져왔다고 할 수밖에 없다. 여기서 우리는 비유의 한계를 절감한다.

그런데 부파불교를 대표하는 설일체유부說一切有部는 이와 유사한 오해를 하고 말았다. 그 오해의 연장선에서 구축된 그들의 사고방식은 상당 부분 우리의 일상적 사고와 많이 닮아 있다. 설일체유부를 줄여서 '유부有部'라고도 부른다. 대승의 공空사상은 유부의 이러한 사고방식을 비판한다. 공을 이해하는 것은 유부의 문제점을 파악하는 일임과 동시에 우리의 사고방식을 진단하고 바로 잡는 일이기도 하다.

공·연기·무자성은
같은 의미의 다른 표현

'공空'에 해당하는 인도 산스끄리뜨 원어는 슌야śūnya 또는 슌야따śūnyatā 로, 각각 '무언가가 결여되어 있다'와 무언가가 결여되어 있는 상태'를 뜻한다. 이에 대한 한자 번역어인 '공'의 의미는 '비었다'이다. 이 방이 텅 비었다고 하면, 이 방에 사람이나 기물이 없다는 것을 뜻한다. 무언가가 결여되어 있다는 인도 원어의 의미를 '공'이라는 한자로 의역한 것이다. 그럼, 무엇이 결여되어 있다는 말인가? 바로 자성(自性, svabhāva) 이 결여되어 있다는 것이다. '공'은 모든 사물에 자성이 없다는 것, 즉 무자성無自性을 표현하기 위한 말이다.

그렇다면 자성이란 무엇일까? 여기에 피라미드 모양을 한 어떤 것이 있다고 하자. 보통은 인공적으로 그런 모양을 만들거나 자연의 힘에 의해 그런 모양을 하게 된다. 다시 말해 그런 모양을 할 수 있는 조건에 의존해야 피라미드 모양은 만들어진다. 연기의 이치에 의해 피라미드 모양을 한다는 말이다. 그런데 문제의 이 피라미드는 어떤 다른 것에도 의존하지 않고 처음부터 자기 스스로 피라미드 모양을 하고 있다. 게다가 핵폭탄을 터뜨려도, 세월이 아무리 흘러도, 그 밖의 어떤 조건에서도 이 피라미드는 변함없이 그대로 있다. 이런 피라미드가 있을까?

물론 없다. 피라미드뿐만 아니라 그 어떤 것도 처음부터 자기 스스로 존재하면서 어떤 조건에서도 변치 않고 영원히 존재하는 것은 결단코 없다. 그럼에도 불구하고 만약 그런 것이 있다면, 불교에서는 그것을 자성이라 한다.

인도에서 수백 년의 세월에 걸쳐 공사상을 선양해간 그룹이 중관파中觀派다. 그 개조에 해당하는 용수(龍樹, 150~250년경)의 저술 중, 핵심을 이루는 것은 단연 『중론中論』이다. 이 『중론』에서 용수는 자성을 정의하여 '만들어진 것이 아니며, 다른 것에 의존하지 않는 것'이라고 했다. 만들어진 것이 아니라는 말은 인연, 즉 조건에 의존해서 생겨난 것이 아니라는 것이다. 이것은 자기 스스로 존재한다는 것이며, 다른 것에 의존하지 않는다는 뜻이다.

따라서 자성은 연기하지 않는 것이며, 연기와는 양립될 수 없는 모순 관계에 있다. 연기를 인정하면 자성이 부정되고, 자성을 인정하면 연기가 부정되는 관계다. 연기하는 것은 조건이 충족되는 한도 내에서만 성립하기 때문에 조건 여하에 따라 변화·소멸할 수밖에 없다. 그러나 자성은 연기하지 않는 것이므로 애초부터 존재하고 있는 것이며 고정불변이고 영원히 존속한다. 결론적으로, 자성이란 '다른 것에 의존하지 않고 스스로 존재하면서, 어떠한 조건에서도 변하지 않고 영원한 것'을 말한다.

'아我'를 자성과 같은 의미로 사용하기도 한다. 범부가 생각하는 불변의 '나(영혼)', 즉 '아'는 자성의 대표적 개념이다. '아'가 자성의 동의어로 사용되는 것은 '아'의 개념을 '나'에 국한하지 않고 사물 전체로 확대시킨 결과다. '자성'이란 용어 대신에 학계에서는 '실체', '실재', '본질' 등의 표현을 사용하기도 한다.

자성 또는 아는 없다. 자성은 마치 토끼뿔과 같다. 토끼에게는 뿔이 없다. 그러나 '토끼뿔'이라는 말은 얼마든지 만들 수 있다. 토끼를 한 번도 본 적이 없는 사람이 '토끼뿔'이라는 말만 들으면 토끼에게 뿔이 있는 것으로 착각한다. 자성은 토끼뿔과 같은 착각의 소산물이다. 이렇게 자성이나 아는 없으므로 '무자성無自性'이라 하고 '무아無我'라 한다. 공은 바로 이 무자성을 의미한다.

연기는 '조건(다른 것)에 의존한 성립'을 의미한다. 반면에 자성은 '조건을 필요치 않는 자립적 성립'을 뜻한다. 연기와 자성은 양자택일의 관계이므로 연기가 진실이라면 자성은 부정될 수밖에 없다. 모든 것은 연기한다. 이것은 모든 것은 무자성이라는 말이고, 이 무자성을 공이라 하므로 모든 것은 공이다. 연기=무자성=공인 것이다. 여기서 연기·무자성·공은 같은 것을 의미하는 다른 표현이라는 것을 알 수 있다. 아울러 공이 연기의 동의어라는 것도 다시 한 번 확인된다.

자성적 사고방식이란

공사상의 대성자 용수는 진실인 연기를 망각하게 하는 자성적 사고방식을 철저히 부정하고자 했다. 그렇게 함으로써 사람들의 뿌리 깊은 잘못된 생각을 바로 잡아 집착에서 벗어나게 하여 대자유의 세계로 이끌고자 했다. 그가 바로 잡고자 했던 것은 '자립적自立的이며 고정불변의 어떤 것'이 있다는 사람들의 맹신적인 생각이었다. '자립적이며 고정불변의 어떤 것'을 그는 자성이라 불렀고, 그것을 부정하고자 사용했던 용어가 공이었다. 용수는 우리 사고의 다양한 영역에 도사리고 있는 자성에 대한 맹신을 들춰내고, 그 맹신에 어떤 오류가 있는지를 밝혀 거기에서 자유롭게 했다.

당신이 어떤 것을 조건(인연)에 따라 생멸·변화하는 것이 아니라, 조건 여하에 상관없이 영원불변의 고정된 무엇이라 생각한다면 그것은 모두 자성에 해당한다. 앞에서 인용한 『유마경』의 내용에서 부파불교를 대표하는 사리불은 꽃 자체에 고정불변의 번뇌가 있다고 보았고 그래서 자신의 몸에 붙은 꽃을 떨쳐내려고 했다. 꽃에 내재되어 있다고 생각하는 고정불변의 번뇌, 이것이 바로 자성이다. 공을 사상의 중추로 삼는 대승불교에서는 꽃 자체에 그런 고정불변의 번뇌는 없으며, 꽃이 출가자를 오염시키는 번뇌 덩어리라는 분별과 집착이 조건으로 작용하는 한에서만 번뇌는 일어난다고 본다.

그런데 꽃 자체는 영원불변의 꽃이라고 생각한다면, 그 꽃도 자성에 해당한다. 꽃은 언젠가는 시들고 말며, 피어있는 꽃도 이질적인 문화권에 따라서는 쓸모없는 잡초가 되기도 한다. 이렇게 꽃에는 꽃이라는 영원불변의 자성이 없으며, 이를 두고 '꽃은 공이다'라고 표현한다.

마찬가지로 물이 어떠한 조건에서도 항상 삼각형 모양을 하고 있다면, 이 고정불변의 삼각형 모양도 자성이다. 물이 조건에 따라 여러 모양을 한다는 것은 받아들이지만, 물 그 자체는 조건 여하에 상관없이 영원불변이라고 생각한다면 그때의 물도 자성이 된다. 물 자체도 조건에 의해 만들어져 생성되었다가 조건이 다하면 소멸하는 연기적 존재이며, 무자성의 공이다. 삼각형 모양도 공이고, 물도 공이다.

자성이 불성을 의미할 때

여기서 주의해야 할 점이 있다. 불교에서 자성이 '불성佛性'이나 '진여眞

如’, ‘진리’, ‘본래의 모습’을 뜻할 때도 있다는 것이다. 지금까지 논의한 착각·허상의 부정적 이미지의 자성과는 정반대인 셈이다. 이것을 어떻게 이해해야 할까?

공사상을 설하는 경전인 『대반야경』에 다음과 같은 구절이 나온다. “모든 것은 공空을 자성自性으로 한다. 모든 것은 무자성無自性을 그 자성으로 한다.” 이때의 ’자성’도 역시 영원불변이라는 뜻이다. 요컨대, ‘무자성’이라 할 때의 ‘자성’의 의미와 다르지 않다. 그러나 이 자성이 『대반야』에서처럼 “모든 것은 공·무자성을 자성으로 한다”는 문장 속에서 사용되면 문장 전체의 뜻은 자성의 원래 의미와는 정반대가 된다.

즉 “모든 것이 공·무자성이라는 것은 영원불변이며 어떤 경우에도 변하지 않는다”를 뜻하게 된다. 공과 무자성, 나아가서는 연기가 만고불변의 진리임을 보여주는 용어로 ’자성’이 사용되는 것이다. 이 경우의 자성은 부정되어야 할 자성이 아니라, 오히려 영원한 진리임을 나타내는 긍정적인 자성으로 그 의미의 차원을 달리하고 있다.

이렇게 차원을 달리하여 자성이 영원불변의 진리를 뜻하게 됨으로써 자성은 ‘불성’이나 ‘진리’를 의미하게도 되었다. 중관파 거장 중의 한 사람인 월칭(月稱, Candrakīrti, 600~670년경)도 자성을 ‘진리’라는 의미로 사용하고 있다. 유의할 점은 자성이 긍정적으로 사용되어 ‘불성 · 진리 · 본래의 모습’을 뜻할 때도, 그때의 자성이란 다름 아닌 ‘공’을 가리킨다는 점을 잊어서는 안 된다. 적어도 대승불교에서는 그렇다.

이제 “너 자신의 자성을 찾아라”는 선사의 말이 무엇을 의미하는지도 알 수 있을 것이다. “너의 온 존재가 공이어서, 어디에도 걸림이 없고 자유자재하다는 것을 간파하라”는 뜻이다.

이하에서 사용되는 자성이란 용어는 거의 대부분 부정적인 의미로 사용됨을 밝혀둔다. '불성', '진리'와 같이 영원불변의 진리를 뜻하는 용법으로 사용되는 것이 아니라, 연기와 공이 용납하지 않는 착각의 소산물인 자성을 뜻하는 용법으로 사용된다는 것이다.

열반과
윤회의 차이

이제부터 유부의 사고방식에 대해 살펴보자. 유부의 교리체계는 매우 복잡하다. 이해의 편의를 최우선으로 하여 유부 교리의 핵심을 재구성해본다. 유부는 경전에 설해져 있는 여러 교설들을 자신들의 이해방식에 따라 조직한 결과, 일체의 존재를 '5위位 75법法'으로 체계화했다. 여기서 '법'이란 나를 포함한 모든 물질적·비물질적 존재를 구성하는 '최소 단위의 요소'를 말한다. 물이 수소와 산소로 구성되어 있듯이, 모든 것은 이 75가지 법 중의 어느 것들로 구성되어 있다는 것이다. '5위'란 75법을 5그룹으로 나눈 것으로, 서로 유사한 법들끼리 모아 다섯 범주로 분류한 것이다.

유부는 75종의 이 법들이 과거·현재·미래의 삼세에 걸쳐 변치 않고 존재한다고 보았다. 75종의 법들은 다른 것에 의해 만들어진 것이 아니며, 자신만의 본질을 스스로 유지하면서 영원히 존재하고 있다고 생각한다. 따라서 75법 하나하나는 바로 '공'에 의해 부정되어야 할 '자성'에 해당하는 개념이 된다. 75종에 달하는 개개의 법들은 제각기 독특한 본질과 작용을 가지고 있기 때문에 서로 구분이 되며 결코 같을 수가 없다. 유부가 말하는 '연기'란 자성인 이들 '법' 사이의 인과관계, 바로 그것이었다.

'설일체유부說一切有部'란 '일체가 실제로 있다고 설하는 부파'를 의미한다. 물론 여기에서 일체란 책상이나 철수 등을 가리키는 것이 아니라, 그것들을 구성하고 있는 최소 단위인 75법을 말한다. 철수를 예로 들어 말하면, 철수의 몸을 구성하고 있는 물질적 요소나 철수의 마음, 그 마음이 일으키는 탐욕 등의 여러 심리작용이 75법에 속한다. 따라서 철수가 태어나기 전부터 탐욕 등은 있었고, 현재는 물론 철수의 사후에도 그것들은 고유한 성질을 그대로 유지하면서 영원히 존재한다.

그러므로 철수는 태어나서 죽는 '공'이지만, 철수를 구성하는 요소인 '법'은 자성으로서 늘 존재한다는 결론에 이른다. 물은 생겼다가 없어지지만 그것을 구성하고 있는 수소와 산소는 언제나 존재한다는 것과 같은 발상이다. 유부의 이러한 생각을 '아공我空법유法有'라 부른다. 여기서 '아'는 철수나 책상 등을 말하고, '법'은 75법을 가리킨다.

유부가 말하는 75법 중에는 열반(유부는 '택멸擇滅'이라 불렀다)도 있다. 따라서 열반은 본질상 윤회와 다르며, 그 열반은 어딘가에 늘 있다. 마치 현실을 떠난 어딘가에 유토피아가 늘 존재한다고 믿는 것과 같다. 당신도 열반을 그런 것으로 생각하지 않는가? 공사상을 대성한 용수는 말한다. "무상한 현실을 바르게 아는 것이 열반이다.", "열반은 윤회와 아무런 차이가 없다." 무상의 폭풍이 휘몰아치는 이 현실을 떠나 열반은 없다. 이 현실의 실상을 바르게 아는 것이야말로 열반이라고 한 것이다. 유부와 공사상, 나아가서는 부파불교와 대승불교는 왜 이렇게 다르게 말할 수밖에 없을까?

이제부터는 구체적 항목을 하나씩 들어가며 유부와 공, 양자의 사고방식의 차이와 실천의 차이, 그런 차이를 낳게 된 이론적 배경을 밝히고자 한다. 앞에서 말했듯이 이것은 곧 우리의 사고방식을 진단하고 바로잡는 일이다. 생소할지도 모르는 유부의 교리에 대해 설명을 많이 할 수밖에 없었던 것은, 그것이 이와 같은 목적을 달성하기 위한 최소한의 작업이었기 때문이다.

극락은 어디이고 지옥은 어디인가?

도인 한 사람이 외딴 산속에 혼자 살고 있었다. 도인은 그곳이 바로 극락이라고 늘 말했다. 실직한 거사 한 사람이 그 말을 듣고 그곳을 찾았다. 산속 그곳에는 차도가 없어 걸어서 가야 했다. 절 입구에 당도하자 온몸이 땀으로 젖었다. 마침 입구 바로 옆 대나무 숲에서 청량한 바람이 불어와 세파에 시달린 그의 마음까지 씻어 내렸다. 밤이 되니 낙락장송 사이로 휘영청 밝은 보름달이 솟아오르고 맑은 시냇물 소리가 귓가를 즐겁게 했다. 거사는 함께 살기를 간청했고, 도인은 흔쾌히 승낙했다.

열반이 윤회이고
윤회가 열반이다(대승불교)

그곳 하루 일과는 이랬다. 새벽 3시에 기상하여 예불하고, 좌선. 하루 세 끼 식사는 스스로 만들어 먹고, 설거지는 물론 밭에서 야채도 길러야 했다. 마당과 밭에는 웬 잡초가 그리도 많이 나는지. 땡볕에서도 일을 해야 했고, 새벽부터 밤까지 시간에 맞춰 예불하고 좌선하는 것도 힘든 일이었다. TV와 인터넷도 없고 휴대폰도 터지지 않았으며 말동무할 친구도 없었다.

　한 달 두 달 살아가는 사이, 똑같이 생활하는 도인은 늘 유쾌하게 사는데 거사에게 그곳은 생지옥이었다. 산사의 그윽한 정취는 어디에도 없고, 뼛속을 저미는 하루 일과만 있을 뿐이었다. 결국 거사는 석 달이 채 되기도 전에 집에 급한 일이 생겼다면서 산속을 떠났다. 도인에게는 더할 수 없는 극락이었지만 거사에게는 견디기 힘든 지옥이었던 것이다.

두 사람은 같은 장소에서 같은 생활을 했다. 동일한 곳이 도인에게는 극락인데 거사에게는 지옥이다. 그곳이 진짜 극락이라서 극락으로 느껴질까? 또 진짜 지옥이라서 지옥으로 느껴질까? 물론, 아니다. 그렇다면 그곳은 어떤 곳인가? 극락이라고도 지옥이라고도 할 수 없다. '극락'이라고 부르지만 그것은 이름일 뿐, 그 명칭에 맞는 '진짜 극락이라 할 만한 것'은 없다. 누구에게나 극락이고 언제 어디서나 극락이라야 '진짜 극락이라 할 만한 것'이다. 그러한 것이 있다면 그것은 '자성'·'아我'에 해당한다.

이와 같이 '극락'이라고 불리는 것에는 그 명칭에 부합하는 자성이 없다. 따라서 극락은 무자성無自性이며 공空이다. 지옥도 마찬가지로 공이다. 극락은 어디이고 지옥은 어디인가? 당신은 지금 극락에 살고 있는가, 아니면 지옥에 살고 있는가? 무엇이라고 한들 그곳 자체가 극락이거나 지옥은 아니다.

산속의 그곳을 도인과 거사는 각각 극락이라고 하고 지옥이라고 했다. 하지만 결국 같은 곳이었으니 "극락이 곧 지옥이요, 지옥이 곧 극락이다"라고 할 수밖에 없다. 교리적으로 말하면, 극락과 지옥 둘 다 공이므로 "극락이 곧 지옥이요, 지옥이 곧 극락이다." 이처럼 둘은 서로 별개가 아니므로 '불이不二', 즉 '둘이 아니다'라고 한다.

위의 내용에서 극락과 지옥이 들어간 자리에 열반과 윤회를 대입해도 결론은 똑같다. 열반도 공이고, 윤회도 공이다. 열반이 곧 윤회요, 윤회가 곧 열반이다. 둘은 서로 별개의 둘이 아니라서 '불이'다. 그래서 대승불교의 공사상을 대성한 용수는 "열반은 윤회와 아무런 차이도 없다"고 한 것이다.

그러면 열반이란 무엇인가? 용수는 "무상한 현실을 바르게 아는 것이 열반이다"고 말한다. 나의 일상생활을 내가 아무리 열반이라고 하거나 윤회라고 해도 그것의 진실한 모습은 그와 무관하다. 열반도 윤회도 아닌 것이다. 그럼에도 열반이나 윤회라고 고집한다면 그것이 바로 무명無明이고 집착이며, 이 때문에 괴로움은 시작된다. 반대로 그것은 열반도 윤회도 아니라고 바르게 알아 모든 집착에서 벗어나는 것이야말로 진정한 열반이라고 용수는 말하는 것이다. 괴로움의 불꽃이 완전히 꺼져 다시는 붙지 않는 열반과 괴로움 덩어리로 보이는 윤회는 결국 하나의 '저것'에 대한 다른 이름에 불과하다.

용수가 "당신의 삶 자체는 극락인가, 지옥인가?"라고 물으면 무엇이라 대답하겠는가? 이제 주저 없이 대답할 것이다. "어느 쪽도 아닙니다." 이것이라 해도 틀리고 저것이라 해도 틀린다.

눈앞의 삶이 진정 무엇으로도 규정할 수 없는 것으로 다가올 때, 당신은 '있는 그대로'의 삶을 산다. 행복이라는 안경도, 불행이라는 안경도 끼지 않고 그냥 맨눈으로 삶을 본다. 행복과 불행이라는 이름에 필요 없는 에너지를 소모하지 않고 지금 여기 눈앞의 일에 온전히 몰두한다. 돌아올 대가를 생각하고 몰두하는 것은 아니다. '그냥' 몰두가 될 뿐. 더 행복해지려는 탐욕도 없고, 불행이라는 생각이 드리우는 우울한 그늘도 없다.

열반은 열반이고
윤회는 윤회다 (부파불교)

부파불교, 즉 소승불교의 대표 격인 유부는 열반과 윤회에 대해 위와 같이 생각하지 않았다. 유부는 나를 포함한 모든 물질적·비물질적 존재가 '75법'으로 구성되어 있다고 했다. 여기서 '법'이란 '부처님의 가르침'이나 '진리'를 뜻하는 것이 아니라, 존재를 구성하는 '최소 단위의 요소'를 말한다. 물이 수소와 산소로 구성되어 있듯이, 모든 것은 이 75가지 법 중의 어느 것들로 구성되어 있다는 것이다. 나아가 75법을 성질 상의 유사성에 근거하여 색법·심법·심소유법·심불상응행법·무위법의 다섯 범주로 분류하고, 이것을 '5위位'라 하여 아래와 같이 '5위 75법'이라는 체계를 세웠다. 괄호 안의 숫자는 각 범주에 속하는 법의 가짓수를 표시한다.

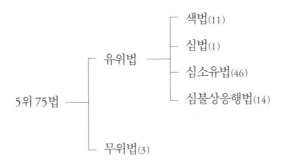

색법色法은 물질적 존재를 말한다. 심법心法은 마음을, 심소유법心所有法은 마음의 작용 즉 심리 작용을, 심불상응행법心不相應行法은 물질도 마음도 아닌 특수한 힘을 가리킨다. 무위법無爲法은 조건에 의해 만들어지지 않은 것, 그래서 변화와 소멸이 없는 것을 뜻하며 유위법有爲法

의 반대다.

이렇게 5위로 분류된 75종의 법들은 자신만의 특성과 작용을 가지면서 영원히 존재한다. 75법 하나하나는 바로 '공'에 의해 부정되어야 할 '자성'에 해당하는 것이고, 그 각각은 결코 같을 수가 없다. 열반도 75법 가운데 하나며 무위법에 속한다. 따라서 무위법인 열반은 끊임없이 변하는 윤회와 같을 수가 없다. '열반은 열반이고 윤회는 윤회다. 양자 사이에는 결코 좁혀질 수 없는 크나큰 간격이 있다.'는 것이 유부의 생각이다. 열반과 윤회에 대해 당신이 유부와 같이 생각하고 있었다면 그것은 공의 사고방식은 아니다. 자성에 근거한 사고다.

유부가 말하는 열반은 어떤 것이고 어떻게 성취할 수 있을까? 유부의 이론 체계는 머리카락을 헤아리는 것보다 더 복잡하다. 핵심만 압축시켜 말해보자. 유부가 5위 75법이라는 체계를 세운 목적은 이 세계가 이들 법들의 이합집산에 의해 생겨나는 무상하고 무자성인 연기의 세계임을 여실히 보여, 그 반대로 보는 어리석음에 의한 속박에서 벗어나 열반에 이르게 하는 데 있었다. 그러나 그 목적을 달성하기 위해 75법이라는 자성을 정립하고 만 것은 부인할 수 없는 실수였다. 연기의 세계를 보이기 위해 연기와 양립할 수 없는 자성을 세움에 따라 의도하지 않은 부작용을 초래하게 된 것이다.

수많은 불교용어의 개념을 정교하게 정립한 것은 실로 유부의 크나큰 공적이고 이후의 불교 전개에도 많은 공헌을 했다. 그러나 그렇게 정립된 개념으로 5위 75법이라는 체계를 세우고 그것으로 모든 현상을 설명하고자 한 것에 대해 후대 불교는 결코 좋은 점수를 주지 않는다.

번뇌는 늘 도사리고 있는 도둑인가, 착각의 결과인가?

유부에서 '연기'란 자성인 72법 사이의 인과관계, 바로 그것이었다. 75법이 아니고 72법인 이유는 무위법에 속하는 3가지 법에는 인과성·시간성이 없기 때문이다. 유부에 의하면, 인과관계는 법과 법 사이에서만 성립한다. 나에게 번뇌가 일어나는 과정을 유부의 이론에 따라 설명하면 다음과 같다.

5위 가운데 심소유법은 심리 작용에 해당하는 46종의 법들을 모아놓은 것이다. 이 46종 가운데 다수의 심리 작용이 번뇌에 해당한다. 예를 들면 탐·진·치(무명)도 이 중의 일부다. '탐' 즉 '탐욕'은 75법 중의 하나이므로 언제나 존재한다. 나에게 탐욕이 일어났다는 것은 쉽게 말해 내 마음에 탐욕이라는 법이 결합했다는 것이다. 10분 후에 탐욕이 멈추었다는 것은 그때 내 마음에서 탐욕이 분리되었음을 의미한다. 탐욕은 내 마음과 결합해야지만 실제의 탐욕 작용을 일으키지 그렇지 않으면 존재하기는 해도 작용을 일으킬 수 없다.

유부는 탐욕이 작용을 일으키고 있는 상태를 '현재'라고 규정한다. 작용을 일으키기 전의 상태를 '미래', 일으키고 난 후의 상태를 '과거'라고 한다. 탐욕이 작용을 일으키는 것은 현재의 한 찰나뿐이고, 다음 찰나에는 과거의 영역으로 사라져 그 작용이 멈춘다. 다시 말해 미래의 영역에 있는 탐욕이라는 법이 현재에 나타나 단 한 찰나만 작용하고는 과거의 영역으로 사라진다. 현재에 나타나는 것을 '생한다'고 하고, 과거의 영역으로 사라지는 것을 '멸한다'고 한다. 10분간 탐욕 작용이 지속되었다는 것은 위와 같은 과정이 10분간 지속되었다는 뜻이다.

탐욕의 작용은 한 찰나이지만, 탐욕 자체는 고유한 특성을 유지한 채 과거·현재·미래의 삼세를 통하여 언제나 존재한다. 유위법에 속하는 여타의 법들도 마찬가지여서 현재에서는 순간순간 생멸하지만 삼세를 통하여 실재하며 자신의 특성을 그대로 유지한다. 이것을 '삼세실유三世實有 법체항유法體恒有'라고 한다.

그런데 유부에 의하면 법은 단독으로는 현재에 생하여 작용할 수 없다. 72법 중의 다수의 다른 법을 원인(因)으로 하여 그 결과(果)로서만 현재에 나타나 작용할 수 있다. 이러한 자성인 법과 법 사이의 인과 관계에 의해 세상의 모든 것은 생성과 소멸을 반복하며 그것이 곧 연기의 세계라고 유부는 이해했다. 72법 사이의 이러한 다양한 인과관계를 정리한 것이 '6인六因·4연四緣·5과五果'다. 현재 나타난 법을 과果라 하고 그 원인이 된 법을 인因이나 연緣이라 하여 그들 사이의 연관 관계를 나타낸 것이다.

결론적으로 유부는 번뇌를 마치 어디선가 늘 도사리고 있는 도둑과 같이 생각했다. 내 마음과 번뇌가 결합했다는 것은 도둑이 침범한 것이요, 양자가 분리되었다는 것은 도둑을 쫓아낸 것과 같다. 도둑이 침범하지 않았다 하더라도 도둑은 어디선가 늘 도사리고 있다. 도둑인 번뇌는 항상 존재하는 자성이다. 반면에 공사상에 의하면, 번뇌는 공이며 자성이 아니다. 눈병 환자의 눈에는 있지도 않은 헛것이 보이듯이, 어리석음 때문에 번뇌가 아닌 것을 번뇌로 보고 괴로워한다는 것이다. 초상집에는 액운이 늘 도사리고 있다고 생각한다면, 그것은 유부의 사고방식이다. 있지도 않는 액운을 어리석은 마음으로 스스로 만들어 괴로워한다는 것이 공사상의 통찰이다.

유부가 생각한
최고의 이상

유부의 생각을 알기 쉽게 정리하면 이렇다.

'눈에 보이지는 않지만 번뇌는 늘 있다. 이 번뇌가 나와 결합하면 나는 번뇌를 일으킬 수밖에 없다. 번뇌 자체는 자성이기 때문에 없앨 수가 없다. 따라서 번뇌에서 벗어나는 유일한 길은 나와 번뇌가 결합하지 않는 수밖에 없다. 번뇌가 우글거리는 이 세상은 윤회의 세계다. 번뇌가 나와 결합하지 않는 것이 열반이다. 열반을 얻기 위해서는 출가하여 오랜 기간 동안의 전문적인 수행을 통해 지혜를 증득해야 한다. 이 지혜의 힘에 의해서만 번뇌는 나와 결합하지 않는다.'

당신이 번뇌와 열반에 대해 이와 같이 생각한다면 그것은 유부의 사고방식이다.

그런데 생각해보라. 유부의 생각에 의하면, 번뇌는 나와 결합하고 있지 않다고 해도 어딘가에 있다. 여차하는 순간 언제 어디서 결합할지 모른다. 지혜의 힘으로 번뇌라는 도둑을 쫓아내고 다시 들어오지 못하게 담을 쌓았지만 도둑의 침범 가능성은 언제나 있고 그래서 불안하다. 사정이 이렇다면 유부가 말하는 완전한 열반은 어떤 것이었을까? 그것은 무상한 이 세상을 괴로움으로 보고 역겹도록 싫어하여 완전히 떠나버리는 것이었다. 육신조차 없어져 이 세상에 다시는 태어나지 않는 무여의열반無餘依涅般이 유부의 이상이었고, 그것은 대승불교로부터 비판을 받았다.

누가 그대를 절망케 하는가?

"이것이 있으므로 저것이 있다." 연기를 나타내는 정형구다. 이 정형구의 '이것'과 '저것'에 무엇이든지 대입해도 그것은 연기를 나타낼까? 예를 들어 '이것' 대신에 창조주를 대입시키고 '저것' 대신에 만물을 대입시키면, "창조주가 있으므로 만물이 있다"가 된다. 이 문장의 내용이 연기를 나타내고, 나아가서는 불교를 보여준다고 할 수 있겠는가? 물론, 아니다.

"창조주가 있으므로 만물이 있다." 이 말은 상식적 수준의 인과관계는 나타낸다고 할 수 있다. 창조주라는 원인에 의해 만물이라는 결과가 있다는 것을 의미한다고 볼 수 있기 때문이다. 그러나 연기를 나타낸다고는 할 수 없다. 왜 그럴까?

창조주는 자성에 해당하고, 연기와 자성은 양립할 수 없기 때문이다. 창조주는 조건에 의해 생겨난 것이 아니라 원래부터 자립적으로 존재한다고 하므로 자성에 해당한다. 따라서 "이것이 있으므로 저것이 있다"가 연기를 나타내기 위해선 '이것'과 '저것' 자리에 자성에 해당하는 뭔가가 들어가서는 안 된다.

자성이 들어간 인과관계는 연기가 아니다

자성을 포함한 인과관계는 연기라고 할 수 없다. "숏다리라서 불행하다"는 말을 듣곤 한다. '숏다리'는 신조어로, 짧은 다리를 비하한 말이다. "숏다리라서 불행하다"는 숏다리를 원인으로 해서 불행이라는 결과가 있다는 인과관계를 나타낸다. 이 말을 하거나 듣는 대부분의 사람은 숏다리인 한 불행에서 벗어날 수 없다고 믿는다.

그러나 숏다리도 연기적 존재여서 그 자체로서 숏다리는 없다. '숏다리'라 불리는 이것은 비교대상이 어떤 것이냐에 따라 롱다리이기도 하며, '숏다리'라 하더라도 그 자체가 숏다리인 것이 아니라 이름만 숏다리다. 하지만 사람들은 은연중에 이 다리는 어떤 경우에도 진짜 숏다리라고 생각한다. 숏다리라 불리는 것을 자성으로 받아들이고 있는 것이다. 그리고는 거기에는 늘 불행이 따라붙는다고 집착한다. 진리의 눈으로 보면, 숏다리는 공空이다. 다시 말해 숏다리는 '진짜 숏다리'가 아니다. 숏다리가 숏다리가 아니라면 거기에 행·불행이 붙을 자리가 어디 있겠는가?

사람들 사이에 통용되는 "숏다리라서 불행하다"는 자성이 들어간 인과관계다. 이것은 마치 부파불교 대표격인 유부에서 자성인 번뇌가 내 마음과 결합하면 나는 피치 못하게 번뇌를 일으킬 수밖에 없다고 생각하는 것과 같다. 그 자성인 번뇌가 나와 분리되지 않는 한 번뇌에서 벗어날 길은 없다고 유부는 말한다. 이와 유사하게 사람들은 숏다리 자체를 특수 요법을 써서 롱다리로 만들지 않는 한, 그로 인한 불행에서 벗어나지 못한다고 생각한다.

우리의 일상적 사고의 대부분은 이같이 자성에 근거한 인과관계의 수많은 경우의 수라 해도 과언이 아니다. "이것이 있으므로 저것이 있다"에서 '이것'과 '저것'에 이 자성과 저 자성을 넣었다 뺐다 하는 것이 우리 사고활동의 실태가 아닌가? 모든 현상을 자성간의 이합집산으로 보고, 그 이합집산의 조작을 통해 문제를 해결하고자 한다. 만일 그렇게 한다면, 하면 할수록 연기적 사고와 행동에서 멀어져버린다.

더구나 '이것'과 '저것'의 연결고리가 고정화되어있어 문제는 더욱 심각하다. '숏다리'에는 늘 '불행'이 따라붙고, '롱다리'에는 언제나 '행복'이 따라붙는 식이다. 몇 가지 예를 통해 이 사실을 확인해보자.

'저 사람을 만나서 불행하다'고 생각한다. 이 생각이 의미하는 바는 다음과 같다. 나의 불행의 원인은 전적으로 저 사람에게 있다. 저 사람은 나를 불행하게 만드는 자성을 가지고 있다. 때문에 그에게서 멀어지는 것만이 불행에서 벗어나는 길이다.

'몇 년에 한 번은 해외여행을 해야 행복하다', '인생에서 해야 할 ○○가지 일을 했으니 내 인생은 성공이다'라는 생각을 살펴보자. '몇 년에 한 번의 해외여행'과 '인생에서 해야 할 ○○가지 일'이 나를 행복하게 하고 내 인생을 성공적이게 하는 것으로 받아들여지고 있다. 이것을 하지 않는 한 나는 행복하다고 할 수 없고, 내 인생은 성공적이라고 할 수 없다는 사고방식이다.

이외에도 유사한 사고방식은 부지기수다. '이런 과거를 가진 나는 결코 성공할 수 없어!', '집안 환경이 이러하니 나더러 어쩌란 말인가?' 그런데 과연 이러한 생각대로 사실도 그럴까? 과거가 당신의 일생을 결정짓는다고 누가 그러던가? ○○가지 일을 해야 인생은 성공이라고 누가 그러던가? 설사 누가 그렇게 말했다 하더라도 당신은 그 말대로 움직이는 꼭두각시에 불과한가? 당신은 언제 대자유의 세계에 발을 들여놓을 셈인가?

정견正見, 곧 올바른 견해가 중요하다. 정견은 사물을 바로 보는 눈이고, 모든 일의 첫 단추다. 첫 단추를 잘못 끼우면 애는 쓰는데 공은 없다. 자성에 근거한 사고방식의 문제점을 짚어보자.

번뇌는
헛것이다

외국의 어느 세계적인 석학이 TV 대담 프로그램에 초청을 받아 출연하게 되었다. 사회자가 "세계적인 석학이 된 특별한 동기가 있습니까?" 하고 물었더니, 그는 "제 자신의 콤플렉스 때문입니다"라고 대답했다.

그는 어릴 때부터 키가 작은 것이 불만이었다. 사춘기에 접어든 어느 날, 하숙집 방에 누워서 우연히 벽에 걸린 자기 바지를 보게 되었는데 무척 짧아 보였다. 이때부터 그는 키 작은 것이 콤플렉스가 되어, 사귀고 싶은 여학생이 있어도 말 한번 건네보지 못하고 고민하다가 자살까지 생각하게 되었다.

죽을 마음으로 바닷가 벼랑 꼭대기에서 부서지는 시퍼런 바닷물을 내려다보았다. 새끼 거북이 한 마리가 거센 파도를 맞으며 바위 위로 기어오르는 것이 보였다. 밀려나면 기어오르고, 밀려나면 기어오르고…. 문득, 내면에서 외치는 소리가 있었다. "저 작은 놈도 거센 파도를 이겨내며 살고 있어. 육신이 멀쩡한데, 키 작은 것 하나 때문에 인생을 끝내다니! 머저리 같은 놈, 분하지도 않나?"

그때부터 생각을 바꾸어 어떻게 해서라도 성공하여 키 작은 한을 꼭 풀겠다고 마음먹었다. 그래서 신체적 조건과 상관없는 학문의 길을 택하게 되었고 결국 세계적인 석학이 되었다는 것이다. 그는 자신이 쭉 뻗은 다리의 늘씬한 신체의 소유자였다면 결코 오늘의 자기는 있을 수 없었을 것이라고 했다.

사회자가 웃으면서 물었다. "지금도 키 작은 것에 대한 콤플렉스가 남아있습니까?" 석학은 장난기 섞인 말투로 대답했다. "지금 저를 존경하고 따르는 여성이 얼마나 많은 줄 아십니까?" 머리가 희끗희끗한 노 박사의 얼굴은 언제 자신에게 콤플렉스가 있었느냐는 듯 만면에 미소를 띠고 있었다. 세계적인 석학으로 만든 것은 결국 그의 숏다리였다. 그렇다면 숏다리가 항상 불행을 가져온다고는 할 수 없다.

앞글의 산속 암자 이야기를 상기해보자. 도인과 거사 한 사람이 똑같은 일을 하며 같이 살았다. 도인은 그곳을 극락이라 했고 거사는 지옥이라 했다. 그러나 진실의 눈으로 보면 그곳은 고정불변의 자성이 없는 공이어서 극락도 아니고 지옥도 아니다. 그렇다면 극락도 지옥도 아닌 그곳이 왜 도인에게는 극락으로, 거사에게는 지옥으로 보였을까?

물은 컵에 들어가면 컵 모양, 바가지에 들어가면 바가지 모양을 한다. 왜 그럴까? 물은 무자성의 공이어서 어떠한 고정된 모양도 없다. 어떠한 고정된 모양도 없다는 바로 그 이유 때문에, 다시 말해 공이라는 그 이유 때문에 컵이라는 조건을 만나면 컵 모양이 되고, 바가지라는 조건을 만나면 바가지 모양이 된다. 물에 컵 모양이라는 고정된 모양이 있다면 바가지에 들어가도 결코 바가지 모양이 되지 못한다. 물은 공이기 때문에 인연 따라 여러 모양을 하는 것이다.

물이 컵 모양을 하고 있는 순간에도 물은 공이기 때문에 컵 모양으로 완전히 고정되어 버린 것은 아니다. 그 순간에도 컵 모양에 물들지 않고 컵 모양에서 자유롭다. 때문에 컵에서 바가지로 들어가면 순식간에 바가지 모양이 되며, 컵 모양은 흔적도 없다. 물은 이처럼 인연 따라 걸림 없이 어떤 특별한 모양을 하지만 어느 모양에도 물들지 않고 자유롭다.

따라서 컵 모양의 물이 생겨났다고 해도 그것은 고정불변의 자성으로서 생겨난 것이 아니다. 생겨난 '컵 모양의 물', 그것도 공인 것이다. 이것을 '불생不生의 생生', 즉 '생함이 없는 생함'이라고 한다. 자성으로서 생한 것이 아니기 때문에 생한 결과는 마치 신기루와 같아서 진정으로 생했다고 할 수 없다는 뜻이다. 때문에 생한 그것에 구속될 필요도 없다. 물이 공이듯이 컵과 바가지 또한 공이다. 이상의 내용을 도표로 표시해보자.

물 + 컵　　→ 컵 모양의 물
물 + 바가지 → 바가지 모양의 물
　↓　　↓　　　　↓
공(원인) 공(원인)　공(결과)

공인 것 사이의 인과관계가 참다운 연기다. 컵이나 바가지를 전제하지 않고 "물은 어떤 모양을 하고 있는가?" 하고 묻는 것은 의미가 없다. 물은 공이어서 어떠한 고정된 모양도 없기 때문이다. 역으로 공이기 때문에 인연 따라 여러 모양을 한다. 그렇지만 결코 그 모양에 구속되는 것은 아니다.

　마찬가지로 산속 암자에 사는 사람을 전제하지 않고 "산속 암자 생활은 극락인가, 지옥인가?"라고만 묻는다면 그것도 의미가 없다. 그곳은 공이기 때문에, 도인에게는 극락이고 거사에게는 지옥이지만, 그러나 그곳은 극락도 아니고 지옥도 아니다. 어리석은 사람은 그곳을 지옥이라는 자성으로 본다. 그래서 그곳을 떠나거나, 그곳을 본인의 입맛대로 개조해야만 지옥에서 벗어날 수 있다고 생각한다.

'숫다리'라 칭해지는 다리의 소유자가 누구인가에 따라 숫다리는 성공의 원동력이 되기도 하고 좌절의 저주가 되기도 한다. 한 젊은이를 세계적인 석학으로 만든 것도 숫다리였지만, 그 숫다리가 다른 사람에게는 헤어날 수 없는 좌절을 안긴다. 그러나 숫다리는 공이어서 불행도 아니고 행복도 아니다.

숫다리 + 갑 → 세계적인 석학
숫다리 + 을 → 끝없는 좌절

숫다리는 물과 같다. 물은 컵을 만나면 컵 모양을 하고 바가지를 만나면 바가지 모양을 한다. 숫다리는 갑의 마음 그릇에 담기면 세계적인 석학이 되지만, 을의 마음 그릇에 담기면 좌절을 부르는 저주가 된다. 그러나 설사 그것이 좌절을 불러왔다고 해도, 그 좌절은 '불생不生의 생生'이다. 신기루와 같고, 마술사가 마술로 공중에 만든 허깨비와 같다. 그 좌절에서 헤어나지 못하는 것은 허깨비에 붙들려 꼼짝 못하는 것과 같다. 용수는 말한다. "번뇌는 실제로는 없다."
  숫다리 때문에 나는 이렇게 될 수밖에 없다는 생각은 자성에 근거한 사고방식이요, 어리석은 생각이다. 이 어리석음 때문에 겪지 않아도 될 괴로움을 겪는다. 위에서 예로 든 여타의 자성적 사고방식에 대해서도 똑같이 말할 수 있다. 억울하지 않은가?

누가 너를
구속하느냐?

당나라 때 석두 희천(石頭希遷, 700~790) 선사에게 제자가 물었다. "어떤 것이 해탈입니까?" 해탈은 어떠한 구속도 없는 대자유의 경지를 말한다. 석두 선사는 즉시 대답했다. "누가 너를 구속하느냐?" 눈이 있는 자는 금방 "아!" 하고 알 것이다. 이 간단한 한마디에 우리는 까마득히 잊고 있던 천금 같은 진실에 눈을 뜬다. 누가, 무엇이 나를 절망에 빠뜨리는가?

제자가 계속해서 물었다. "어떤 것이 정토(淨土, 더러움이 없는 깨끗한 세계)입니까?" 석두 선사가 대답했다. "누가 너를 더럽히느냐?" 그대를 더럽힌 것은 아무것도 없는데 새삼스럽게 정토를 찾을 필요가 있느냐는 말이다. 강의 시간에 석두 선사의 해탈 이야기를 했더니 누군가가 "경찰이 나를 구속합니다" 해서 강의실 전체가 웃음바다를 이룬 적이 있다.

숫다리가 그대를 절망시키는 것이 아니다. 저 사람이, 당신의 과거나 집안 환경이 그대를 절망시키는 것도 아니다. "누가 그대를 절망케 하는가?" 우선 이 질문에 대해 스스로 확신에 찬 답변부터 하는 것이 중요하다. 책에서 답을 찾거나 타인에게 답을 물어보는 것과는 비교가 되지 않는 가치가 있다.

이것저것이 필요하다고 앉아서 말만 하는 사람들이 있다. 말만 할 뿐, 스스로 고통에서 벗어나기 위한 행동을 취하지 않으면 변화는 찾아오지 않는다. 우리는 성공한 사람들을 보면서, 그들이 성공하기까지 얼마나 힘든 과정을 거쳐왔는지는 생각하지 않고 결과만 부러워하는 경향이 있다. 그들의 숨겨진 이야기를 들어보면, '저 정도까지 노력하는

데 누가 저런 결과를 얻지 않을까' 하는 생각이 들 때가 많다. 결국 대가를 치르지 않은 결과는 없다.

어느 날, 남전 보원(南泉普願, 748~834) 선사 문하의 수행승들이 고양이 문제로 동쪽 선방과 서쪽 선방으로 나뉘어 서로 다투었다. 남전 선사는 마침 그곳에 있던 고양이를 붙잡아 한 손에 쥐었다. 그리고 다른 한 손에는 칼을 들고 우레와 같은 목소리로 수행승들을 다그쳤다. "자, 네 놈들이 다투고 있는 실물이 여기 있다. 누구라도 곧바로 고양이를 살릴 수 있는 한마디를 하면 고양이를 살려줄 것이고, 못하면 당장 죽일 테다. 주저하지 말고 빨리 말하라."

누구 하나 대답하는 자가 없었다. 남전 선사는 눈물을 머금고 끝내 고양이를 칼로 베었다. 남전 선사는 제자들의 눈을 뜨게 하려고 살아있는 고양이의 목숨을 끊었다. 얼마나 무서운 결단인가? 그는 왜 고양이를 베어야만 했는가? 남전 선사가 벤 것은 고양이가 아니었다. 그것은 끊어도 끊어도 되살아나는 우리의 지독한 망상분별이었다.

남전 선사의 칼날에 숯다리 망상도 자르고, 극락과 지옥의 망상도 자르고, 당신의 과거와 집안 환경이라는 망상도 잘라라. 바깥에서 핑계거리를 찾으려는 모질게도 끈질긴 습관을 잘라라. 일체를 '단칼에' 잘라라. 티끌 하나 남기지 않고 완전히 잘랐을 때, 바로 그때 죽은 고양이는 다시 살아나 천하를 활보한다. 목숨 걸고 뛰어들어 남전 선사의 칼날에 잘려보라!

완전히 잘라 자른 흔적조차 없을 때, '청풍만지淸風滿地', 청량한 기운이 온 천하 대지를 뒤덮는다. 이 경지를 알면 고양이를 벤 남전 선사의 경지도 안다. 누가 그대를 절망케 하는가?

비난의 화살, 꽃이 되다

석가모니는 부다가야의 보리수 아래에 이르러 길상초를 깔고 앉았다. 선정에 들기 전에 이렇게 결심했다. '깨달음에 이르지 못한다면 결코 이 자리에서 일어나지 않으리라.' 이때 악마가 석가모니를 향해 화살을 겨누었다. 이것을 보고도 위대한 성자는 흐트러짐과 동요가 없었다. 마침내 악마는 화살을 쏘았다. 화살은 갑옷이라도 뚫을 듯 힘차게 날아갔다. 그런데 화살이 석가모니 근처에 이르자 모두 꽃으로 바뀌고 말았다.

누군가가 당신을 향해 비난의 화살을 쏘았다. 그 화살은 비난의 화살 그대로 당신에게 꽂히는가? 아니면, 당신의 품성을 더욱 청정하게 만드는 계기가 되는가? 후자의 경우라면 비난의 화살은 당신 가까이에서 꽃으로 변한 것이다.

처세술과 테크닉만
찾는 세태

대부분의 사람들은 상대가 쏜 비난의 화살을 비난의 화살 그대로 맞고 깊은 상처를 입는다. 그 아픔에 시달리는 시간이 길어질수록 상대에 대한 증오는 눈덩이처럼 커지고, 모든 관심은 그 비난의 허위성을 증명하는 데로 쏠린다. 허위성을 입증할 나름대로의 이유와 변명이 하나둘 갖추어지면 상대에 대한 증오의 뿌리는 더 깊고 강해진다. 미워해도 된다는 정당성을 확보했기 때문이다. 다양한 방법의 복수가 그 뒤를 잇고, 그 복수에 대한 상대의 복수가 꼬리를 물고 이어진다.

사람들은 비난의 화살을 교묘히 피하는 요령이나, 화살을 쏜 상대에 대처하는 수완 등 그때그때의 처세술이나 테크닉에만 관심을 기울인다. 그러나 그것에만 매달린다면 비난으로부터의 영원한 자유는 없다. 비난을 포함해서 자신과 세상을 바라보는 눈은 전혀 바뀌지 않은 채 비난에서 교묘히 벗어나기 위한 처세술이나 테크닉만 찾고 있기 때문이다. 교묘하게 피하려고 하는 지금의 이 마음 때문에 비난도 사게된 것은 아닐까? 전이나 후나 마음은 그대로인데 어떻게 비난에서 영원히 자유로울 수 있겠는가?

레오나르도 디카프리오 주연의 '비치(The Beach)'라는 영화가 있다. 대략적 내용은 다음과 같다.

미국 청년 리처드는 배낭 하나만 달랑 메고 모험을 찾아 태국으로 간다. 거기서 지상에 존재하는 유일한 낙원, 완벽한 해변을 갖추고 있으며 외부인이나 관광객들로부터 한 점 때가 묻지 않은 순수한 섬에 대한 이야기를 듣는다. 리처드는 거기가 자신이 오랫동안 찾고 있었던 '뭔가 다른 곳'이 틀림없다고 확신하고 그곳을 향해 모험을 떠난다.

우여곡절 끝에 목적지에 도착한 그는 자신처럼 여행자 신분으로 들어와서 비밀스럽게 모여 사는 사람들의 공동체를 발견한다. 리처드는 그들에게서 환영을 받고, 그때부터 그 환상의 해변은 그에게 낙원이 된다. 그러고는 서서히 그는 자신이 떠나왔던 문명세계를 잊는다.

그러나 그가 낙원이라고 생각했던 이 해변의 세계도 사실은 결코 완벽하지도, 환상적이지도 않았다. 잦은 마찰과 질투심으로 인해 사람들 사이에는 험상궂은 대립이 생겼다. 어느 날 리처드는 피비린내 나는 사건을 목격하게 되고, 그가 꿈꾸었던 환상은 순식간에 악몽으로 둔갑한다. 낙원은 지옥으로 돌변한다. 이제 그의 유일한 목표는 그곳을 탈출하는 것이다. 그러나 그 섬에 들어가기보다 그곳을 떠나는 것이 훨씬 더 힘들다는 것을 깨닫는다.

이 영화는 아무리 외부 환경이 이상적이라고 해도 인간의 마음이 근본적으로 바뀌지 않는 한 낙원은 어디에도 없다는 메시지를 전하고 있다. 인간의 어리석음은 낙원조차도 지옥으로 만들고 만다.

누군가가 돈과 주택과 자녀양육 문제 등으로 괴로워한다고 하자. 그런 그가 이런 문제가 전혀 없는 지상낙원에 들어갔다. 지긋지긋했던 문제들에서 해방되었으니 얼마간 그는 행복을 만끽할 것이다. 하지만 그의 행복은 그렇게 오랫동안 지속되지는 않을 것이다. 마음은 바꾸지 않고 몸만 들어가는 한, 그의 어리석음과 탐욕은 또 다른 대상을 찾아 그를 괴롭힐 것이기 때문이다. 지위와 명예, 남녀 간의 애정관계 등이 새로운 문제로 등장할지 모른다. 마음의 눈은 뜨지 않고 처세술과 테크닉만 찾으려 한다면 괴로움과 갈등의 종식은 기대하지 말아야 한다.

비난은
공이다

마음의 눈을 뜨고 의식을 근본적으로 전환하기 위해서는 테크닉의 암기가 아니라 문제를 꿰뚫어 보는 지혜가 필요하다. 불교가 말하는 지혜에 대해 귀를 기울여보자. '일체개공一切皆空', 모든 것은 공이다. 비난도 공이다. 비난은 비난이라는 자성을 가지고 있지 않다. 쉽게 말하면, 비난은 비난으로 고정되어 있지 않다. 석가모니 가까이 날아간 화살이 꽃으로 바뀌었다는 것은 모든 것은 공이다는 것을 상징적으로 보여주는 이야기다.

물은 그 모양이 고정되어 있지 않듯이, 비난 또한 어느 것으로도 고정되어 있지 않다. 받아들이는 사람에 따라 그것은 비난일 수도 있고, 자신의 인격 향상을 돕는 밑거름이 될 수도 있다. 그 비난의 말을 계기로 자신이 걸어왔던 길을 되짚어보고 방향을 전환하여 향기로운 인생의 길을 가게 되었다면, 그것은 비난이 아니라 영혼을 맑히는 빛이 아니겠는가?

그래서 보왕삼매론은 이렇게 말한다. "세상살이에 곤란 없기를 바라지 마라. 곤란이 없으면 업신여기는 마음과 사치한 마음이 생기나니, 근심과 곤란으로써 세상을 살아가라." 근심과 곤란이 도리어 거만과 사치를 얼씬도 못하게 하는 스승이 되기도 한다.

일체개공, 하루를 생활하면서 만나게 되는 모든 것이 다 공이라는 각성이 중요하다. 자석 주위에는 늘 자기장이라는 힘이 작용하듯이 우리 의식에는 항상 공이라는 각성이 살아 움직여야 한다. 공의 눈으로 보고, 공의 귀로 들으며, 공의 마음으로 생각해야 한다. 그러한 인식이 반야바라밀다般若波羅蜜多, 즉 '지혜의 완성', '완전한 지혜'다. 어떻게 하면 그것이 가능할까?

공이란 이론적으로는 자성이 없다는 '무자성無自性'을 의미한다. 이에 대해서는 앞에서 상세히 언급했다. 실천적 측면에서 공을 말한다면, 그것은 '무집착無執着'이다. 공 그대로 산다는 것은 집착하지 않는 것이다.

앞에서 예로 든 산속의 암자 생활은 도인에게는 극락이었고 거사에게는 지옥이었지만, 실상은 극락도 아니고 지옥도 아니었다. 내가 생각하는 극락에는 극락이라는 자성이 없고, 지옥에는 지옥이라는 자성이 없다. 그래서 극락도 공이고, 지옥도 공이다. 이렇게 공이라고 철저히 알았다면 그곳을 극락이라고도 지옥이라고도 집착하지 않는다. 이것이 공의 실천이며, 공의 삶이자 반야바라밀다의 삶이다.

공의 사고방식과 삶을 '중도中道'라고도 한다. 중도는 '양극단에 치우침이 없는 바른 길'을 뜻하며, 불교의 기본적이며 중요한 용어 중 하나다. 여기서 치우침이 없다는 것은 단순히 이것과 저것의 중간이라는 의미가 아니다. 이것과 저것, 양자 모두에 대한 집착이 사라진 곳에 저절로 나타나는 사고방식이자 삶의 방식이다.

극락과 지옥에 대한 중도는 극락과 지옥의 중간적 삶을 말하는 것이 아니라, 극락과 지옥에 대한 집착에서 완전히 떠났을 때 나타나는 경지이며 삶이다. 1과 3의 중도는 양자의 단순 평균인 2가 아닌 것이다. 1이나 3, 그 어디에도 걸리지 않는 것이 중도다. 허공은 불에도 타지 않고 비에도 젖지 않는다. 마찬가지로 중도의 삶은 극락과 지옥, 비난과 칭찬 그 어느 것에서도 자유롭다.

맨눈으로 보는 것의 어려움
- 화두가 있는 이유

"상대방의 비난을 충고로 받아들여라"라는 말을 누구나 한두 번은 들었을 것이다. 이 말은 상대방의 언사를 '비난'으로만 받아들여 집착하는 사람에게는 공의 지혜와 중도의 실천으로 이끄는 보배와 같은 명구라 할 수 있다. 그러나 상황에 따라서는 누군가의 말이 실로 거짓과 악의로 가득 찬 비난이어서, 그런 말을 한 당사자를 종교적으로나 사회적으로 구제해야 할 경우도 있다. 이때도 "상대방의 비난을 충고로 받아들여라"를 금과옥조로 여긴다면 그것은 어리석은 일이다.

따라서 어떤 말이나 생각을 모든 경우에 항상 통용되는 규정이나 결론으로 붙들고 있는 것은 지혜가 아니다. 그것은 집착이다. 공과 중도의 살아있는 작용을 가능하게 하는 반야바라밀다, 즉 완전한 지혜는 어떤 결론의 맹목적인 추종이 아니다. 반야바라밀다는 오히려 모든 결론에서 자유롭게 되었을 때 순간순간 자연스럽게 나타나는 통찰력이다. 과거에 내린 결론만을 쫓아가는 것이 아니라, 그 결론에 걸리지 않고 이 순간을 있는 그대로 보는 지혜다. 진정한 자비와 사랑도 이때 비로소 가능해진다.

하지만 사람들은 요지부동의 결론을 찾고 거기에 안주하는 것을 좋아한다. 당장은 결론에 맞춰 기계적으로 사는 것이 편하기 때문이다. 그래서 이런 결론이 없으면 도리어 불안하고, 이러한 결론들로 자신을 보호하는 방패로 삼는다. 이 방패가 부서지는 것을 두려워하여 손상될 낌새가 보이면 그것을 굳건히 지켜줄 책의 내용이나 누군가의 말로 또 하나의 방패를 덧씌운다. 그렇게 하는 만큼 이미 형성되어 있는 집착은 점점 더 강해져 가고, 사고는 경직되어 간다.

기존의 결론에 틀어박혀 그것으로만 보고 생각하고 행동하는 것이 중생의 삶이다. 새로운 결론이라 해도 알고 보면 기존 결론의 울타리 안인 경우가 대부분이다. 공·중도·반야바라밀다는 끊임없는 '무집착'의 작용이다. 기존의 결론과 규정에 갇히지 않고 늘 맨눈으로 보는 것이다. 그래서 선 수행에서는 어떤 것에 대해 "이것이다"라고 규정하여 자리 잡으려고 하는 순간 눈 밝은 스승으로부터 가차없는 죽비를 맞는다.

자신이 보배처럼 여기고 있는 결론, 예를 들어 "나는 ○○이다", "인생에서 최고는 ○○이다" 등을 내려놓는다는 것은 쉽지 않은 일이다. 힘들게 얻은 소유물을 포기하는 것과 같을지도 모른다. 그러나 그렇게 하는 것이 해탈로 가는 문이라는 예지를 얻은 사람은 끝내 옆길로 새지 않고 반야바라밀다의 길을 간다.

그런데 모든 결론에서 자유롭게 되어 맨눈으로 보고자 한다고 해서 생각대로 그렇게 보이는 것은 아니라는 데 어려움이 있다. 지금 상대가 하는 말을 맨눈으로 듣는다는 것은 어떻게 하는 것인가? 자신을 맨눈으로 본다는 것은 어떻게 하는 것인가? 실제로 맨눈으로 보고 들을 수 있는가?

선에서 화두話頭를 참구하는 이유가 여기에 있다. 화두는 있는 그대로를 보게 한다. 바꾸어 말하면, 화두는 맨눈으로 보고 듣게 만든다. 그렇게 해야만 화두는 뚫리기 때문이다. 다음의 화두를 보라.

어떤 것이 당신의 진짜 모습인가?

선종禪宗의 역사에 큰 업적을 남긴 6조 혜능(六祖慧能, 638~713) 선사. 그는 중국 남쪽 광동성 신주新州 출신으로, 일찍 아버지를 여의고 시장에서 땔나무를 팔아 홀어머니를 봉양하며 생계를 이어갔다.

어느 날, 나무 판 돈을 받고 되돌아 나오는데 『금강경』 독송 소리가 들렸다. 자신도 모르게 마음이 끌려 듣고 있는 사이에 "응무소주 이생기심(應無所住 而生其心)", 즉 "집착하는 바 없이 마음을 내라"는 구절을 듣는 순간 문득 깨닫는 바가 있었다. 독송하고 있는 사람을 찾아 경전의 입수처를 물으니, 호북성 황매현의 빙무산에서 달마 대사의 법을 이은 5조 홍인 선사에게서 받았다고 했다.

혜능은 홍인 선사를 찾아갔다. 20·30대 초반의 초라한 청년 혜능을 본 홍인 선사는 그의 종교적 천재성을 알아보고 방아 찧는 일을 하면서 수행할 것을 허락했다. 혜능은 오로지 방아만 찧으면서 어떤 것도 구하지 않았다.

8개월 후, 홍인 선사는 "불법의 대의를 깨달은 자가 있으면 게송을 지어 제시하라. 그에게 가사와 법을 전하여 6조로 삼겠노라."고 했다. 7백여 명의 제자 가운데 최고 상수이고, 대중들의 깊은 존경을 받던 신수神秀 선사가 먼저 게송을 지어 게시했다. 그러나 홍인 선사는 신수의 뒤를 이어 게송을 게시한 혜능의 경지가 가장 뛰어나다고 인정했다. 하지만 혜능은 아직 행자에 불과했다. 홍인 선사는 야밤에 몰래 혜능을 불러 법을 전하고 그 징표로 자신의 의발衣鉢을 건네주면서, 그곳을 속히 떠나 시기가 성숙될 때까지 몸을 숨기라고 했다.

혜능이 황매를 떠나자, 대중은 일개 행자가 전등傳燈의 상징인 의발을 받아간 것을 알았다. 많은 대중이 의발을 뺏기 위해 혜능을 뒤쫓는데, 이 중의 한 명이 무장武將 출신인 혜명慧明 상좌다.

혜능 선사는 혜명 상좌가 대유령이라는 고개까지 뒤쫓아 온 것을 보고, 의발을 바위 위에 던지며 말했다. "이 가사는 불법의 신표이네. 힘으로 뺏을 것이 아니니 그대가 가져가게." 혜명이 들어 올리려 했지만 그것은 산처럼 꼼짝도 하지 않았다. 혜명은 머뭇거리며 두려움에 떨면서 말했다. "저는 법을 구하러 온 것이지 가사 때문에 온 것이 아닙니다. 부디 가르침을 주십시오."

혜능 선사가 말했다. "선善도 생각하지 말고 악惡도 생각하지 마라. 바로 그럴 때, 어떤 것이 혜명 상좌의 본래면목本來面目인가?" 혜능 선사의 바로 이 말이 참구해야 할 화두다.

화두 속의 등장인물을 나와 관계없는 먼 옛날 사람으로 보아서는 안 된다. 바로 이 순간의 내가 화두 속 상황의 그가 되어 화두 속의 말과 행동을 해야 한다. 그렇지 않으면 화두는 생명 없는 옛날이야기나 문학 작품으로 끝나버린다. 당신은 한 치의 간격도 없이 지금 상황의 혜명 상좌가 되어야 한다.

의발을 찾으러 쫓아온 당신. 선악도 생각하지 말고, 고귀함과 추함도 생각하지 말고, 모든 규정과 결론에서 자유롭게 되어라. 이때 당신의 진짜 모습은 어떤 것인가? 알았거든 지금 당장 보여봐라.

과거의 결론에 붙들리지 말고 진실만을 보라. 지금 본 진실을 결론으로 고정시키지 말고 다음의 진실을 보라. 말뚝에 매어둔 끈에 발이 묶인 새는 한없이 펼쳐진 창공을 자유롭게 날지 못한다. 결론의 끈에 발이 묶인 초라한 새가 되지 말라.

3
장

나는 누구인가?

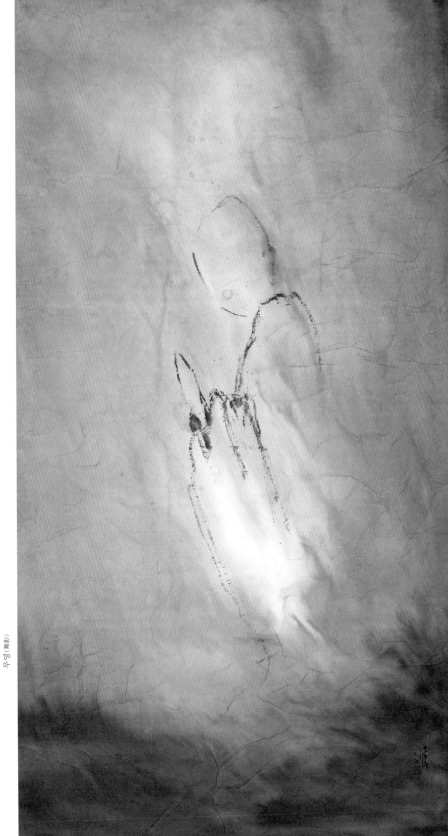

무영(霧影)

달마

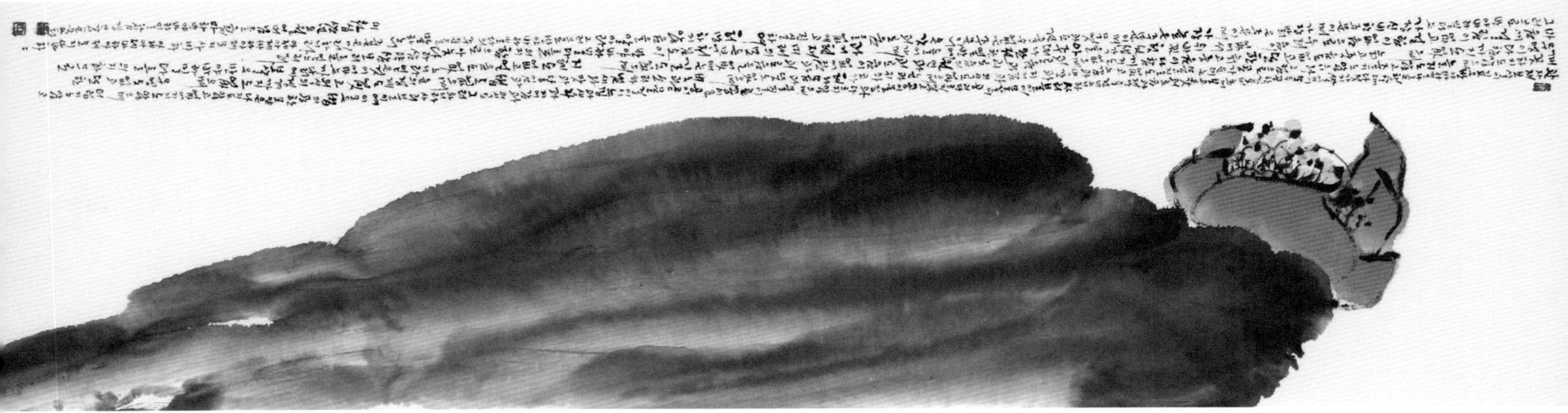

'교수가 지게 진다,'의 오류

16년 전, 전문 수행자의 길을 걷기 위해 학생들을 가르치던 대학을 떠나 오곡도라는 남해안의 낯선 섬으로 들어왔다. 섬은 기암절벽으로 둘러싸인 큰 산과 같은 모습을 하고 있었다. 보통 섬마을은 해안에서 가까운 평지에 자리 잡고 있다. 하지만 오곡도에는 마을이 섬 중턱 비탈에 형성되어 있다. 해안 가까이에는 마을이 들어설 만한 땅이 없기 때문이다. 마을의 가장 위쪽에 위치한 폐교가 우리들의 수행처였다.

폐교를 수행처로 개조하는 데는 많은 자재가 필요했다. 육지에서 자재를 구입해 섬의 해안까지 배로 운반한 다음, 일일이 좁고 가파른 비탈길을 걸어서 사람의 힘으로 수행처까지 날라야 했다. 대도시에서 태어나 삶의 대부분을 학교에서 보낸 나는 난생처음 지게를 졌다.

대학에서는 교수,
지게를 질 때는 지게꾼

시멘트 한 포대가 40킬로그램이었고, 모래와 자갈도 한 포대에 40킬로그램이었다. 40킬로그램 자재를 수행처까지 지게로 져서 옮겨놓고 다시 해안의 원위치로 돌아가는 데 약 1시간이 걸렸다. 이렇게 오전과 오후 각각 4차례씩, 하루 8번을 날랐다. 1주일 내내 하루 8번을 날랐던 적도 많았고, 생필품 등 필요한 물품은 수시로 날라야 했다. 한여름 땡볕에도, 비 오는 날에도 지게를 져야 할 일이 있으면 졌다.

부슬부슬 비가 내리던 어느 날 지게를 지고 오르면서 불현듯 이런 생각을 했다. '야! 나도 대단한 사람이다. 교수가 하루 이틀도 아니고 이렇게 지게를 지다니.' 대학에서 연기·무자성·공을 가르쳤고 그것에 대해 명쾌한 설명을 한다는 평도 들었던 나였지만, 연기·무자성·공과 모순되는 생각을 하고 있었던 것이다.

우리는 대부분 '나는 교수다', '나는 사장이다', '나는 일용직 근로자다' 등의 생각을 항상 품고 산다. 그래서 '나는 교수다'라는 생각을 가진 사람은 언제 어디서든 자신은 교수라고 믿고 거기에 맞는 대접을 받기 바란다. 합당한 대접을 받지 못했을 때는 화를 내거나, 부당하지만 너그러운 마음으로 용서해준다는 식으로 생각한다.

'언제 어디서나 교수'라면 그 교수는 자성이다. 자성이란 쉽게 말해 '고정불변의 것', '정해진 것', '스스로 존재하는 것'이라 할 수 있다. '언제 어디서나 교수'라는 생각에서 '교수'는 늘 고정된 것이고 정해진 것이다. 자성은 착각에 불과하며 실제로는 없다는 것이 연기이며 공이다.

'언제 어디서나 교수'라고 고집하는 것은 마치 컵에 들어가든 바가지에 들어가든 전혀 그 모양이 바뀌지 않는 '특정 모양의 물'이 있다고 착각하고 있는 것과 같다. 이런 물은 그 어디에도 없다. 물은 연기와 공, 다시 말해 진리 그대로 움직인다. 컵에 들어가면 100퍼센트 컵 모양을 하지만, 바가지에 들어가는 순간 100퍼센트 바가지 모양을 한다.

연기·공의 눈으로 보면 대학에서 학생들을 가르칠 때는 교수지만, 지게를 질 때는 교수가 아니라 지게꾼이다. 대학이 컵이라면 지게는 바가지다. '교수가 지게를 진다'는 생각은 물은 바가지에 들어가도 컵 모양을 한 채 꼼짝도 않는다고 억지 주장하는 것과 다르지 않다. 바가지에 들어가서도 물이 고정된 컵 모양을 하고 있다면, 고정된 그 컵 모양을 일러 자성이라 하지 않는가? 그러한 자성이 있다고 착각하는 것이 '무명無明', 즉 어리석음이다.

따라서 '교수가 지게를 진다'는 진리와 동떨어진 어리석은 생각이다. 이 어리석은 생각으로 말미암아 교수인 내가 겸손하다느니, 대단하다느니 별의별 잘못된 생각들이 꼬리를 물고 일어난다. 이런 경우의 겸손은 겸손이 아니라 도리어 교만이라 해야 하지 않을까? 목마를 때 물을 마시듯이 필요해서 하는 당연한 일을 '나는 언제 어디서나 교수'라고 잘못 생각하고 있기 때문에 벌어지는 일이다. 첫 단추가 잘못 끼워진 것이다.

머리로 이해하는 것과
깨닫는 것의 차이

불변의 자기 자신이 있다고 믿고 이에 대해 일으키는 여러 집착을 불교에서는 '아집我執'이라 한다. '언제 어디서나 나는 ○○이다'라는 생각은 아집의 일종이다. 또한 아상我相이기도 하다. 여기까지 글을 읽은 사람이라면, 이제 지게를 질 때 '나는 ○○이다'라는 생각 없이 지게를 지려고 할 것이다. 하지만 마음 한구석에서는 여전히 '나는 ○○인데'라는 생각이 일어나고, 그럴 때마다 '아니야, 지게를 질 때는 지게꾼일 뿐이야' 하고 스스로 다짐할지도 모른다. 만약 이러하다면 그것은 머리로는 이해했지만 마음은 여전히 아집과 아상의 그림자에 붙들려 있다는 징표다.

연기·공·아집·아상에 대해 머리로만 안 사람은 몇 주 후에는 다시 원래 자리로 되돌아가 자신도 모르게 '언제 어디서나 나는 ○○이다'라는 생각을 붙들고 있을지도 모른다. 이처럼 머리로만 이해한 것은 힘이 없다. 조금의 미심쩍음도 없이 완벽히 이해했다 하더라도 내 마음과 몸은 그대로 따라가 주지 않는다는 것을 우리는 숱하게 경험해오지 않았던가? 머리로 한 이해만으로는 아집과 아상의 불이 완전히 꺼질 수가 없다.

진정 연기·공 그대로 사는 자라면 지게를 질 때는 지게꾼이라는 생각도 없이 '그냥' 지게만 진다. 여기에서 '그냥'이라는 말이 중요하다. 이 '그냥'을 선禪에서는 '무심無心'이라고 표현한다. 무심이란 무관심하다는 뜻이 아니다. 무심의 상태에서는 '교수'라는 생각도 '지게꾼'이라는 생각도, '싫다, 좋다' 하는 분별 등 일체의 잡생각이 없다. 또한 그 대가로 무언가를 바라는 욕심도 없다. 일체의 잡생각과 욕심 없이 지금 눈앞의 일에 온전히 몰두하고 있는 상태를 '무심'이라고 한다.

어떤 일을 무심히 할 수 있는 사람이 진정 연기·공을 깨달은 사람이다. 머리로만 안 자가 아니라 온 존재로 깨달은 사람이다. 머리로만 아는 것과 온 존재로 깨닫는 것은 차원이 다르다. 선은 온 존재로 깨닫고자 하는 것이다.

산들바람이 불어도, 폭풍이 불어도 버들은 바람 따라 흔들릴 뿐 군소리가 없다. 싫은 바람도 있으련만 그냥 흔들릴 뿐이다. 그래서 밑동과 뿌리는 늘 고요하다. 버들과 달리 우리 마음은 언제나 군소리가 많다. 꼬리를 물고 이어지는 군소리와 이에 대한 반응으로 막대한 에너지를 소모하고 산다. "나는 ○○인데" 등의 군소리를 멈출 수 있다면 지금의 고통이 얼마나 많이 줄어들까? 군소리가 없었다면 지금의 고통은 처음부터 아예 생기지도 않았을지 모른다. 군소리가 멈출 때 몸은 분주해도 마음은 고요하다.

요강인가,
양념단지인가?

우리의 어리석음은 자기 자신을 고정된 것(자성)으로 보는 '아집'에서 끝나지 않는다. 주변에 있는 하나하나의 사물에 대해서도 '고정불변의 그것', 즉 자성으로 본다. 사물과 현상에 불변의 자성이 있다고 보고 언제나 '고정불변의 그것'으로 집착하는 것을 '법집法執'이라 부른다. 불교에서는 모든 집착을 아집과 법집, 이 둘로 분류한다. 이번에는 법집에 대해 알아볼 차례다. 다음의 이야기부터 들어보자.

거실 한쪽 구석, 눈에 잘 뜨이지 않는 곳에 조그만 항아리 하나가 놓여있었다. 그 항아리는 시어머니가 젊은 시절에 사용하던 요강이었다. 이것은 이 집 며느리도 몰랐던 사실이었다. 어느 날 학교에서 돌아온 초등학생 손자가 그 항아리를 보고 어머니에게 물었다. "이것이 무엇이에요?" 어머니가 엉겁결에 대답했다. "응, 양념을 넣어두는 양념단지란다."

며칠 후 며느리가 양념을 보관할 용기를 찾고 있을 때 손자가 거실의 항아리를 가리키며 말했다. "저기에 넣어두면 되잖아요." 이 이야기를 들은 할머니가 기겁을 하며 말했다. "이 녀석아, 요강에다 양념을 넣으면 어떡하니!" 이튿날 소변을 막 가리기 시작한 손녀가 거실에서 갑자기 소변 볼 곳을 찾자, 할머니는 그 항아리를 사용했다. 옆에 있던 손자가 큰일이나 난 것처럼 말했다. "할머니! 양념단지에다 오줌을 누게 하면 어떡해요!"

거실 한구석에 놓여 있는 저것은 요강인가, 양념단지인가? 이도 저도 아니면 그냥 항아리라고만 해야 할까? 모든 것의 '있는 그대로의 모습'은 정지·고정된 모습이 아니다. 자성이 없는 것이다. 눈앞의 저것은 용변을 보면 요강이지만, 양념을 넣으면 양념단지다. 흙을 넣고 난초를 키우면 화분이고, 맑은 물을 붓고 금붕어를 살게 하면 어항이다.

저것은 공이어서 어떤 것으로도 정해져 있지 않아, 인연 따라 요강이기도 하고 양념단지이기도 하다. 그러나 할머니는 언제 어디서나 요강으로만 보고, 손자는 언제 어디서나 양념단지로만 본다. 저것을 '요강', '양념단지'라는 고정불변의 것, 즉 자성으로 보는 것이다. 지게를 질 때도 교수라고 우기는 것과 똑같은 어리석음이다. 할머니와 손자는 바로 우리들 자신의 모습이 아닌가?

혹자는 이렇게 말할지도 모른다. "저것은 요강도 아니고 양념단지도 아닙니다. 항아리일 뿐이죠." 이 말도 맞지 않다. 까치에게 그것은 항아리가 아니고 둥지이다. 원래는 항아리인데 둥지로 보일 뿐이라고 강변하고 싶겠지만, 그것은 항아리에 대한 자신의 집착이 그만큼 강하다는 증거밖에 되지 않는다. '원래는 항아리다'라는 생각은 그것의 겉모습이 아무리 변해도 항아리라는 본질은 그대로라는 발상이며, 이러한 발상 자체가 자성에 근거한 사고다. 연기·공에는 '원래의 항아리'란 없다. 까치는 대꾸할 것이다. "둥지를 왜 항아리라고 합니까?"

거실에 있는 저것을 두고 "요강이다", "양념단지다", "항아리다", "둥지다"라고 주장하며 논쟁을 벌이거나 싸우는 것은 어리석은 일이다. 저것은 아무 소리 없이 고요한데 사람들만 쓸데없이 열을 올리고 있는 것이다. 지금 우리들 사이에 벌어지고 있는 다툼도 이와 같은 것은 아닐까?

달마 대사가 문제의 저것을 가리키며 이렇게 묻는다면 어떻게 하겠는가? "요강이라 해도 틀리고, 양념단지라 해도 틀린다. 무엇이라 해도 틀린다. 뭐라고 부르겠느냐?" 선 수행이 깊어지면 즉답이 나온다.

색즉시공과
대사일번

『반야심경』은 공사상의 핵심을 설하는 경전이다. 거기에 '색즉시공 공즉시색 수상행식 역부여시(色卽是空 空卽是色 受想行識 亦復如是)'라는 유명한 구절이 나온다. 전체를 직역하면 '색은 곧 공이며, 공은 곧 색이다. 수·상·행·식 또한 이와 같다.'가 된다. 이것은 앞 구절 '색은 곧 공이며, 공은 곧 색이다'에서 색이 들어간 자리에 '수·상·행·식'을 각각 대입해서 읽어도 같은 뜻이 된다는 것을 의미한다. 따라서 이 구절이 전체적으로 의미하는 바는 '색·수·상·행·식, 즉 오온은 곧 공이며, 공은 곧 오온이다'가 된다.

여기서 오온이란 나를 포함한 모든 것을 가리킨다. 그러므로 오온이란 말 대신에 일상생활에서 흔히 접하는 다른 용어를 대입할 수 있으며, 또 그렇게 함으로써 불교적 사고와 삶을 영위해가는 데 보다 실질적이며 구체적인 도움을 받을 수 있다. 예를 들어 이렇게 바꿔보면 된다. "교수는 곧 공이며, 공은 곧 교수다." "요강은 곧 공이며, 공은 곧 요강이다."

"요강은 곧 공이며, 공은 곧 요강이다"에서 우선 앞부분 "요강은 곧 공이다"부터 살펴보자. 이미 설명한 대로 '요강'이라 불리는 것에는 요강이라는 고정불변의 자성이 없다. 이러한 자성이 없는 것을 '공'이라고 하므로 "요강은 곧 공이다". "요강은 절대로 요강이다"라고 생각하는 사람에게 "요강은 곧 공이다"는 말은 "요강은 요강이 아니다"라고 부정하는 것과 다름없다.

"요강은 곧 공이다"가 요강의 '있는 그대로의 모습'이며 진실이다. 그러나 사람들은 그렇게 보지 않는다. 특별한 일이 없다면 위 이야기 속의 할머니는 아마 평생 동안 요강은 그 자체가 요강인 것으로 믿고 살 것이다. 그런 할머니에게 "요강은 곧 공이다", 쉽게 말해 "요강은 요강이 아니다"라는 한마디는 요강에 대한 할머니의 기존 생각을 송두리째 흔드는 충격으로 다가올 수밖에 없다.

'색즉시공' 즉 '색은 곧 공이다'에서 '색'을 오온의 줄임말로 보면, 이 한마디는 요강뿐만 아니라 할머니가 알고 있었던 기존의 모든 것에 대한 전적인 부정이다. 그러므로 '색즉시공'은 다음과 같이 바꿔서 말할 수 있다. "진실을 말하자면, 당신이 생각해온 불행, 그것은 사실 불행이 아닙니다." "당신이 '나'라고 믿어온 그런 '나'는 허깨비와 같아요. 당신은 꿈을 꾸고 있습니다. 무지의 잠에서 깨어나면 그런 '나'는 없다는 것을 알 것입니다."

그런데 우리들의 사고방식도 할머니의 그것과 별다를 바가 없다. '색즉시공' 이 한마디에 의해 행복과 불행, 삶과 죽음, 나와 너 등에 대해 우리들이 철옹성처럼 굳게 지녀온 생각들이 흔들리고 붕괴될 수밖에 없다. 그렇게도 애지중지했던 나와 사물에 대한 믿음과 고집, 다시 말해 아집과 법집은 종식을 고해야 하는 것이다. 이것은 기존의 '나'가 육체적 생명은 유지한 채 통째로 죽는 것과 다름없다. 이와 같은 죽음을 선禪에서는 '대사大死', 즉 '크게 죽는다'라고 표현한다.

'대사大死'는 타인에 의해 죽는 것이 아니라 본인이 자진해서 움켜쥐고 있던 모든 것을 철저히 놓아버리는 것이다. 만사를 잊고 백지상태로 되는 것이다. '대사일번大死一番'이란 한번 그렇게 철저히 죽는 것을 말한다. 깨달은 사람에게 '색은 곧 공이다'는 당연한 말이겠지만, 아직 눈뜨지 못한 우리에게 '색은 곧 공이다'라는 진리가 실현되려면 '대사일번'하지 않으면 안 된다.

여기서 주의해야 할 점이 있다. 자신의 탐욕과 목적부터 백지화되어야 '색즉시공'은 시작된다. 그런데 자신의 탐욕과 목적은 그대로 두고 도리어 그것을 성취하기 위해 상대나 관습을 부정하려고 '색즉시공'을 이용한다면, 그것은 '색즉시공'에서 완전히 멀어져버린 태도다. 우리의 끝없는 욕망과 간교한 생각은 이렇게 '색즉시공'조차도 자신의 하수인으로 삼을지 모른다. 이것은 독사를 잘못 잡은 것보다 더 위험한 일이니 경계해야 한다. '대사일번'은 내가 크게 죽는 것이지 남을 죽이는 것이 아니다.

시방삼세 제망찰해、나 아닌 것 없다

우리는 '내가 어디에서 오고 어디로 간다'라고 생각한다. 우리에게는 너무도 당연한 이 생각이 진실의 눈으로 보면 심각한 문제를 안고 있다. 이것은 자성과 공의 문제와 연관되어 있다. 자성과 공의 의미에 대해 좀 더 깊게 알아보자.

모든 존재와 연결된
내 몸

부모님의 두 정혈이 만나 내 몸이 생기기 시작했다. 세상에 태어난 뒤 내 몸이 유지되고 성장하는 데는 많은 음식이 필요했다. 이 음식 안에는 육류와 어류와 곡물과 채소 등 수많은 생명들의 은혜가 있다. 그 생명들이 다시 살아나 "당신의 머리카락은 내 몸을 재료로 해서 생긴 것이니까 가져갑니다" 하는 식으로 받아간다면, 내 몸 중에 남는 것이 있을까? 이와 같이 나는 수많은 생명들의 한량없는 은혜 속에 살고 있다.

부모님의 두 정혈이 만들어진 것은 할머니와 할아버지가 두 분을 낳아주신 덕분이다. 그 할머니와 할아버지 또한 그 분들의 부모님 덕분에 태어났다. 이렇게 거슬러 올라가면 내 몸의 시작이라 할 수 있는 두 정혈은 끝없이 이어지는 조상의 행렬과 연결되어 있다. 그 조상들도 수많은 생명들이 제공한 음식을 먹었다. 그 음식을 제공한 생명들 또한 대지와 햇볕과 비와 공기, 여타 생명들의 은혜가 있었기에 태어날 수 있었고 생존할 수 있었다.

내 몸의 생존을 위해 은혜를 베푼 그 존재들을 한 장의 종이 위에 하나씩 그려서 공중에 매달아놓고, 그 그림과 나 사이를 실로 잇는다고 생각해보라. 그 실의 숫자가 어느 정도 되겠는가? 이 엄청난 수의 실은 내 몸의 생존을 가능하게 하는 핏줄이다. 평소에는 있는지조차 모르는 '눈에 보이지 않는 핏줄'이다. 그 핏줄을 통해 내 몸은 까마득한 옛날부터 영양분을 공급받아 이렇게 생존하고 있다. 현재의 내 몸과 아득한 옛적부터의 헤아릴 수 없이 많은 존재들을 연결하는 '눈에 보이지 않는 핏줄'. 이 핏줄에 연결된 그 고마운 존재들이 없다면 내 몸도 없다.

내 유전자는
나의 것이 아니다

『이기적 유전자』의 저자 리처드 도킨스는 "인간은 유전자의 꼭두각시이자 기계"라고 말한다. 내 생각과 감정 등이 유전자에 입력된 정보대로 일어난다는 주장이다. 그 정도까지는 아닐지 몰라도 우리 모두도 나의 생각과 감정 등이 내 유전자의 지대한 영향을 받는다는 것은 인정한다. 이 성격은 어머니를 닮았고 저 버릇은 아버지를 닮았다고 하지 않는가?

그렇다면 나의 유전자는 어떤 과정을 통해 이렇게 형성되었을까? 이것은 내 정신세계의 형성 과정을 묻는 것이다. 내 유전자는 나의 것이 아니다. 그것은 부모님에서부터 시작하여 아득한 원시시대까지 거슬러 올라가, 상상을 초월하는 많은 존재들과 연결되어 있다. 따라서 순수하게 100퍼센트 나만의 정신세계라고 할 만한 것은 없다. 지금 내가 하고 있는 생각과 느끼는 감정들은 많든 적든 나 아닌 타인의 영향하에 생겨난 것이다.

그렇다면 나와 모든 존재 사이를 연결하는 또 하나의 연결 고리가 있는 셈이다. 바로 내 유전자 속에 저장된 정보들이다. 그 정보들은 태곳적부터 존재해왔던 무수한 존재들이 남긴 것이다. 그 정보들이 내 생각과 감정을 일으키게 한다.

내 유전자 중의 하나는 2,500여 년 전의 석가모니의 것과 유사할지도 모른다. 어떤 유전자는 1,500여 년 전의 달마대사의 것과 유사할지도 모른다. 항하사처럼 많은 불보살과 이름도 모르는 그 누군가도 내 유전자에 영향을 미쳤을 것이다. 내 유전자에 영향을 미친 그들이 없었다면 내 정신세계도 없다.

'내가 오고 간다'라는
생각의 오류

내 몸과 정신은 어디까지 연결되어 있을까? 위에서는 과거 존재들과의 연결을 주로 말했다. 그러나 나는 현재의 무수한 존재들뿐만 아니라 내 후손을 비롯한 미래의 무수한 존재들과도 똑같이 연결되어 있다. 예불문에 '시방삼세 제망찰해十方三世 帝網刹海'라는 구절이 나온다. 이것은 '모든 공간과 시간 속에 있는 헤아릴 수 없이 많은 세계, 그렇게 무량한 세계이지만 그 하나하나의 세계가 서로 무한으로 관계하여 떼려야 뗄 수 없는 한몸이 되어 있는 세계'를 뜻한다. '눈에 보이지 않는 무수한 핏줄'과 유전자가 '나'와 '시방삼세 제망찰해' 사이를 간격 없이 잇고 있다. 둘은 한몸이 아닌가?

지금까지의 논의를 통해 다른 것으로부터 완전히 독립된 '나'라는 개체는 없다는 것을 납득했을 것이다. 독립된 '나'라는 개체가 있다면 그것이 바로 자성이다. '나'라는 독립된 개체가 없으므로 '나'와 '남'을 가를 수 있는 경계선도 없다. 따라서 중생이 생각하고 있는 '나'란 오랜 고정관념에 따라, 그야말로 이기적 유전자의 정보에 따라 임의대로 그 경계선을 정하여 붙인 이름에 불과하다는 것을 알 수 있을 것이다. 깨달은 자의 눈으로 보면, '시방삼세 제망찰해' 가운데 나 아닌 것은 없다. 그 모든 것은 경계를 나눌 수 없는 한몸이므로, 영희도 철수도 나무도 산도 모두 한몸이며 따라서 나다.

이상은 '나는 공이다 = 나에게는 나라는 자성이 없다 = 나는 나가 아니다 = 나는 임시로 붙여진 이름에 불과하다'라는 내용이 의미하는 바를 현대적인 언어로 풀어본 것이다. 지금까지 '나'라고 생각해왔던 것은 허구일 뿐 실제로는 없는 것이다. 따라서 '내가 오고 간다'라는 말은 성립하지 않는다. '내'가 없기 때문이다. 오고 가는 자가 없다면 옴도 감도 당연히 없다. 그래서 『중론』 첫머리 귀경게에서는 "불래불거不來不去", 즉 "오지도 않고 가지도 않는다"고 했다.

철수든 영희든 불변의 독립된 개체가 있어야 오고 감이 있다. 그런 독립 개체가 없으니 오고 감도 없다. '오고 간다'의 실상은 한몸인 시방삼세 제망찰해, 즉 온 우주가 연주하는 교향곡일 뿐이다. 오는 자도 가는 자도 없으니 늘 그 자리요 고요하다.

제법부동본래적諸法不動本來寂.

언어에 따라 세계는 다르게 보인다

우리는 눈앞의 저것을 보고 있는 것일까? 아니면 그것에 배당된 말의 고정된 의미를 보고 있는 것일까? 다시 말해 있는 그대로의 저것을 보는가? 아니면 그것에 배당된 말, 예를 들어 '요강'이라든가 '의자' 등이 가리키는 고정된 의미만 매번 확인하는가? 무문 혜개(無門慧開, 1183~1260) 선사는『무문관』제37칙의 송에서 다음과 같이 읊었다.

> 말은 사물을 있는 그대로 드러낼 수 없고,
> 어구語句는 진리 그 자체가 되게 하지 않는다.
> 말을 그대로 받아들이는 자는 진실을 잃고,
> 어구에서 벗어나지 못하는 자는 깨달을 수 없다.

부富와
빈貧으로부터의 해방

대부분의 사람은 분필에 대해 늘 짧다고 생각한다. 이유가 무엇이냐고 물으면 분필 자체가 짧은 것이기 때문이라고 대답한다. 분필 자체가 짧다는 것은 분필에 고정불변의 '짧다'라는 자성이 있다는 것인데 이것이 잘못된 생각이다. 분필에는 어떠한 자성도 없다. 분필은 대나무보다는 짧지만, 호박씨보다는 길다. 만나는 조건(인연)에 따라 길고 짧음이 생겨날 뿐이지 분필 자체가 길고 짧은 것은 아니다. 따라서 분필 자체는 '부장부단不長不短', 즉 길다고도 할 수 없고 짧다고도 할 수 없다. 대나무와 비교된 분필을 '짧다'라고는 하지만, 그것은 명칭일 뿐 분필 자체가 짧은 것은 결코 아니다.

길고 짧음은 만나는 조건에 의해 생겨날 뿐이라는 것을 "길고 짧음은 연기緣起할 뿐이다"라고 말한다. 이것은 그 자체로서 길거나 짧은 고정불변의 뭔가는 없다는 뜻이다. 그 자체로서 성립해 있는 고정불변의 뭔가를 자성自性이라 하며, 그런 자성이 없다는 것을 공空이라고 한다. 그러므로 '길고 짧음은 연기할 뿐이다'라는 말과 '길고 짧음은 공이다'는 말은 같은 말이다.

분필은 길지도 않고 짧지도 않다. 그렇다면 인생은 긴가, 짧은가? 사람들은 '인생은 짧다'라는 생각에 길들여져 있다. 그러나 인생 또한 길지도 않고 짧지도 않다. 그냥 그것이다. 수명이 40세라면 그때까지 열심히 잘 살면 되는 것이고, 80세라도 마찬가지다. 길고 짧음이 없는 것에 대해 짧다고 서러워하거나 길다고 좋아하면서 헤어나지 못하는 것은 어리석은 일이다. 서럽거나 좋다는 생각에 마음을 빼앗겨 지금 바로 눈앞의 일을 놓쳐버리기 때문에 후회와 고苦가 그림자처럼 따라붙는다.

선사들은 다음과 같이 엄하게 경고한다. 목마를 때 샘을 파면 이미 늦다. 평소에 마음을 잘 다스려야 한다. 그렇지 않으면 죽음이 찾아왔을 때, 끓는 물에 떨어진 게가 수족을 퍼덕이며 발버둥 치듯이 눈앞이 아뜩하고 정신이 갈팡질팡하여 참으로 괴로울 것이다. 그때 후회해보았자 아무런 소용이 없다. 건강하고 여유로울 때 준비해두어야 급할 때 쓸모가 있다.

질문을 하나 더 해보자. 당신은 부자인가, 가난한 사람인가? 부자와 가난한 사람도 연기한 것이고 공이다. 어떤 조건·기준에 따라 붙여진 이름일 뿐이다. 부자와 가난한 사람을 나누는 절대적 기준은 없다.

설마 1인당 국민소득을 기준으로 자신의 빈부를 결정하지는 않을 것이다. 자신의 빈부를 남이 정한 기준으로 결정해서는 해탈의 문은 열리지 않는다.

아무리 재산이 많아도 자신보다 더 많이 가진 사람에 비하면 그는 가난한 사람이다. 가난에 쪼들린다고 하지만 자신보다 덜 가진 사람도 무수히 많다. 그들에 비하면 그는 부자다. 빈부를 나누는 어느 하나의 기준에만 매달리지 않는다면, 그 기준에서 자유로울 수 있다면 사실 우리는 부자도 가난한 사람도 아니다. 부와 가난, 어디에도 물들어있지 않은 대자유인, 이것이 우리의 '있는 그대로의' 모습이다.

우리의 원래 모습은 부자도 가난한 사람도 아니건만, 분필을 늘 짧은 것으로 보듯이 우리는 자신을 '부자다' 또는 '가난하다'로 고정시켜 버린다. 부자와 가난한 자 양쪽 어디로든 고정시켜 버리면 장애가 따라붙는다. 부자는 부자의 대우를 받아야만 만족한다. 부자라는 생각만 없으면 아무렇지도 않을 대접이나 말에도 그는 상처받는다. 자신보다 더 부유한 부자를 만나면 기가 죽거나 시기심이 발동하기도 한다. 반면에, 자신이 늘 가난하다고 생각하는 이는 매사에 당당하지 못하거나 반대로 사회에 대해 과도한 불만을 품을 확률이 높다.

부자라는 생각, 가난하다는 생각에서 자유로운 사람이야말로 이와 같은 장애에서 벗어난 자유인이다. 그리고 그것이 우리의 진짜 모습이다. 그는 빈부 어느 쪽에도 붙들림이 없는 중도中道를 산다.

당나라 말의 유명한 선승 조주(趙州從諗, 778~897) 선사는 젊은 나이에 이미 대오했으나, 나이 육십에 행각에 나서 80세가 될 때까지 약 20년 동안 각지의 선승들을 찾아다니며 선문답을 나누었다. 행각을 마친

80세의 노승 조주 선사는 처음으로 한 절의 주지가 되었다. 그 절이 바로 하북성 조주趙州에 있는 관음원이었다. 관음원, 지금은 백림선사栢林禪寺라 불리며 웅대한 가람을 갖춘 하북성 불교의 중심지이지만, 당시에는 찢어지게 가난한 절이었다.

관음원 시절, 조주 선사의 가사는 낡아서 형체만 겨우 남아있을 뿐이었고, 잠자리는 낡은 갈대 돗자리에 목침 하나, 덮을 이불도 변변찮았다. 좌선할 때 앉는 의자의 다리 하나가 부러지자 그 자리에 타다 남은 땔감 나무를 새끼로 묶어 사용했다. 하북의 실력자 연왕燕王 이극용과 조왕趙王 왕용이 조주 선사에 귀의하여 극진히 모셨으나, 40년 주지하는 동안 어느 누구에게도 시주를 청하는 편지 한 통 보낸 일이 없었다.

남들이 보기에는 궁핍의 한가운데에서 살았을지 모르나, 그는 자신의 빈부를 남의 기준에 내맡기지 않고 부와 빈 어디에도 물들지 않은 본래의 모습대로 살았다. 그의 체취가 물씬 풍기는 그의 법어 하나를 소개한다. 수행자라면 잊지 말아야 할 금언이다.

"문제만 삼지 않으면 번뇌는 없다. … 오직 스무 해고 서른 해고 고요히 앉아서 참구하라. 그래도 깨닫지 못하면 내 머리를 베어라."

언어 이전에는
나가 없었다

공사상을 체계화시킨 용수는 『중론』에서 이렇게 말했다. "자(自性)와 타(他性), 유有와 무無를 보는 자들은 부처의 가르침의 진실을 보지 못한다." 나라고 할 만한 것이 없다는 것이 진리이지만 우리에게는 언제나 내가 있다. 내가 절대로 아닌 남도 있다. 세상의 '있는 그대로의' 모습에는 길다와 짧다, 부와 가난이 없지만 우리에게는 요지부동의 그것들이 있다.

요지부동의 '나와 남', '장長과 단短', '부와 빈'의 카테고리에 갇혀 고정불변의 그 둘을, 다시 말해 자성으로서의 그 둘을 보는 자가 용수가 말한 '자와 타, 유와 무를 보는 자'이다. 이들은 진실을 보지 못하고 있다. 그래서 온갖 갈등과 번민, 고통을 겪는다. 도대체 왜 우리는 있는 그대로를 보지 못하고, 있는 그대로를 살지 못하는가?

용수에 의하면 그 근본 원인은 희론(戱論, prapañca)에 있다. 희론이란 '말(언어)로 대상을 개념화 하고, 허구인 그 개념대로 대상이 실제로 그러하다고 집착하는 것' 또는 '그러한 오류를 일으키는 말이나 개념 그 자체'를 가리킨다. 쉽게 말해 희론은 '말이 의미하는 그대로 실제도 그러하다고 오인하는 것, 또는 그러한 말이나 개념'을 뜻한다. 이것에 대해 설명하기 전에 말이 우리의 인식과 사고에 얼마나 큰 영향을 미치는가에 대해서부터 알아보자.

언어학자 이케가미 요시히코(池上嘉彦)는 『의미의 세계』라는 저서에서 실어증失語症 환자를 대상으로 한 실험 내용을 이야기하고 있다. 그 내용을 재구성해서 소개한다. 실어증이라는 질환은 대뇌 가운데 언어 기능을 담당하는 곳에 손상이나 질환이 생겨서 일어나는 언어장애로서 몇 가지 유형이 있다. 여기서 말하는 내용은 사물을 표현해야 할 말을 잊어버린 환자에 관한 것이다.

이 증상의 환자들에게 여러 색깔의 카드를 보여주고 서로 비슷한 색깔끼리 모아서 분류해보라고 했다. 문제를 간단히 하기 위해 '짙은 빨강' '옅은 빨강' '짙은 파랑' '옅은 파랑'의 4장의 카드만 있었다고 하자.

보통의 사람이라면 대개 '짙은 빨강'과 '옅은 빨강'을 한 그룹으로 모으고, '짙은 파랑'과 '옅은 파랑'을 또 한 그룹으로 모을 것이다. 그런데 '빨강'과 '파랑', '짙다'와 '옅다'와 같은 말을 잊어버려 그런 말들이 없는 상태에 있는 이 실어증 증세의 사람들은 숫제 분류 자체를 하지 못했다. 그러면서 4장의 카드 모두가 서로 다른 색깔이라는 반응을 보였다.

엄밀히 말하면 실어증 환자들의 반응이 맞다. 4장의 카드는 모두 다른 색깔이고 따라서 서로 비슷한 색깔의 카드끼리 분류할 수 없다. 그런데도 정상인은 4장의 카드를 위와 같이 두 그룹으로 분류할 수 있는 것은 무엇 때문일까? 그것은 '빨강'과 '파랑'이라는 말에 의존하기에 가능하다. 서로 구분되어 별개로 있는 '빨강'과 '파랑'이라는 말 때문에 분류할 수 있는 것이다.

정상인은 4장의 카드 중 2장의 카드에는 '빨강'이라는 공통된 이름을 붙일 수 있기에 한 묶음으로 만들고, 나머지 2장의 카드에는 '파랑'이라는 공통된 이름을 붙일 수 있기에 또 한 묶음을 만든다. 실어증 환자들에게는 이러한 말들이 없기 때문에 분류 자체가 불가능한 것이다.

이케가미가 소개한 위의 실험 내용을 통해 우리는 다음과 같은 사실을 알 수 있다. 즉 이것과 저것의 차이점과 유사점을 구분하여 분류하는 것은 사물 그 자체와 무관하게 '말의 차이' 또는 '개념의 차이'에 의해 이루어진다는 것이다. 따라서 말에 따라 보이는 세상도 달라지게 되어 있다. 결과적으로 정상인과 실어증 환자는 다른 세상에 산다. 전자는 서로 유사한 색상끼리 두 그룹으로 분류된 세계에 살고, 후자는 유사성이라고는 전혀 없는 색상의 세계에 산다. 이 모든 것이 순전히 말(개념) 때문에 일어나는 현상이다.

우리가 나와 남을 구분하여 나누는 것도 '있는 그대로'와는 무관하게 나와 남이라는 말의 차이와 구분에 따른 것이다. 긴 것과 짧은 것으로 나누고, 부자와 가난한 자로 분류하는 것도 마찬가지다. 그 말(개념)들이 없으면 구분할 수 없고 나눌 수 없다.

말에 의해 세상이 구분되고 달리 보이게 된다는 것에 대해서는 충분히 이해했을 것이다. 그런데도 우리는 보이는 대로 세상 자체가 원래 그렇다고 생각한다. '길다'라는 말에 의해 짧은 것과 구분된 긴 것으로 보일 뿐인데도 실제로 그것 자체가 길기 때문에 그렇게 보인다고 믿는다. 지금 나에게 인식되는 세계가 말에 의해 건립된 허구의 세계가 아니라 인식되는 그대로 확고부동한 진실의 세계라고 믿는 경향이 강한 것이다. 이에 대해 좀 더 깊이 알아보자.

"댁은 누구십니까?"라는 질문에 우리는 쉽게 "이 아무개입니다"라고 답한다. "당신은 진정 이 아무개입니까?"라고 또 물으면 눈치가 빠른 사람은 이렇게 말할 것이다. "이 아무개든, 홍길동이든 이름은 상관없어요. 나에게 붙여진 이름에 불과하니까." 이 대답은 이름을 무엇이라고 붙이든 나는 이름에 앞서 존재한다는 것을 뜻하고 있다. 이 나에 어떤 이름을 붙이든 나는 변하지 않는 동일물로서 이름의 배후에 늘 있다고 생각하는 것이다. 이것이 착각이다. 언어(이름) 이전에는 나가 없었다. 언어와 상관없이 변하지 않는 동일물로서 늘 존재하는 나가 있다면 그것은 자성에 해당한다.

불교 교리를 포함하여 현대 언어학과 철학에서 이룬 성과를 종합하면 다음과 같이 말할 수 있다. 나는 '나'라는 말에 의해 생겨난 개념에 불과할 뿐이다. 나가 이름에 앞서 존재하는 것이 아니라, '나'라는 이름에 의해서 비로소 나는 존재하게 되는 것이다. 따라서 '나'라는 말이 없다면 나도 없다. 나뿐만이 아니라 이 세상 모든 것이 마찬가지다.

우리는 나비와 나방을 구분하고 있으며, 이 둘이 별개로 존재한다고 생각한다. 그런데 프랑스 사람들은 이 둘을 구분하지 못하고 동일한 곤충으로 인식한다. 그 이유가 무엇일까? 우리말에는 나비와 나방이라는 단어가 서로 구분되어 별도로 있기 때문이고, 프랑스어에서는 이 둘이 모두 '빠삐용'이라는 말로 불리고 있기 때문이다.

본래의 세계, 언어 이전의 세계는 아무런 구분이 없다. 어떤 것을 표현하는 말이 있어야 비로소 그것은 다른 것과 구분되어 존재하게 된다. 나방과 구분된 나비가 존재하게 된 것은 원래부터 나비라는 독립된 존재(이것이 곧 자성이다)가 있었기 때문이 아니다. '나비'라는 말이 생기고, 이 말과 '나비' 이외의 다른 말과의 차이에 의해서 나비는 존재하게 된 것이다. 순전히 말과 말 상호 간의 차이와 구별에 의해 사물은 구분되고 존재하는 것이지, 원래부터 그 사물이 존재했기 때문이 아니다. 그래서 말이 어떠한가에 따라 세계는 다르게 보인다.

'나비'라는 말 이전에는 나비가 존재하지 않았다고 아무리 말해도 지금 '나비'로 불리는 그것은 그때도 있었을 것 아니냐고 아직도 미심쩍어할지 모른다. 하지만 그때 그것은 나비가 아니었고 나비는 없었다. 그 의문은 '나비'라는 말로 이미 나비를 엄연히 인식하고 있는 지금 시점에서 역으로 추정한 것에 불과하다.

이처럼 언어는 본래부터 있던 것을 그대로 나타내는 거울이 아니다. 오히려 그 언어대로 보이게 하는 요술쟁이다. 따라서 언어가 보여주는 그대로를 진실이라고 믿고 집착하면 큰 오류를 범한다. 원래부터 꽃인 꽃은 없다. 꽃으로 부를 때에만 그것은 꽃이 된다. "짜증난다"라고 할 때에만 그것은 짜증나는 일이 되고, "가난하다"라고 할 때에만 당신은 가난한 사람이 된다.

'부자다, 가난한 사람이다', 이 두 말에서 동시에 해방되어 보라. '길다, 짧다', 이 두 말에서 한꺼번에 해방되어 보라. '나다, 너다', 이 두 말로부터도. 말에 주저앉으면 자유가 묶인다. 화두 들고 좌선하는 선禪 수행의 과정은 모든 언어로부터 해방되는 과정이라 할 수 있다.

'매경한고 발청향梅經寒苦 發淸香', 매화는 혹한의 고통을 거쳐 맑은 향기를 발한다.

공과 화두

우리의 사고는 두 가지 대립 요소가 한 짝을 이룬 '이원대립二元對立'의 형태를 띠는 경우가 많다. 이원대립의 대표적인 예로 들 수 있는 것이 '나(自)와 남(他)'이다. 우리에게 나와 남은 서로 배타적이어서, 나는 결코 남일 수 없으며 남 또한 결코 나일 수 없다. 나는 나대로 독립되어 있고, 남은 남대로 독립되어 있다. 나와 남이라는 둘이 어떤 관계를 맺는다 해도 둘이 둘인 채 관계를 맺는다. 둘은 언제나 둘이다.

이때의 나와 남은 바로 자성自性으로서의 나와 남이다. 우리가 이러한 나와 남의 구도로 생각하고 판단할 때 그것을 '이원대립적 사고' 또는 '이원분별'이라고 부를 수 있다. 나와 남이라는 이원대립적 사고로 말미암아 세상은 나와 남으로 갈라져 고정되고, 대부분의 경우 우리는 둘 중의 어느 하나에 우위를 두면서 둘 사이의 관계를 형성해간다.

희론,
번뇌의 근본 원인

'나와 남' 이외에도 우리는 무수한 이원대립의 틀을 가지고 있다. '유有와 무無', '생과 멸', '좋음과 싫음', '선과 악', '동지와 적', '득과 실', '부와 빈', '인간과 자연', '정신과 물질'…. 이와 같이 헤아릴 수 없이 많은 이원대립의 틀에 의해 세상은 무수하게 갈라져 고착된다. 사람들은 이렇게 갈라진 어느 한 쪽에 서기를 강요받기도 하고, 본인 스스로도 어느 한 쪽으로 경도되어 간다.

세상의 '있는 그대로'의 모습은 어떠하며, 이렇게 갈라진 세상을 어떻게 바라보아야 할까? 결론부터 말하면 이렇다. 세상이 본래부터 갈라져있는 것은 아니다. 세상은 인연(조건)에 따라 다양하게 갈라지지만 갈라진 채 고정되지 않는다. 비유하자면 연못의 물을 막대기로 선을 그어 둘로 갈라놓는다고 해도 물은 갈라짐이 없는 것과 같다. 갈라짐이 없이 갈라지는 것이다. 그러므로 인연에 따라 가를 수는 있지만 갈라진 것에 집착하는 순간 문제가 발생한다. 이렇게 저렇게 아무리 갈라도 갈라진 것은 없기 때문에.

세상을 '길다와 짧다'의 이원대립으로 볼 경우 사람들은 분필을 '짧다'의 영역에 배속시킬 것이다. 분필 자체가 짧은 것이기 때문에 짧은 것에 속하는 것은 당연하다고 생각하며, 짧은 쪽에 계속 고정시킬 것도 어렵지 않게 예상된다.

하지만 앞글에서 살펴본 대로 분필 자체는 길지도 짧지도 않다(=공). 불교에서는 길지도 짧지도 않다고 해서 분필에 대해 침묵만 지켜야 된다고는 하지 않는다. 분필이 호박씨와 비교될 때는 "길다"라고 하고, 대나무와 비교될 때는 "짧다"라고 하는 것이 정상이다(=연기). 이렇게 분필을 '길다'라고도 '짧다'라고도 할 수 있는 것은 분필 자체가 길지도 짧지도 않기 때문이다(연기=공). 만약 분필이 어느 한 쪽으로 고정되어 있다면, 분필은 결코 긴 것과 짧은 것 사이를 왕래할 수 없다.

분필은 어느 쪽으로도 고정되어 있지 않으므로, 길다고 해도 '길지 않은 길다'이며 짧다고 해도 '짧지 않은 짧다'이다. 분필을 길다거나 짧다고 아무리 어느 한 쪽으로 규정지어도 분필은 그 규정에 영향받지 않는다. 관건은 분필을 바라보는 나 자신에게 있다. 길거나 짧다고 말하는 상황에 있으면서도 얼마나 그것에 집착함이 없이 자유로울 수 있느냐가 핵심이다.

여기서 용수의 『중론』 제18장 「관법품」 제5송의 내용에 귀를 기울여보자.

"업과 번뇌가 소멸함으로써 해탈이 있다. 업과 번뇌는 분별分別에서 생겨나고, 분별은 희론戱論에서 생겨난다. 그러나 희론은 공空에서 소멸한다."

불교에서는 중생이 괴로움을 초래하는 과정을 '혹惑→업業→고苦'의 세 단계로 설명한다. 혹惑은 번뇌의 다른 이름이고, 업은 우리들이 하는 신체적 행동·말·생각을 가리킨다. 탐욕·성냄·어리석음 등의 번뇌로 업을 일으키면, 이 업에 의해 중생들은 윤회하면서 온갖 괴로움을 겪는다는 것이다.

그렇다면 번뇌와 업은 왜 생겨나고 어떻게 해야 소멸되는가? 이에 대한 답변이 위에 인용한 『중론』 게송에 그대로 나와 있다. 즉 희론에 의해 분별이 생기고, 이 분별 때문에 업과 번뇌가 생겨난다는 것이다. 업과 번뇌로 인해 모든 괴로움이 생겨나니 결국 괴로움의 근본 원인은 희론이다. 희론이 소멸되면 분별이 소멸하고, 그때 업과 번뇌도 소멸하여 모든 괴로움이 종식을 고하는 해탈이 있다. 그런데 이 희론은 공에서 소멸한다.

먼저 번뇌와 고의 근본 원인인 희론에 대해 알아보자. 희론(戱論, prapañca)이란 '말(언어)로 대상을 개념화 하고, 허구인 그 개념대로 대상이 실제로 그러하다고 집착하는 것' 또는 '그러한 오류를 일으키는 말이나 개념 그 자체'를 가리킨다. 앞글에서 언어 이전의 세계는 아무런 구분이 없으며, 어떤 것을 표현하는 말이 있어야 비로소 그것은 다른 것과 구분되어 존재하게 된다고 했다. 말은 곧 개념이다.

말에 의해 그 말이 의미하는 대로 임시로 존재는 하지만, 그것은 말의 작용일 뿐 진실은 그것과 관계가 없다. 요강이라 부르기 때문에 그것은 요강이 된다. 요강이라 불려 요강의 작용을 하면서 요강으로 존재하지만 그것 자체가 원래 요강인 것은 아니다. 그것에 양념을 넣으면 그것은 요강이 아니라 양념단지다. 흙을 넣고 난초를 키우면 화분이고, 맑은 물을 붓고 금붕어를 살게 하면 어항이다. 그것은 어느 무엇으로도 고정되어 있지 않아 뭐라고 단정적으로 말할 수 없는 것, 즉 공空이다. 단정적으로 말할 수 없기 때문에 인연에 따라 어떤 것이라 불려서 그것(色)으로 존재한다.

그러나 우리는 그것이 말이나 개념에 의해 그렇게 성립되어 있을 뿐이라고 보지 않고, 말 그대로 개념 그대로 실제로 그렇게 존재한다고 집착한다. '요강'이라 불려서 요강이 된 것이 아니라 실제로 요강이기 때문에 '요강'이라 불린다고 착각하는 것이다. 중생인 우리의 현실에서는 이와 같이 무엇인가에 이름을 붙이는 순간 그것은 '이름'이 아니라, 이름 붙이기 이전부터 이미 이름 그대로 확고부동하게 있던 '진실'로 탈바꿈되고 만다. 다시 말해 이름이 의미하는 개념 그대로의 자성이 있다고 오인되고 만다.

이와 같이 말이 의미하는 그대로의 존재가 실제로 있다는 오인을 동반한 개념화 작용 또는 그런 오인을 야기하는 말이나 개념을 희론이라 한다. 무엇으로도 고정되어 있지 않는 눈앞의 저것을 '요강'이라고 불러서 부동의 요강으로 집착하거나, 그런 집착을 불러일으키는 '요강'이라는 말이 곧 희론이다.

따라서 희론은 말이 보여주는 그대로 실제로 그러하다고 착각하는

'말(개념)에 의한 허구화'라고도 할 수 있고, 말에 끌려다니는 '말에 속박당함' 또는 '말에 대한 집착'이라고도 할 수 있다. 또 그런 허구화와 속박을 야기하는 말 자체를 가리키기도 한다.

세상이 '나와 남' 등으로 갈라진 것은 우리가 생각하듯이 나와 남이라는 별개의 독특한 본질을 가진 고정불변의 존재, 즉 나라는 자성을 가진 존재와 남이라는 자성을 가진 존재가 있어서 갈라진 것이 아니다. 쉽게 말해 나와 남이라는 언제나 둘일 수밖에 없는 존재가 실제로 있기 때문이 아니다.

그것은 나라는 개념(=말)과 남이라는 개념의 차이에 의해 갈라진 것이다. 더군다나 이 두 개념은 서로 배타적인 관계에 있는 것이 아니라 상호의존적인 연기의 관계에 있다. 나라는 개념이 없으면 남이라는 개념도 있을 수 없다. 역의 경우도 마찬가지다.

그러므로 서두에서 언급한 '나와 남' '유와 무' '동지와 적' 등의 이원대립에 대한 생각은 수정되어야 한다. 이원대립은 두 개의 서로 배타적인 요소가 실제로 있다는 것을 전제로 한 고정적 시각을 의미한다. 그러나 이 두 요소의 진실한 모습은 서로 배타적인 실재가 아니라 상호의존적인 개념이므로 '이원대립'은 '상호의존적인 두 개념의 임시적 설정'으로 수정되어야 한다. 후자가 희론의 작용에 의해 전자인 이원대립으로 착각되고 만 것이다.

희론에 의해 말(=개념)은 우리의 생각과 생활을 지배한다. 예를 들어, '요강'이라는 이름을 가진 것에는 용변만 보아야지 양념을 넣어서는 안 된다고 생각한다. 'OO'이라 불리는 직책의 사람에게는 특정의 대우를 해주기를 요구받는다. 또한 말에 의해 세상은 '동양과 서양', '관찰자와 대상', '선과 악' 등으로 분할된다. 그리고 이 둘 사이의 관계가 설정되어 세계는 질서를 잡아간다. 우리는 말에 의해 질서화된 세계에 살고 있는 것이다. 어디까지나 말(개념)에 의한 것이지 세계가 원래 그런 것은 아니다.

"말의 허구(희론)를 초월한 불멸의 부처를 말로써 허구화하는 그들 모두는 말의 허구에 손상 받아 여래를 보지 못한다(『중론』 제22장 제15송)"라는 게송이 시사하듯이, 말이 주인 행세를 하면 사물의 참된 모습을 알지 못해 괴로움이 발생한다. 말의 속박인 희론에서 자유롭게 될 때 모든 편견에서 벗어나 비로소 사물을 '있는 그대로' 볼 수 있게 되고, 그때 해탈이 있다. 희론은 공에서 소멸한다.

우리는 어릴 때부터 시작된 오랜 언어습관을 통하여 말이 가리키는 사물에 말이 의미하는 그대로 고정불변의 무엇, 즉 자성이 있다고 보는 습성을 부지불식간에 지니고 말았다. '요강'이라 불리는 것은 원래부터 요강이며 영원토록 요강이라고 보는 습성을 갖게 된 것이다. 이러한 습성이 곧 희론이다. 원래부터도 요강이고 영원토록 요강인 요강, 즉 자성으로서의 요강이란 없으며 허구에 불과하다는 것이 공이다. 공은 말이 의미하는 바대로 세계와 사물이 실제로 그렇다고 보면 큰 착각이라는 것을 일깨우는 것이다. 따라서 희론이 공에서 소멸한다는 것은 자명하다.

분별(分別, vikalpa)은 희론에 근거한 사고와 판단을 말한다. 사물을 말로 나누어서(=分) 나누어진 그대로 사물이 별개로 있다고 보는(=別) 집착 하에서 일어나는 사고와 판단이라고 할 수 있다.

색즉시공과
무자無字 화두

'색즉시공色卽是空' 즉 '색은 곧 공이다'에서 색의 자리에는 다른 어떤 것이라도 들어갈 수 있다. '나는 곧 공이다', '너는 곧 공이다', '좋다는 곧 공이다', '싫다는 곧 공이다' 등. 깨달은 사람에게 '색은 곧 공이다'는 당연한 말이다. 그러나 '나는 절대로 나고 너는 절대로 너다'라든가 '좋은 것은 절대로 좋은 것이고 싫은 것은 절대로 싫은 것이다'라는 식으로 희론과 분별에 붙들려 있는 우리에게 '색은 곧 공이다'는 말은 '나는 나가 아니다', '좋은 것은 좋은 것이 아니다'라고 부정하는 것과 다름없다.

이와 같이 우리에게 '색은 곧 공이다'는 기존에 알고 있던 바대로 집착하고 있는 모든 것에 대한 전적인 부정이다. 이것은 곧 기존의 나가 죽는 것이요, 기존의 너가 죽는 것이다. 희론에 물든 '나'라는 말이 발붙일 곳을 상실하는 것이요, '너'라는 말이 발붙일 곳을 상실하는 것이다. 모든 이원대립은 흔적도 없이 해체되어 버린다. '색은 곧 공이다'에서 우리는 언어 이전의 세계로 돌아간다.

"모든 얻은 바가 없어져 고요하고 말의 허구(희론)가 흔적도 없어 길상하네. 어디서도 누구에게도 부처는 어떤 법도 설하고 계시지 않다."는 『중론』 제25장 제24송의 내용은 '색은 곧 공이다'의 세계를 잘 보여 주고 있다.

중생인 우리가 '색은 곧 공이다'를 체득해가는 과정이 바로 화두를 참구하는 과정이다. 유명한 무자無字 화두를 예로 들어보자.

한 승이 조주(趙州從諗, 778~897) 화상에게 물었다.

152

"개에게도 불성이 있습니까?"

조주 선사가 말했다.

"무無."

조주 선사가 말한 이 '무'에 대해 오조 법연(五祖法演, ?~1104) 선사는 법상에서 수행승들에게 다음과 같이 말했다.

"제군들! 그대들은 평소 어떻게 알고 있는가? 나는 평소 무자無字를 들 뿐, 그것으로 끝이다. 그대들이 이 '무' 한 자를 뚫을 수 있다면 천하의 누구도 그대를 어떻게 할 수가 없다. 그대들은 도대체 어떻게 이 '무'를 뚫을 것인가? 뚫은 자가 있는가? 있다면 나와서 말해보라. 나는 그대들이 이 '무'에 대해 유有라고 대답하는 것도 바라지 않고, 무無라고 대답하는 것도 바라지 않으며, 유도 아니고 무도 아니라고 대답하는 것도 바라지 않는다. 어떻게 말하겠는가? 그만 마치겠다. 듣느라고 수고 많았다."

조주 선사가 말한 '무'에는 '유'도 '무'도 '유도 아니고 무도 아니다'도 발붙일 곳이 없다. 조주 선사의 무는 희론의 테두리에 갇힌, 유와 무를 비롯한 기존의 어떤 말로도 뚫을 수 없다. 유와 무의 이원대립으로는 더더구나 어림도 없다.

이 무자 화두를 드는 중에 기존의 유도 죽고 무도 죽는다. 공에서 희론이 소멸하듯이 화두 삼매 속에서 희론은 소멸한다. 화두 참구를 통해

공은 내 몸이 되어 간다. 그리하여 우리는 허구와 집착의 때가 묻은 말 (이때의 말은 세계와 같은 뜻이다)에서 해방되어 '색은 곧 공이다'의 세계, 곧 언어 이전의 세계로 돌아간다.

　세상은 말에 의해 움직이고 말에 의해 질서화되어 있는 것이 현실 이다. 말의 허구(희론)에서 해방된다는 것은 이 현실을 완전히 떠나 어 디론가 다른 곳으로 가는 것이 아니다. 바로 이 현실에서 말의 허구에 서 자유롭게 되는 것, 그것이 해탈이다. 그곳에서는 죽었던 유와 무가 진실한 모습으로 되살아난다. 이렇게 진리의 모습으로 되살아난 풍광 이 '공즉시색空卽是色'이다. 하지만 우리 중생에게는 '색즉시공'이 없이 는 '공즉시색'도 없다.

4
장

순간순간을
진실되게 산다는 것

찬바람 속 벌거숭이 겨울나무

늦가을의 어느 날 오후, 문득 창 너머로 수련원 정원을 내려다보았다. 지는 햇살 속의 은행나무 주위는 온통 저녁 노을빛과 단풍으로 물들어 그야말로 고요·적정의 황금빛 세계였다.

세속의 많은 인연들과 연락이 끊긴 지도 10여 년. 어떻게 연락처를 알았는지 고등학교 동기생에게서 뜬금없이 전화가 걸려왔다. 전화 내용은 이랬다. 나와 고등학교 때 친했던 친구가 어제 암으로 세상을 떠났다. 세상을 떠나기 며칠 전, 그 친구가 사진 한 장을 건네주며 이 세상에 자신이 없더라도 이 사진을 잘 부탁한다고 해서 받았다. 두 명의 청춘을 찍은 사진이었다. 대학 시절의 어느 여름날, 세상을 떠난 그 친구와 내가 계곡의 개울가에서 웃통을 벗은 채 쾌활하게 웃고 있는 사진이었다. 이 이야기를 아무래도 나에게 전해야 할 것 같아서 연락했다는 내용이었다.

몰라서 공부하지 않는 것은 아니다

전화를 끊고 창밖을 보았다. 학창 시절 별생각 없이 불렀던 노래 하나가 가슴 속을 맴돌았다.

꿈은 하늘에서 잠자고,
추억은 구름 따라 흐르고,
친구여 모습은 어딜 갔나,
그리운 친구여.

옛일 생각이 날 때마다,

우리 잃어버린 정 찾아,

친구여 꿈속에서 만날까,

조용히 눈을 감네.

＿조용필의 '친구여'

이 노래는 내 귓전을 울리고 티 없이 맑은 창공 저 멀리까지 퍼져나갔다. 예불 시간 때마다 친구의 명복을 기원했다. 그러던 1주일 뒤, 갑자기 기온이 떨어지고 찬바람이 매섭게 몰아치더니 뜰 앞의 은행나무는 한순간에 이파리 하나 없는 완전한 나목이 되었다.

은행나무는 좋은 것도 놓아버리고 싫은 것도 놓아버리고, 옳다는 것도 그르다는 것도 다 놓아버렸다. 사람들이 붙인, '은행나무'니 '장관'이니 '나목'이니 하는 수많은 이름표도 떨쳐버렸다. 만사를 떨쳐버리고 찬바람 속에 당당히 서 있는 은행나무의 저 깊이를 아는가? 색즉시공色即是空은 바로 그런 세계다.

영애와 순이는 어릴 적부터 같은 마을에 살았다. 이 마을은 유교 전통이 강하게 남아있는 시골이었다. 영애의 집안은 대대로 그 지역의 유지였으며, 재산도 풍족했고 오빠들도 모두 출세하여 주위의 부러움을 샀다. 반면에 순이는 홀어머니 슬하의 외동딸이었다. 몇 평 되지 않는 논밭을 어머니가 홀로 일구어 생계를 이었기에 순이의 가슴 한구석은 늘 주눅과 가난이라는 멍이 퍼렇게 들어있었다.

고등학교 때까지 같은 반이던 두 사람은 졸업 후 함께 고향을 떠나 서울로 갔다. 영애는 대학에 다니기 위해서였고, 순이는 공장에 취직하여 돈을 벌기 위해서였다. 사는 영역이 달랐기 때문이었는지 그 후 30년 동안 두 사람 사이에는 아무런 연락이 없었다. 그러다가 며칠 전 우연히 연락이 닿아 서울 강남에 위치한 한 호텔의 커피숍에서 만남이 이루어졌다.

영애가 약속 장소에 20분 먼저 도착했다. 마침 근처에 볼 일이 있었는데 생각보다 빨리 일이 끝났기 때문이었다. 자리에 앉고 얼마 되지 않아 순이에게서 전화가 걸려왔다. 길이 막혀 조금 늦을 것 같으니 먼저 차를 마시고 있으라는 연락이었다. 영애는 커피 한 잔을 시켰다. 감미로운 커피의 향과 맛, 수준 높은 생음악 연주, 영애는 오래간만에 안락함을 즐기고 있었다.

얼마 후 웬 중년의 귀부인이 환한 미소를 지으며 영애에게로 걸어왔다. 처음에는 몰라보았지만 자세히 보니 순이의 옛 얼굴이 남아있었다. 사람의 인생이 이렇게 바뀔 줄이야. 순이의 옷차림은 자신과는 비교가 되지 않을 정도의 고가품이었다. 30년 만에 만나 반갑기는 했지만 왠지 심사가 편치 않았다. 영애는 대학 졸업 후 곧 결혼을 했다. 그러나 남편과의 불화로 10년 만에 이혼을 하고 혼자서 사업을 했지만 잘 풀리지 않았다. 아들 둘은 어머니의 기대를 저버리고 속만 썩였다.

커피 잔을 드는 순이의 손에는 명품 다이아몬드 반지와 시계가 빛을 발하고 있었다. 그것을 본 뒤부터 영애에게는 커피의 감미로운 맛이 느껴지지 않았다. 순이는 같은 공장에서 성실한 남자를 만나 결혼을 했고, 얼마 후 자신들의 공장을 차려 독립했다. 친절과 성실을 밑천 삼아 둘이서 일심동체가 되어 열심히 일했던 덕분인지 공장은 번창을 거듭해갔다. 아들은 판사로 있고, 딸은 대학교수로 있다고 했다. 이 이야기를 들은 영애에게는 더 이상 생음악 연주가 들리지 않았다.

그때부터 영애가 순이와 나눈 대화는 건성에 지나지 않았다. 영애의 마음은 반복되는 울화와 한탄에만 빠져 있었다. 눈앞에 순이가 있었지만 정작 영애가 만나고 있는 것은 순이가 아니었다. 영애는 자신의 번뇌와 만나고 그 번뇌하고만 대화를 나누고 있었다. 영애의 마음을 이 지경으로 만든 것은 누구인가? 눈앞의 순이인가, 영애 자신인가?

대부분의 사람은 이런 질문을 받기 전까지는 순이 때문에 내 마음이 이 지경이 되었다고 생각할 것이다. 그러나 불교를 좀 아는 사람이 이 질문을 받게 되면 나 때문이라고 말할지 모른다. 하지만 그것도 잠시일 뿐 며칠 후에는 또다시 '너 때문에'로 돌아간다.

당신이 영애이고 똑같은 상황에서 순이를 만나고 있다면 당신은 어떤 상태에 있을까? 색즉시공, 즉 '색은 곧 공이다'를 이해했다면 당신은 어떻게 행동해야 하는지를 명확히 안다. 나목이 된 은행나무처럼 옹색한 과거의 이름표를 모두 떨쳐버리고 그냥 순이를 순수하게 만나야 하며, 과거의 순이와 나누는 대화가 아니라 지금 이 자리의 순이와 나누는 대화여야 한다는 것을 잘 안다.

하지만 알았다고 해서 실제로 그렇게 되는가? 머리는 이래야 한다고 외치고 있지만 몸과 마음은 머리대로 따라주지 않는다. 학창 시절, 공부해야 한다는 것을 몰라서 공부하지 않았던 것은 아니지 않는가?

화두를
든다는 것

덴마크의 실존주의 철학자 키에르 케고르(1813~1855)는 이런 실제 사례를 말한 적이 있다. 하느님의 사랑에 대해 훌륭한 책을 낸 사람이 있었다. 그의 명성은 매우 높았다. 하지만 그는 매우 힘든 시련을 겪게 되었으며 깊은 의혹 속을 헤맨 끝에 목사 한 분을 찾아가 가르침을 청했다. 목사는 그가 누구인지 몰랐다. 그의 하소연을 다 듣고 목사는 책 한 권을 권했다. 그리고 이렇게 말했다. "그 책을 읽고도 구원을 얻을 수 없다면 당신은 구원될 길이 없는가 봅니다." 목사가 권한 책은 목사에게 가르침을 청한 바로 그 사람이 저술한 책이었다.

구원에 관한 저명한 책을 쓸 정도로 구원에 해박한 사람도 결국 구원을 얻을 수 없었다. 이곳 수련원의 장휘옥 원장님과 내가 대학 강단을 떠나 오곡도로 들어온 이유도 이와 다르지 않다. 일반적으로 행해지는 방식대로 책을 읽거나 강의를 듣고 분석·정리하여 색즉시공을 이해했다고 해서 색즉시공의 경지 그대로 살 수 있다고는 말하지 못한다. 이해가 필요 없다는 것이 아니다. 다만 이해는 이해일 뿐임을 말하고 싶은 것이다.

몰랐던 것을 처음 이해했을 때 환희를 경험한다. 그리고 장밋빛 기대를 갖는다. 하지만 그 환희와 기대는 오래 가지 않는다. 한번 맛보았던 그 달콤한 경험을 또 한 번 더 맛보기 위해 같은 일을 반복할지도 모른다. 과연 기대를 갖고 반복한다고 해서 처음의 환희를 또 경험할 수 있을까 하는 문제는 차치하고라도, 이러한 행동은 결국 집착의 수렁에 발을 담그는 것이며 색즉시공과는 거리가 멀다.

역대 전등의 수많은 선사들이 불교 교리에 대한 해박한 지식과 이해가 없어서 선의 길에 들어선 것은 아니다. 오히려 그것의 한계를 통절히 깨달았기에 그들은 선의 문을 두드렸다. 매서운 바람이 부는 영하의 겨울날, 불기 한 점 없는 차디찬 선방에 앉아, 수행하다 죽어도 좋다는 각오로 화두를 드는 자의 심정을 아는가?

당나라 때의 황벽(黃檗希運, ?~?) 선사는 이렇게 일갈했다.

"화두의 빗장을 열기란 매우 쉬운 일이건만, 그대들이 죽을 각오로 수행하지는 않고 오로지 '어렵다, 어렵다'라고만 한다. … 이것이 매우 뛰어난 사람만이 할 수 있는 일이라고 믿지 마라."

힘들기 때문에 다른 쪽을 모색하거나 능력 부재를 타령하는 것은 인지상정이겠지만, 그렇게 하기 전에 '바르고', '제대로', '철저하게' 화두를 들어보는 것이 순서가 아닐까? 타성에서 벗어나 올바른 방향으로 화두를 들고 있는지 스스로에게 진지하게 물어보아야 한다.

색즉시공에서는 '나와 너' '옳음과 그름' 등으로 이리저리 나누고 후벼 파는 분석가의 입장이 죽는다. 부여잡고 있던 결론과 견해도 죽는다. 이렇게 어디에도 눌러앉는 바가 없기에 마음은 늘 새롭고 투명하며 생생하게 살아있다. 만사에 대한 창조적인 행동이 여기서 나온다.

화두는 분석가의 입장이나 기존의 결론과 견해로는 통과할 수 없는 관문이다. 프랑스의 철학자 질 들뢰즈(1925~1995)는 이렇게 말했다.

"인간이 생각하는 일은 좀처럼 없다. 인간이 생각을 하는 것은, 생각하고자 하는 의욕이 고양되었기 때문이라기보다 차라리 쇼크 때문이다."

그는 사람이 진실한 의미에서 생각하기 시작하는 것은 종전의 경험으로는 판단할 수 없는 상황에 직면하는 경우라고 말하고 있는 것이다.

화두를 든다는 것은 그야말로 종전의 경험으로는 판단할 수 없는 상황에 직면하고 있는 상태다. 화두란 지금까지의 사고방식으로는 도무지 알 수도 없고 풀리지도 않는 일종의 시험 문제다. 화두를 공안公案이라고도 하는데, 이 둘을 구분할 때도 있지만 대부분은 같은 뜻으로 사용한다.

화두는 부처님이나 깨달은 선사들의 특별한 말씀이나 행동을 뽑아 놓은 것이다. 화두에는 진리가 그대로 표현되어 있으나, 우리의 상식으로는 도무지 무슨 내용인지 알 수 없다. 수행자는 이 알 수 없는 화두를 직접 참구하여 뚫어야 지혜를 얻고 깨달음에 이른다.

화두를 뚫고자 가부좌하고 앉아 화두를 참구하는 것을 좌선坐禪이라고 한다. 화두를 처음 참구해보면, 지금까지 습득한 지식이나 앎으로는 꽉 막혀 뚫을 수 있는 실마리조차 찾을 수 없다는 것을 안다. 마치 앞을 가로막고 있는 거대한 절벽을 대하고 있는 듯하다. 그러나 포기하지 않고 몸과 마음을 다하여 계속 참구하다 보면 불현듯이 화두는 뚫리고 깨달음을 얻는다. 이렇게 화두를 참구하는 것을 '화두를 든다'고 한다.

화두를 든다는 것은 화두를 기존의 내 생각과 사고방식으로 짜맞추어 수수께끼 풀듯이 풀려고 하는 것이 아니다. 오히려 기존의 내 생각과 사고방식을 발붙이지 못하게 하는 것이 화두다. 도무지 알 수 없는 화두, 그것을 알고자 하는 일념으로 아무런 조작 없이 그것에 사무치는 것, 화두를 든다는 것은 그런 것이다. 이때 에너지의 어떠한 분산과 낭비도 없다. 천지를 뒤덮는 화두 일념의 상태는 바로 색즉시공의 상태다.

티끌 하나 없는 맑은 거울, 거기에는 온갖 것이 비춰져도 그 후에 잔

171

상이 남지 않는다. 잔상이 남지 않기에 무엇이든 있는 그대로 비춘다. 아름다운 얼굴이 비쳤다 해서 그것을 잡아두려 하거나, 흉한 얼굴이 비친다 해서 그것을 거부하지 않는다. 아니 잔상이 없는 거울에게 그것은 이미 아름답거나 흉한 것이 아니다. 그냥 그것이고 그것이 전부다. 결코 과거의 미추美醜의 잣대로 비교되거나 분석되지 않는다. 무엇이 비치든 거울은 그것에 물들지 않고 항상 청정하다.

이 거울과 같은 상태가 색즉시공의 경지이고, 화두 일념의 상태다. 이 상태의 끝에서 자유롭고 창조적인 지혜의 작용이 저절로 용솟음쳐 나온다. 이것이 곧 공즉시색空即是色의 경지다. 따라서 색즉시공의 경지를 체험하지 못한 사람은 진정한 공즉시색을 알 수가 없다. 개념으로 듣고 기존의 머리로 이해할 수 있을 뿐이다. 중생인 우리에게 중요한 것은 얼마나 철저하게 색즉시공의 경지에 들 수 있느냐는 것이다.

당신은 누구를 만나는가?

공즉시색을 말하기 전에 영애와 순이의 이야기로 되돌아가서 짚고 넘어가야 할 점이 있다. 우리는 가정과 직장에서 숱한 사람을 만난다. 그런데 사실은 누구를 만나고 있을까? 앞에는 배우자가 있고 그와 대화를 나누고 있다. 이때 눈앞의 배우자를 만나고 있을까, 배우자에 대한 나의 생각을 만나고 있을까? 진정 그를 만난다는 것은 어떤 것이고, 그것은 어떻게 해야 가능할까?

경지 높은 선승이 제자와 함께 길을 가고 있었다. 어느 마을 앞 개울가에 이르렀을 때, 한 처녀가 개울 앞에서 발을 동동 구르고 있었다. 까닭인즉, 비가 많이 와 개울물이 불어나서 건널 수가 없다는 것이었다. 선승은 조금도 주저하지 않고 처녀를 업어서 개울을 건네주었다.

그 뒤 제자는 길을 걸으면서도 스승이 여인을 업은 것이 계속 마음에 걸렸다. 참다못한 제자는 스승에게 물었다. "출가한 몸으로 어떻게 여인을 업을 수 있습니까?" 스승이 말했다. "이놈아, 너는 아직까지 여인을 업고 있느냐? 나는 개울을 건네준 순간 그 여인을 내려놓은 지 이미 오래다."

선승은 지금 개울 앞에서 발을 동동 구르고 있는 한 사람을 만났고, 제자는 '처녀'에 얽힌 자신의 생각을 만났다. 선승은 그 사람을 다시 만나면 그때 그 상황에서 새로운 그 사람을 만난다. 그러나 제자는 여전히 '처녀'만 만난다. 당신은 누구를 만나겠는가?

군더더기 한마디를 보탠다. "정신 차리자. 죽음이 눈앞이다."

별은 다시 올려 보내겠습니다

오곡도로 보내온
편지

해마다 새해가 되면 정겨운 사람들이 새해 인사 메일을 보내온다. 어느 해 정초, 직장을 가진 40대 주부가 장휘옥 원장님에게 보낸 편지가 있었다. 그녀는 오곡도 수련원 집중수련회에 오래전부터 참가하여 수행하다 가정일로 잠시 참가를 쉬고 있었다. 내용은 다음과 같았다.

밤 10시 15분. 정신은 더 또렷해집니다.

인디언의 한 부족은 1월을 '마음 깊은 곳에 머무는 달'이라고 부른다 합니다. 근 두 달 동안 마음에 짐이 되던 일을 지금 끝내고 나니, 먼 골짜기, 별이 마음에 들어와 빛나고 있습니다.

오래전, 석양이 가까워진 오곡도 법당 뒤 밭에서 뼈마디가 느껴지는 원장님의 긴 등을 뒤에서 안아드렸던 그때처럼 원장님이 보고 싶어 코끝이 찡해집니다. "누굴 주려고 이렇게 힘들게 밭일을 하십니까?"라고 제가 여쭈었습니다.

원장님, 저는 누굴 위해 이 시간에 남아 일을 할까요? 순간순간에만 매진해 살아야 된다는 것을 알면서도 가끔 이렇게 중생 생각으로 살라치면 어김없이 원장님이 보고 싶습니다.

참, 원장님은 멀리도 다녀가십니다. 이곳은 춘천에서도 1시간 30분은 더 와야 하는 먼 곳인데…. 원장님

은 오곡도에 앉아 계셔도 삼만 리, 구만 리 길을 이렇
게 단숨에 제게로 찾아오십니다.

이만 퇴근해야겠습니다. 가는 길에, 별은 다시 올려
보내겠습니다. 강녕하시기를 손 모아 기원 드립니다.

편지를 쓴 주인공의 부군은 몇 해 전 사고를 당했다. 기술자로서 8m 높
이의 공중 구조물에서 일하고 있을 때였다. 마침 크레인이 철제빔을 그
근처로 옮기고 있었는데 철제빔을 묶고 있던 사슬이 풀리는 바람에 부
군은 철제빔에 맞아 8m 아래 지상으로 떨어지고 말았다. 대부분은 그
자리에서 즉사하는 사고였다. 그러나 부군은 크게 다치기는 했으나 생
명은 기적적으로 건졌다.

　이후 17번의 수술을 받았다. 그 과정에서 당사자도 당사자지만 부
인이 겪은 고통은 말해 무엇하겠는가? 다니던 직장도 그만두고, 수술
비도 부족하고, 잠을 줄여가며 틈틈이 하는 고된 아르바이트로 다리는
퉁퉁 붓고…. 그러나 남편이 살아있다는 사실 하나만으로도 그녀는 고
마웠다.

　부인의 간호와 정성은 극진했다. 하지만 때때로 밀려오는 무력감에
자신을 감당할 수 없을 때도 많았다. 그럴 땐 장 원장님에게 메일을 보
내거나 전화를 걸었다. 보고 싶다고. 그때마다 장 원장님은 호되게 나무
랐다.

　"선 수행을 제대로 했다면 잡념 없이 순간순간을 살 줄 알아야지."

　"남편이 살아있는 것만도 부처님 가피라고 생각한다면, 괴롭다 힘
들다는 생각은 왜 붙들고 있니?"

"지금은 무심의 마음으로 순간순간 최선을 다하는 길밖에 없다. 이 런저런 생각 다 떨쳐버리고 주어진 일을 단지 하기만 해라."

부군은 지금 혼자서도 산책할 수 있을 정도로 회복했다. 자녀들은 부모를 닮아 천성이 착하고 총명하여 요즘에도 저런 애들이 있을까 하고 주위의 부러움을 산다. 어려운 여건에서도 좋은 대학에 입학하여 방학 때면 학자금을 벌기 위해 열심히 아르바이트를 한다.

편지 내용에서 주인공은 밤늦게까지 직장에 남아 일을 하고 있다. 누가 시켜서 하는 일이 아니다. 해야 할 사람이 정해져 있지는 않지만 누군가는 해야 할 일이 보이면 주인공은 집안일을 하듯이 소리 없이 그 일을 한다. 너와 나의 경계가 사라진 공의 세계에서는 모든 일이 내 집안일이다. 편지의 주인공은 그렇게 매 순간을 잡념 없이 눈앞의 일에 몰입하지만 때로는 "누굴 위해 이 시간까지 남아 일을 할까?"라는 회의에 빠지기도 한다.

그렇게 회의에 빠질 때마다 코끝이 찡하도록 보고 싶은 사람이 있다. 장휘옥 원장님이다. 키는 크지만 태어날 때부터 몸이 약한 장 원장님이 힘에 부치게 밭일을 하는 것을 편지의 주인공은 여러 차례 보았다. 수련생들의 밥상에 올라갈 야채를 키우기 위해 석양을 등진 채 밭일을 하는 원장님을 편지의 주인공은 뒤에서 응석부리듯 끌어안은 적이 있었다. 그때 알게 된, 뼈마디가 느껴지는 원장님의 긴 등이 무척 인상 깊었던 모양이다. 누굴 주려고 이렇게 힘들게 밭일을 하다 앙상한 뼈마디만 남았습니까?

"나를 위해서도 아니고 내 피붙이를 위해서도 아닌데…. 아무도 알아주는 사람도 없는데…. 누굴 위해 이렇게까지 일하나?"라는 중생의 마음이 일어날 때마다 그녀는 장 원장님이 너무나 보고 싶다. 이럴 때마다, 이토록 보고 싶은 사람이 있다면 얼마나 좋을까? 어찌 보면 그녀는 그 착한 심성 덕분에 남들이 갖지 못한 행복 하나를 갖고 있는 셈이다.

그녀의 가슴 속으로 장 원장님은 삼만 리 구만 리 길을 훌쩍 지나 단숨에 찾아온다. 그녀에게 장 원장님은 중생의 마음을 녹이는 밝게 빛나는 '별'이다. 이 별을 가슴에 품고 그녀는 색즉시공의 세계를 회복한다. 이와 같은 별을 가진 사람은 얼마나 복 받은 사람인가.

그녀의 면목이 한층 더 탁월한 것은 별을 마냥 가슴에 붙잡아 두고 있지 않다는 데 있다. 퇴근길에 그녀는 별을 다시 올려 보낸다. 놓을 때 놓지 못하고 좋다고 해서 마냥 붙들고 있는 것은 이미 색즉시공과 거리가 멀다. 무소유의 마음에 의해 별은 다시 하늘로 가서 만인의 별이 된다.

별을 올려 보내고 군더더기 없는 홀가분한 마음으로 그녀는 집에서 내일 아침 반찬도 준비하고 빨래도 할 것이다. 아무런 잡생각과 욕심 없이 인연 따라 해야 할 그것에만 몰두하는 반찬 준비와 빨래가 바로 공즉시색空卽是色의 세계요, '평상심平常心이 도道'인 세계다.

공이므로 도리어
일체가 성립한다

요강으로 사용되고 있는 저것을 도인도 다른 사람들과 똑같이 '요강'이라 부른다. '요강'이라는 말은 같지만 범부와 도인에게 그 말이 의미하는 차원은 천양지차다. 범부에게 '요강'이라는 말은 자성으로서의 요강, 다시 말해 원래부터 요강이며 영원토록 요강인 요강을 가리킨다. 따라서 그것을 요강 이외의 다른 것으로 사용하면 범부는 난리를 친다.

도인에게 '요강'이라는 말은 가명(假名, upādāya-prajñapti)일 뿐이다. 즉 그렇게 호칭될 수도 있는 조건에 의존한 임시적 명칭에 지나지 않는다. 그러므로 도인에게 그것은 요강으로 고정된 것이 아니다. 향로가 될 수도 있고 물항아리가 될 수도 있다. 범부는 누가 요강을 '향로'라고 하면 화를 내거나 정신 나간 사람이라 하겠지만, 도인에게 그 말은 아무렇지도 않다. 범부는 말에 속박되어 있고 도인은 말에 자유롭다.

"어떤 것이 부처입니까?"라는 질문에 대해, 마조 도일(馬祖道一, 709~788) 선사는 "마음이 곧 부처다"라고 대답하기도 하고, "마음도 아니고 부처도 아니다"라고 대답하기도 한다. 같은 질문에 완전히 다른 대답을 할 정도로 말에 대해 자유롭다. 범부의 눈에는 서로 모순되는 대답이겠지만 그 진상은 선 수행을 해보면 안다.

주의할 것은 경지에 이르지 못했으면서도 섣불리 도인을 흉내 내면 곤란하다는 것이다. 잔꾀로 도인의 말을 모방해 도인인 척해도 금세 들통이 나 실소만 자아낼 뿐이다. 또는 자기 수준에서 액면 그대로 도인의 언어표현을 받아들인다면 독사를 잘못 잡은 것처럼 스스로를 파멸로 이끌 수도 있다.

"요강은 공空이다"라는 것은 요강을 파괴하거나 없애는 것을 의미하지 않는다. 요강을 고정불변의 자성으로 보는 집착을 끊게 하는 말이다. 요강뿐만 아니라 일체에 대해서도 똑같이 말할 수 있고, 그것을 표현한 것이 '색즉시공色卽是空'(이때의 색은 오온의 줄임말로 간주)이다.

그런데 전체적인 시각으로 보면 요강은 공이기 때문에 도리어 요강

179

일 수가 있다. '요강'이라고 불리는 저것이 만약 어느 하나로 고정되어 있다면 그것은 결코 다른 것이 될 수 없다. 한데 그것이 처음부터 요강으로 고정되어 있었다는 보장은 어디에도 없다. 그것에 대해 맨 처음으로 인식한 내용이 요강일 뿐인 것을 원래부터 요강, 언제 어디서나 요강이라고 착각하고 있을 뿐이다. 만일 그것이 양념단지로 고정되어 있었다면 요강이 될 수 없었다.

따라서 '요강'으로 불리는 저것이 요강이 될 수 있었던 것은 그것이 어떤 무엇으로도 고정되어 있지 않은 공이었기 때문에 가능했다는 것을 알 수 있다. 요강뿐 아니라 갖가지 모습의 삼라만상이 생성하는 것도 바로 일체가 공이기 때문이다. 공이기 때문에 일체가 파괴되는 것이 아니라, 공이기 때문에 도리어 일체가 성립한다는 것을 명심해야 한다. 공은 허무의 세계가 아니며 모든 사물과 현상은 공이기 때문에 성립한다는 것을 표현한 말이 '공즉시색空即是色'(이때의 색은 오온의 줄임말로 간주), 즉 '공은 곧 색이다'이다.

공을 체계화한 용수도 『중론』 제24장 「관사제품」에서 세상은 공이기 때문에, 요컨대 무자성無自性이기 때문에 성립한다는 점을 강조한다. 무자성의 공이 아니라 자성을 인정한다면 생멸 현상이나, 업과 그 과보, 심지어 불교의 교리조차도 파괴되고 만다고 한다.

세상의 모든 것에 자성이 있다면 생하는 것도 멸하는 것도 없이 일체는 항상 그대로 있게 된다. 따라서 자연의 변화라든가 눈앞에 펼쳐지는 생멸 현상도 부정할 수밖에 없는 오류에 빠지고 만다. 자성을 인정하게 되면 불교의 기본 교리인 무상無常도 부정되며, 중생은 아무리 수행을 해도 깨달음에 이를 수 없다는 과오도 범한다. 자성인 고苦와 번뇌를 무슨 수로 없앨 수 있다는 말인가? 그래서 용수는 『중론』 제24장 제14게송에서 이렇게 말한다. "공이 타당한 자에게는 모든 것이 타당하다. 공이 타당하지 않는 자에게는 모든 것이 타당하지 않다."

공즉시색으로
가는 길

공을 생각할 때 두 가지 점을 명심해야 한다. 첫째, 공은 이론적으로는 무자성을 뜻하고, 실천적으로는 무집착無執着을 의미한다는 것이다. 집착하지 않는 것이 공을 실천하는 것이다. 집착하지 말아야 하는 이유는 모든 것에는 그렇게 집착할 만한 자성이 없기 때문이다. 그것의 실상은 고정불변의 요강이 아니기 때문에, 즉 무자성이기 때문에 요강에 대한 집착에서 벗어나야 하는 것은 진실에 맞는 당연한 행동이다.

둘째, 공은 무자성無自性과 유작용有作用의 양면을 갖는다. 위에서 살펴본 대로 무자성의 공이기 때문에 세상만사가 파괴되는 것이 아니라, 도리어 그 때문에 온갖 작용이 있을 수 있어 세상만사가 성립한다. 다음과 같은 선사의 게송이 있다.

> 하늘이 개니 해가 나오고(天晴日頭出),
>
> 비가 내리면 대지는 촉촉하다(雨下地上濕).

날이 개면 해가 나오고 비 내리면 대지가 촉촉하다. 인연 따라 무수한 작용이 일어나는 이 당연한 눈앞의 사실 속에 무자성 공의 진리가 관통하고 있다. 이것 외에 '부처'니 '도'니 하고 따질 필요가 있는가? 일이 있을 때는 군소리 없이 '그냥' 일하고, 쉴 때는 만사를 잊고 쉰다. 이것을 아는 자는 지금 바로 이 자리가 항상 부증불감不增不減, 즉 넘치지도 모자라지도 않는다.

요강으로 쓰던 용기를 깨끗이 씻어 꿀을 담아주었을 때 아무렇지도 않게 맛있게 먹을 자신이 있는가? 공인 저것은 인연에 따라 요강도 되고 꿀단지도 된다. 공이 곧 색인 것이다. 자연물은 이와 같이 공즉시색 그대로다. 문제는 자연물에 있지 않고 항상 나에게 있다.

나는 요강이 곧 꿀단지라는 이 당연한 사실을 밤바다가 달빛을 아무 저항 없이 받아들이듯이 받아들이지 못한다. '나'라고 이름 붙여진 이것도 공이기에 인연에 따라 사장도 되고 경비원도 된다. 공즉시색인 것이다. 그러나 '사장'으로 호칭되던 내가 사업에 실패하여 새로 얻은 직장에서 '경비원'으로 불릴 때 나는 가슴 아파한다.

자연물은 공空인 그대로 작용한다. 그런데 나는 자연물의 공을 받아들이는 것도 힘들지만, 내 자신이 공이라는 것을 수용하는 것은 더더구나 힘들다. 이처럼 공이 나와 밀접하게 관련된 문제로 다가오면 올수록 공은 수용하기가 힘들어진다. 모든 문제는 언제나 나와 관련되어 있는 것이다. 『법구경』에서 백만 명을 이기는 사람보다 자기 한 명을 이기는 사람이 최고의 승자라 하고, 선가에서 불도佛道를 배우는 것은 나(自己)를 배우는 것이라고 하는 이유가 여기에 있다.

수행자의 입장에서 보면, 내가 공이 되는 색즉시공의 길은 눈물겹도록 험난하고 길다. 모든 이파리를 하나하나 다 떨어뜨려 벌거숭이 겨울나무가 되듯이, 이것도 저것도 모두 놓아버려야 한다. '나는 사장이다'라든가 '저것은 요강이다'라는 기존 생각에 계속 매달리거나 붙들려서는 안 된다. 자신과 사물에 대한 집착, 모든 명칭과 결론에서 자유롭게 되어야 한다.

하지만 이 색즉시공의 길 끝에서 공즉시색의 세계에 들어가는 것은 한순간에 저절로 이루어진다. 색즉시공은 대사일번大死一番, 즉 한번 내가 크게 죽는 길이다. 본인이 자진해서 움켜쥐고 있던 모든 것을 철저히 놓아버리는 것이며, 백지상태가 되는 것이다. 이렇게 내가 철저하고 완전하게 죽는 것에 의해 도리어 모든 것이 참된 진짜 모습으로 되살아난다. 이것을 선에서는 절후소생絶後蘇生이라 한다. 공즉시색은 절후소생에 해당한다.

중생인 우리는 색즉시공의 과정을 거치지 않고는 공즉시색을 자기 것으로 만들 수 없다. 과거의 내가 죽지 않고는 만물은 진실한 모습으로 되살아나지 못한다. 어떻게 할 것인가?

온몸으로 법을 설한다

즉신설법,
유학 시절에 있었던 일

일본 교토대학(京都大學) 유학 시절 나는 임제종 대본산 쇼코쿠지(相國寺) 선방에 가끔씩 들러 좌선을 하곤 했다. 그 당시 내가 살던 집은 학교와 쇼코쿠지 중간 지점에 위치해 있었다. 자전거를 타고 동쪽으로 7~8분을 가면 학교가 있었고, 서쪽으로 12~13분을 가면 쇼코쿠지가 있었다. 간화선 수행을 종지로 하는 일본 임제종에는 14개의 대본산이 있다. 쇼코쿠지는 그중의 하나에 속하는 대찰이다. 쇼코쿠지의 말사 가운데 유명한 사찰이, 우리에게도 잘 알려져 있는 금각사(金閣寺, 일본명 킨카쿠지)와 은각사(銀閣寺, 긴카쿠지)이다. 이 쇼코쿠지와 관련하여 두 가지 인상이 강하게 남아있다.

하나는 한국문학사에 빛나는 두 시인 정지용(1902~1950)과 윤동주(1917~1945)가 일제강점기 시절에 다녔던 도시샤(同志社)대학이 바로 쇼코쿠지의 담장 너머에 있다는 것이다. 도시샤대학은 그 당시에도 자유주의와 국제주의를 표방한 명문 사립대였다. 충북 옥천이 고향인 정지용은 서울의 휘문고보를 졸업한 이듬해인 1923년, 휘문고보의 장학생으로 이 대학 영문과에 입학해 1929년 졸업과 함께 귀국했다.

만주 북간도의 명동촌明東村에서 태어난 윤동주는 1941년 12월 연세대학교의 전신인 연희전문학교 문과를 졸업하고, 1942년 3월 일본으로 건너가 도쿄(東京)의 릿쿄(立敎)대학 영문과에 입학했다가 그해 10월 교토의 도시샤대학 영문과로 편입하였다. 그러나 이듬해인 1943년 7월 여름 방학을 맞아 고향으로 떠나기 전 그는 사상범으로 일본 경찰에 체포되었다. 이듬해 교토 지방재판소에서 2년형을 선고받고 후쿠오

카(福岡) 형무소에 수감되었다가, 해방되기 직전인 1945년 2월에 이국의 감옥에서 29세의 젊은 나이에 생을 마쳤다.

도시샤대학 교정에는 두 시인의 시비가 약 10m의 간격을 두고 세워져 있다. 윤동주의 시비에는 친필로 된 그의 '서시'가 새겨져 있고, 충북 옥천산 흰색 화강암으로 만들어진 정지용의 시비에는 그의 시 '압천鴨川'이 새겨져 있다. 도시샤대학은 두 시인을 학교의 자랑으로 생각한 것이다. 일제강점기 시절 한국의 많은 젊은이들이 자유주의와 국제주의를 표방한 명문 도시샤대학으로 유학을 갔고, 후에 이름을 남긴 이도 많았다.

자전거를 타고 쇼코쿠지로 가는 길은 교토 시내를 관통하는 하천 가모가와(鴨川)를 건너 도시샤대학 옆을 지나갔다. 학교 옆을 지나갈 때면 묘한 감정이 일어나곤 했다. "죽는 날까지 한 점 부끄럼 없기를"로 시작하는 윤동주의 '서시'가 떠오르기도 하고, 유학 시절에 지었다는 정지용의 시 '향수'에 젖기도 했다.

"넓은 벌 동쪽 끝으로 옛이야기 지즐대는 실개천이 휘돌아 나가고, 얼룩배기 황소가 해설피 금빛 게으른 울음을 우는 곳, 그곳이 차마 꿈엔들 잊힐리야."

정지용의 향수는 바로 나의 향수였다. 그들의 그리움과 사연과 애환이 묻은 길을 따라 나는 쇼코쿠지로 갔다. 그들도 이 절에 들렀을까?

쇼코쿠지와 관련된 또 하나의 강한 인상은 경내에 걸려 있던 '즉신설법卽身說法'이라는 큰 글씨를 보았을 때 받았던 묵직한 깨우침과 감동에 있다. 즉신설법, 곧 '온몸으로 법을 설한다' 또는 '일거수일투족이 그대로 설법이다'라는 뜻의 이 글은 학문적 불교에 치중하고 있던 나를 향해 그야말로 온몸으로 법을 설하고 있었다. 머리로만 이해하고 입으로만 읊는 불교가 아니라 온몸으로 법을 설해야 진정한 불교이거늘….
과연 어떻게 하는 것이 즉신설법인가?

집착함이 없이
행동한다는 것

『금강경』에 유명한 '응무소주應無所住 이생기심而生其心'이라는 구절이 있다. 머무는 바가 없이 마음을 내어야 한다는 뜻이다. '머무는 바가 없이'는 '집착함이 없이'를, '마음을 내어야 한다'는 '행동해야 한다'를 각각 뜻한다. 따라서 전체적인 의미는 '집착함이 없이 행동해야 한다'라고 할 수 있다. 이 구절은 '색즉시공 공즉시색'의 응용적·각론적 표현이라고도 볼 수 있다. '집착함이 없이'가 색즉시공에 해당하고, '행동해야 한다'가 공즉시색에 해당한다.

우리는 집착하지 말라고 하면 아무것도 하지 않으려고 한다. 공부에 집착하지 말라고 하면 숫제 공부를 하지 않으려 하고, 돈에 집착하지 말라고 하면 돈 버는 일을 아예 그만두려고 한다. 그런데 어떤 것에 매달리는 것도 집착이지만 일방적으로 거부하는 것도 집착이다. 매달림과 거부, 그 어느 쪽에 대해서도 자유로운 것이 중도다. 해야 할 땐, 공부도 열심히 하고 돈도 성실히 벌어야 한다.

천수천안 관세음보살은 천 개의 손을 동시에 사용하여 괴로움에 허덕이는 수많은 중생을 구제한다. 하나의 손에만 집착하여 마음을 거기에만 머문다면 천 개의 손을 동시에 사용할 수 없다. 천 개의 손을 자유자재로 사용하는 천수천안 관세음보살의 자비행은 어디에도 머물지 않는 마음이기에 가능한 것이다. 마음이 어디에도 머물지 않고 집착하지 않을 때가 가장 자유롭고 가장 일이 잘될 때이다.

우리는 한 손에만 마음을 머물고 있는 건 아닐까? 지나간 일에 대한 미련과 억울함에만 마음을 두고 있는 것은 아닐까? 미래에 대한 두려움에서 헤어나지 못하고 있는 것은 아닐까? 한 생각만 절대적으로 맞다 하여 거기에 꼼짝없이 묶여있거나, 사람과 사물을 볼 때 매번 똑같은 면과 동일한 느낌만 로봇처럼 보고 느끼고 있지는 않은가? 만약 그렇게 보고 느낀다면 자신의 마음속 깊은 곳에는 딱딱한 암석이 굳게 자리 잡고 있듯 자성화되어 버린 고정관념이 도사리고 있는 것이다.

이 고정관념으로 인해서 좋은 것에는 정신없이 매달리고 싫은 것은 절대 수용하지 않으려는 강렬한 욕망의 기계적 반응이 우리의 마음속에 시시각각으로 일어난다. 이 강렬한 욕망의 흐름과 그것이 가져오는 결과를 본인이 직접 생생하게 본 적이 있는가? 어떤 대상에 달라붙어 떨어지지 못하는 집착이 욕망의 뒤를 따르고, 그로 인해 온갖 고통과 망상이 그림자처럼 따라붙는다. 엄청난 에너지로 진행되는 이 일련의 과정의 반복에 의해 우리들의 삶은 진행되고 있다.

내 안에서 벌어지는 이 일들을 순간순간 아무런 조작 없이 여실지견如實知見, 즉 있는 그대로 꿰뚫어보라. 우리는 진리의 숭배자가 아니라 쓸데없는 생각과 집착의 숭배자라는 것을 뼈저리게 알 것이다. 이대로 가다가는 감당할 수 없는 업장 덩어리의 허망한 생만 남을 것이라는 위기감도 들 것이다.

이곳 오곡도 수련원에서는 울력을 자주 한다. 울력은 선원의 모든 대중이 함께 모여 농사 짓기, 대청소, 안팎의 정비 등 선원을 운영하는데 필요한 육체적인 일을 하는 것을 말한다. "하루 일하지 않으면 하루 먹지 않는다(一日不作 一日不食)"라는 백장(百丈懷海, 749~814) 선사의 유명한 말처럼 선에서는 전통적으로 울력을 중시해왔다. 울력에는 생활에 필요한 물자를 스스로 마련하고 외부의 도움 없이 자체적으로 수행처를 유지하고자 하는 자급자족의 정신이 들어있다.

인도나 남방불교의 수행승들은 생활을 전적으로 신자들의 보시에 의존하기 때문에 그들에게는 울력이라는 개념이 없다. 그러나 풍토와 관습이 다른 중국으로 불교가 전해지면서 사정이 달라졌다. 현실성이 강한 중국의 수행승들은 선방에서 좌선만 할 것이 아니라 농원이나 산림에서 일도 해야 한다고 생각했다. 동시에 일상생활의 일거일동이 깨달음을 추구하는 수행이거나 깨달음 그 자체가 되어야 한다고 생각했다.

일상생활의 모든 시간과 공간이 깨달음의 장이어야 했기 때문에 중국의 선사들은 제자들이 일하는 중에도 화두를 생생하게 들거나 일에 묵묵히 몰두하여 '일'삼매에 들게 했다. 선의 전통에서 울력은 좌선의 동적인 형태로 자리 잡아 간 것이다.

오곡도 수련원의 울력 때는 분위기가 좋다. 화두를 들며 묵언 속에서 일하기도 하지만, 주말수련회 같은 때는 오래간만에 만난 도반들이 자연스레 장 원장님 주위에 다정스럽게 모여 일을 한다. 일을 하면서 원장님의 유머에 깔깔 웃기도 하고 정담을 나누기도 한다. 놀라운 것은 울력 시간 내내 다들 즐겁게 그것도 자진해서 열심히 일한다는 것이다.

울력에 참가한 분들의 말에 따르면, 직장이나 가정에서도 여기서처

189

럼 즐겁게 솔선해서 일하지는 않는다고 한다. 직장에서 이런 대가 없는 일을 해야 한다면, 대번에 '노동력 착취다', '왜 내가 해야 하나?' 하는 생각이 일어나고 당연히 일은 짜증나는 것이 되고 말 것이다. 호미 들고 밭을 매는 이 단순한 일을 하는 데도 우리는 너무나 생각이 많다. 이 쓸데없는 생각들 때문에 우리는 '그냥' 일을 할 수 없고 마음은 필요 없이 골병이 든다. 일이 힘든 것이 아니라 생각이 일을 힘들게 만드는 것이다.

물론 따지고 생각해야 할 경우도 있다. 그런데 우리는 무슨 일에나 생각이 많다. 마음은 고요히 있지 않고 늘 잡동사니 생각을 재잘거리고 있는 것이다. 울력이 즐겁고 자발적인 것은 이런 쓸데없는 생각이 그쳤기 때문이다. 이 울력이 집착 때문에 하는 일은 아니다. 그렇다고 아무 것도 하지 않는 것이 아니라 열심히 밭을 맨다. '응무소주 이생기심', 집착함이 없이 행동한다는 것은 이런 것이다.

그냥 맨눈과
맨몸으로 보고 듣고 일한다

"월천담저 수무흔月穿潭底 水無痕"이라는 게송이 있다. "달빛이 연못의 깊은 바닥까지 비추고 있으나 물에는 아무런 흔적도 없네"라는 뜻이다. 달빛이 바닥까지 물을 뚫고 지나가고 있으나 물에는 아무런 상처나 흔적이 없다. 비추나 비춘 흔적이 없는 달빛, 있으나 없는 것 같은 달빛. 온통 달빛뿐이지만 달빛으로 인한 저항이나 걸림은 어디에도 없다. 이것이 바로 '응무소주 이생기심'의 경지다.

190

좌선을 체험해보면 지금 말하고 있는 내용을 잘 알 수 있다. 화두 삼매에 들어 화두만 성성할 때 어떤 생각도 비집고 들어갈 틈이 없다. 좋다 싫다도 없고, 어떤 욕망도 집착도 없다. 화두를 드는 나는 물론이고 화두조차도 없다고 표현할 수밖에 없는 그런 상태다. 화두를 들고 있으나 화두를 포함한 어떤 무엇에 대한 집착도 없다. '응무소주 이생기심'이다.

'응무소주 이생기심'으로 하는 행동이 즉신설법, 곧 온몸으로 법을 설하는 것이다. 한 수행자가 사랑하는 남편을 사고로 잃은 부인을 만났다. 연못 바닥까지 온통 달빛뿐이듯이, 그의 온 몸과 마음은 그 부인의 슬픔 그 자체가 되어 눈물을 글썽이며 "부디 어려움을 이겨내시고 힘을 내십시오" 하며 합장하고 머리 숙였다. 어떤 가식도 의도도 없었다. 자신의 행동을 알아주기를 바라는 마음은 티끌만큼도 없었다. 이것이 바로 온몸으로 법을 설하는 것이다. 부처님의 팔만 사천 법문이 이 속에 다 있다.

위와 같은 마음으로 밭을 맨다면 그것이 곧 즉신설법이다. 주부가 이 같은 마음으로 저녁상을 차린다면 그것 또한 즉신설법이고, 식당 주인이 그와 같이 손님을 맞는다면 그 역시 즉신설법이다. '응무소주 이생기심'에 대해 어느 선사는 이렇게 읊었다.

> 절은 어디에 있는지 알 수 없는데(不知何處寺),
> 바람에 실려 종소리가 들려온다(風送鐘聲來).

종소리는 있는데 소리가 난 곳은 모른다. 청소하고 빨래는 하는데 하는 사람은 없다. 다시 말해, 어떤 관념이나 의도·집착에서 하는 것이 아니라 그냥 할 뿐이라는 것이다. 이것은 해야 하고 저것은 말아야 한다는 미리 정해 놓은 부동의 판단도 없다. 시비是非·선악善惡·호오好惡·득실得失에 관한 일체의 고정된 생각도 없고, 이에 대한 상습적인 반응도 멈추었다. 그냥 맨눈과 맨몸으로 고요하게 보고 듣고 일한다.

앞글에서 어느 주부 수행자의 편지글을 소개한 바 있다. 사고를 당해 17번의 수술을 받으며 투병 중이던 부군을 간호하며 가정을 꾸려 온, 심성 착한 이분의 수행과 가족에 관한 이야기였다. 이 글을 읽은 오곡도 수련원의 거사 한 분이 수련원으로 전화를 걸어왔다. 그와 주부는 면식이 없는 사이였다. 전화를 건 용건은 편지 주인공의 사연이 참으로 애틋하여 그분 자녀들의 대학 등록금이라도 대신 내주고 싶다는 내용이었다.

직감적으로 사양할 것이라는 느낌이 들었지만 전화를 걸어 본인의 의사를 물어보았다. 차분한 목소리로 그녀는 이렇게 대답했다.

"그 뜻은 참으로 고맙습니다. 그러나 요즘은 어려운 사람들도 열심히만 하면 학업을 이어나갈 수 있을 만큼 복지 제도가 잘 되어 있습니다. 나라에 얼마나 고마운지 모릅니다. 저희보다 더 어려운 분들에게 그 뜻이 전달되었으면 합니다."

가식 없는 정중한 사양이었다. 내게는 이 두 분의 말이 즉신설법으로 들려왔다.

현관 문밖에서 누가 초인종을 눌렀다. 어떻게 하는 것이 '응무소주이생기심'을 실천하는 것인가? 지금 당장 보여보라.

윤회와 아뜨만과 공

사바세계에 얽힌
이야기

중생은 세상이 자신의 욕망대로 되지 않기에 괴로움 속에 살아간다. 중생이 사는 이런 세상을 불교에서는 사바세계라 부른다. '사바娑婆'라는 말은 인도말 산스끄리뜨 '사하saha'의 발음을 소리 그대로 한자로 옮겨 놓은 것이다. 옛날 인도에서 사용되던 언어의 종류는 크게 산스끄리뜨와 쁘라끄리뜨라는 두 범주로 나뉜다. 산스끄리뜨는 세련된 문어文語인 반면, 쁘라끄리뜨는 속어이며 구어口語다. 인도에서 불교는 이 두 범주에 속하는 언어로 전승되어 왔다.

중국과 티베트에는 주로 산스끄리뜨로 기록된 경(붓다가 설한 가르침)·율(불교교단의 규율)·론(경과 율에 대한 주석서)이 전래되어 그때그때 한문과 티베트어로 번역되었다. 이것을 체계적으로 모아놓은 것이 한역대장경과 티베트대장경이다. 쁘라끄리뜨에 해당하는 언어에는 여럿이 있는데, 불교와 관련하여 가장 중요한 것이 빨리어다. 스리랑카, 태국, 미얀마 등 남방불교의 경·율·론 삼장은 빨리어로 전승되고 있다.

한자 불교용어를 대할 때 주의할 점은 원어의 뜻을 번역한 의역意譯뿐만 아니라 원어의 발음만 그대로 표기한 음역音譯이 있다는 것이다. 영어의 'book'을 우리말로 번역할 때 의역하면 '책'이고, '북'이라 하면 음역이다. 한자는 뜻글자이기 때문에 의역한 경우에는 그것만으로도 뜻을 알 수 있다.

문제는 음역된 불교용어다. 그 대표적인 것이 '나무관세음보살'이라 할 때의 '나무(南無)'다. 나무는 '남녘 남南'과 '없을 무無'의 합성어이므로 얼른 생각하면 '남쪽에 없다'를 의미하게 되고, 따라서 '나무관세음보살'은 '남쪽에는 관세음보살이 없다'를 뜻하게 된다. 이런 이상한 뜻이 되는 탓에 불교에 갓 입문한 분들 중에 '나무'에 대해 의문을 품고 질문하는 경우를 종종 본다.

'나무'는 산스끄리뜨 '나모namo(기본형은 namas)'를 음역한 말이다. 음역된 한자 불교용어는 음역되기 전의 인도 원어와 그 뜻을 알아야 의미가 밝혀진다. '나무'의 원어인 산스끄리뜨 '나모'는 '귀의한다', '공경하여 예를 표한다'는 뜻의 명사다. 따라서 나무관세음보살은 '관세음보살님께 귀의한다'는 뜻이다. 불교용어에는 음역한 말이 많다. 반야·승가·열반·선(禪那) 등도 음역어이며, '옴 마니 반메 훔'과 같은 진언이나 다라니는 모두 음역으로만 되어있다.

사바세계의 '사바'도 산스끄리뜨 '사하'의 음역어다. '사하'는 '참음', '인내'를 뜻한다. 사바세계를 의역한 말이 '참을 인忍'자를 사용한 '인토忍土'다. 따라서 사바세계는 '참고 살아가야 하는 세상'이라는 뜻이다. 사바세계의 모든 중생은 괴로움 속에서 이를 참고 살아가야 하기에 그렇게 부르는 것이다.

사바세계, 이 세상에 사는 사람들은 누구나 가슴이 퍼렇게 멍들어 있다. 간절히 원하나 이루어지지 않기에 멍들고, 하기 싫은 일을 해야 하기에 또 멍들고, 신세 한탄과 증오와 울분이 치밀 때마다 멍든다. 늙음과 병이 주는 설움에 멍은 그 깊이를 더해간다. 불교는 멍을 부여안고 계속 괴로움 속에 살자는 종교가 아니다. 하루 빨리 괴로움에서 벗어나 영원한 평안의 세계에 살자는 것이 불교다. 영원한 평안의 세계가 열반의 세계이며 불국토佛國土이다. 어떻게 하면 피안의 저 세계에서 살 수 있을까? 이를 위해 업과 윤회의 문제부터 우선 살펴보자.

195

아뜨만과
윤회

어떤 사람이 "불은 어딘가에 미리부터 있다가 나무에 옮겨 붙어 그것을 태우고, 다 태우고 난 뒤에는 그 불 그대로 또 알 수 없는 어딘가로 숨는다"고 주장한다면, 터무니없는 말이라고 일축해버릴 것이다. 연료나 마찰 등 불이 붙을 만한 조건(인연)이 갖추어졌을 때 불은 피어나 순간순간 그 모양과 열기 등이 변해가다가 조건이 다하면 꺼질 뿐이다. 붙기 전부터 불이 있었던 것도 아니고 꺼지고 난 뒤에 그 불 그대로 남아있는 것도 아니다. 위의 사람이 주장하는 바대로 붙기 전과 꺼진 후에도 불이 그대로 있다면 그 불은 상주불변常住不變의 자성이 된다. 그런 불은 없다는 것을 표현한 말이 '불은 공空이다'이다.

'불은 공이다'에 대해서는 흔쾌히 인정하는 사람도 윤회에 대해서는 은연중에 다음과 같이 생각할지 모른다. 즉 전생에서부터 고정불변의 내(영혼)가 있었고 이것이 이생에 태어나 살다가 다시 내생으로 원래 그대로인 채 옮겨간다고. 만약 그렇게 생각한다면 그것은 불교가 아닌 바라문교의 사고방식이다. 불교 이전부터 있었던 인도의 전통 종교인 바라문교에서는 윤회를 그와 같이 생각했다. 아뜨만(ātman, 我)이라는 '고정불변의 나(영혼)'가 있고, 이것이 윤회의 주체라고 본 것이다.

바라문교는 오늘날의 힌두교의 모태가 된 종교로 불교가 출현하기 훨씬 전부터 있었다. 석가모니에 의한 불교의 출현은 기원전 5~6세기 경으로 추정된다. 기원전 500년을 중심으로 전후 합쳐 수백 년에 걸쳐 바라문교에서는 『우빠니샤드』라고 불리는 문헌들이 편찬되었다. 세속적 삶을 버리고 선정을 통해 자신의 내면을 깊이 응시하고자 한 수행자들의 체험이 반영된 문헌들이었다. 특기할 만한 것은 이『우빠니샤드』 문헌에서 비로소 업·윤회·해탈에 대한 개념이 명확한 형태로 등장하기 시작한다는 것이다.

『우빠니샤드』의 철인들은 우리가 행하는 행위는 그에 합당한 과보를 초래할 수 있는 힘을 남기고 이 힘은 존속된다고 생각했다.『우빠니샤드』에서 '업(karman, 業)'이라는 용어는 주로 행위의 결과로 남게 되는 이 힘을 지칭한다.『우빠니샤드』 시대에 이르면, 이 업에 의해 태어남과 죽음을 반복하는 윤회가 있게 되며, 윤회의 와중에서 다음 생에 어떤 몸을 받을까도 이전 생에서의 업이 선이냐 악이냐에 의해 결정된다고 하는 통찰이 뚜렷하게 나타난다. 또한 윤회는 고통이며, 이 속박에서의 해방인 해탈은 어떻게 가능한가에 대한 통찰도 이루어지고 있다.

『우빠니샤드』에서 정립된 '업에 의한 윤회와 그로부터의 해탈'이라는 통찰은 이후의 불교나 자이나교, 힌두교의 사상에 지대한 영향을 미쳤다. 어떤 업에 의해 어떤 원리로 윤회와 그 해탈이 이루어지는가에 대해서는 각 종교마다 차이가 있었지만, '업에 의한 윤회와 그로부터의 해탈'이라는 대전제는 공유하고 있었다.

'업에 의한 윤회' 또는 '업과 그 과보' 문제가 타당성을 확보하려면 업을 행한 자와 그 과보를 받는 자가 동일인이든가 아니면 밀접한 관계에 있어야 한다. 물건은 이 사람이 훔쳤는데 벌은 엉뚱한 사람이 받는다면 업에 의한 윤회는 처음부터 성립될 수 없다.『우빠니샤드』에서 언급되는 아뜨만은 이 문제를 잘 해결해준다. 일반적으로 아뜨만은 개개인의 본질을 이루는 영혼으로 이해되고 있다.

이하는 석가모니 출현 이전에 편찬된 초기『우빠니샤드』에서 언급되는 아뜨만에 대한 내용을 정리한 것이다.

사후에 육체는 소멸하지만 심장의 내부에 있는 나의
아뜨만은 영원히 소멸되지 않는다. 아뜨만은 초연하
고 말이 없다. 아뜨만은 포착되지도 않으며 파괴되지
도 않는다. 속박됨도 없고 동요도 없다.
누가 선행을 했다고 하자. 그 선행은 그것에 합당한
과보를 가져올 힘, 즉 업을 남긴다. 이 업은 어떻게 존
속될까? 그 업은 그 사람의 아뜨만에 부착되어 아뜨
만과 함께한다. 임종이 다가왔을 때 업을 부착한 아
뜨만은 현재의 몸을 빠져나와 그 업에 맞는 새로운
몸을 취해 윤회한다. 마치 수를 놓는 여인이 다 놓아
진 수를 풀어 새로운 모양의 수를 놓듯이, 아뜨만은
업에 따라 새로운 곳에서 새로운 모습의 몸을 취한
다. 이 새 몸이 다하면 아뜨만은 다시 그 몸을 빠져나
와 직전까지 쌓은 업에 합당한 몸을 새로이 취한다.
이런 식으로 윤회는 지속된다.
윤회의 종식인 해탈은 어떻게 가능할까? 아뜨만을
직관하여 최고실재인 브라흐만(brahman, 梵) 그 자체
가 되면 된다. 원래부터 브라흐만(梵)과 아뜨만(我)은
동일한 것이었다. 이것을 범아일여梵我一如라고 한
다. 모든 욕망을 남김없이 버리고 명상에 의해 정신
을 통일하여 아뜨만의 본질에 전념하는 자는 진실한

아뜨만을 직관한다. 브라흐만과 아뜨만은 같다는 범
아일여의 가르침을 깨닫는 것이다.

이때 그는 몸을 빠져나와 브라흐만 그 자체가 된다.
그 몸은 개밋둑 위에 버려진 뱀의 허물처럼 생명 없
이 눕혀지고, 이때의 몸을 갖지 않는 불사不死의 아뜨
만이 바로 브라흐만 그 자체인 것이다. 이것이 해탈
이며, 이제 다시 윤회하는 일은 없다. 『우빠니샤드』
가르침의 궁극적 목표는 바로 이 해탈에 있었다.

이상이 초기 『우빠니샤드』에 설해진 업·윤회·해탈·아뜨만에 관한 내
용들이다. 나의 영혼이라 할 수 있는 아뜨만은 늘 있으며 변하지 않는
다. 내가 나임은 이러한 변치 않는 나의 아뜨만이 나의 본질이기 때문
이다. 10년 전과 지금, 전생과 이생을 통하여 나의 신체와 생각·감정에
서 변하지 않은 것은 하나도 없다. 그런데도 그때나 지금이나 동일한
나라고 할 수 있는 것은 나의 본질인 아뜨만은 언제나 변치 않고 그대
로이며, 행위자와 그 과보를 받는 자를 일치시키는 동일체이기 때문이
라고 『우빠니샤드』는 말한다. 행위를 한 자도 나의 아뜨만이요, 그 과보
를 받는 자도 동일한 나의 아뜨만이다. 행위의 주체이며 윤회의 주체인
이 아뜨만이 있으므로 나는 동일한 나일 수가 있는 것이다.

이러한 우빠니샤드의 윤회설에 따른다면 자업자득의 인과응보는
명쾌히 설명된다. 행위를 한 사람과 그 행위에 대한 과보를 받는 사람
이 동일하기 때문이다. 문제는 과연 그러한 아뜨만이 실제로 있는가에
있다.

무아와
윤회

불교는 영원불멸의 아뜨만에 대해 부정적인 입장을 취해왔다. 불교에서 말하는 무아無我란 아뜨만은 없다는 것을 표명한 것이다. 또한 아뜨만은 자성에 해당하므로 무자성의 공에 의해서도 부정된다. 아뜨만을 인정하지 않는 무아와 공이 기본인 불교에서 윤회와 인과응보는 어떻게 설명될까?

무아와 '업에 의한 윤회'를 조화롭게 연결시키는 것은 간단한 문제가 아니다. 역사적으로도 바라문교에 속하는 여러 학파는 불교와의 논쟁에서 윤회의 주체 문제를 들고 나와 무아론을 공격했다.

인도에서 공사상을 선양해간 중관파의 시조 용수는 그의 저작『인연심론석』에서 윤회에 대해 이렇게 말한다.

"윤회란 이전 생의 오온(정신과 육체)을 원인으로 하여 또 다른 오온이라는 결과가 생한다고 하는 태어남의 반복을 뜻하지만, 이 생에서 저 생으로 옮겨가는 것은 티끌만큼도 없다."

인과관계에 의한 새로운 오온의 이어짐은 있으나, 아뜨만과 같이 다음 생으로 변함없이 영속하는 연속체는 없다는 말이다.

이를 설명하기 위해 용수는 여러 비유를 든다. 그중의 하나가 경전 복창의 비유다. 경전을 가르칠 때 스승이 먼저 경전 한 구절을 독송하면 제자는 그것을 듣고 복창한다. 이때 스승의 말이 스승의 입에서 제자의 입으로 그대로 옮겨간 것은 아니다. 그렇다고 해서 제자의 복창은 스승의 말 이외의 다른 곳에서 온 것도 아니다.

용수는 이 등불에서 저 등불로 불이 옮겨 붙는 것도 윤회의 비유로

들고 있다. 이 비유에 근거하여 무아이면서 윤회와 인과응보가 어떻게 가능한지를 필자의 안목을 포함시켜 설명해보겠다.

갑이라는 양초의 심지에 불이 타고 있다. 이 불을 양초 을의 심지에 댕겨 불을 붙였다. 갑과 을의 두 불은 같은 것인가, 다른 것인가? 우선, 같다고는 할 수 없다. 두 불의 모양·열의 세기·연료 등 어느 것 하나 동일한 것이 없기 때문이다. 하지만 완전히 다른 것이라고도 할 수 없다. 갑의 불을 원인으로 해서 을의 불이 생겨났다는 인과관계가 있기 때문이다. 양자가 완전히 다른 것이라고 주장한다면, 둘 사이에는 어떠한 관계도 없어야 하므로 을의 불은 갑의 불 없이 붙고 있다고 해야 한다. 이것은 아무런 원인도 없이 불붙었다고 억지 강변하는 것이고 사실에 어긋난다.

따라서 갑의 불과 을의 불은 같은 것도 아니고 다른 것도 아닌 '불일불이不一不異'의 관계에 있다. '불일不一'은 동일하지 않다는 뜻이고 '불이不異'는 다르지 않다는 뜻이다. 만약 두 불이 동일하다면 그 불은 자성이 되어버린다. 두 불이 다르다고 한다면 을의 불은 아무런 원인 없이 생겨난 것이 되고 만다. 어느 것이나 오류가 있다. 같지도 다르지도 않다는 '불일불이'가 진실이다.

어떤 것들이 '불일불이'의 관계에 있다면 그것으로써 양자는 공이라는 것이 증명된다. 이 논지는 중관파의 시조 용수(150~250경)에서부터 후기의 거장 샨따라끄시따(Śāntarakṣita, 725~788경)에 이르기까지 한결같았다. '불일불이'는 자성 없이도 온갖 작용이 일어나 세상만사가 성립한다는 것을 잘 보여준다. 공은 허무를 말하는 것이 아니라 공이기 때문에 도리어 세계는 성립한다.

201

윤회는 갑에서 을로 불이 붙듯이 일어난다고 용수는 설명한다. 이 생에서 다음 생으로 그대로 옮겨가는 아뜨만과 같은 뭔가는 아무것도 없다. 이전 생의 정신과 육체가 원인이 되어 다음 생의 새로운 정신과 육체가 생겨나는 것, 이것이 불교가 말하는 윤회인 것이다. 이 생에서 행한 악행의 과보를 다음 생에서 받은 경우, 그 악행을 행한 정신과 육체의 총체적인 업의 결과로 생겨난 다음 생의 새로운 정신과 육체가 그 과보를 받은 것이라고 불교는 본다. 아뜨만은 없으며 두 생에 걸친 정신과 육체는 전혀 동일하지는 않지만, 동시에 완전히 다른 것이라고도 할 수 없는 밀접한 관계로 이어지고 있는 것이다. 무아이면서도 윤회는 있는 것이다.

위의 언급에서 '이 생(또는 이전 생)'과 '다음 생' 대신에 '이 찰나(이전 찰나)'와 '다음 찰나'를 대입해도 참이 된다. 이렇게 되면 인과응보 일반에 대한 설명도 가능해진다.

공과
아뜨만

『대반야경』에 "일체는 모두 공을 그 자성으로 하고, … 무자성을 그 자성으로 한다"는 구절이 나온다. 이 말은 '일체는 변함없이 항상 무자성이며 공이다'를 의미하지, '공이라는 어떤 자성이 있다'는 것을 의미하지 않는다. 일체는 철저히 공이며 무자성임을 강조한 말이다.

'공은 변함없다'와 '아뜨만은 변함없다'는 두 문장이 의미하는 전체적인 뜻은 정반대다. 전자는 '변하지 않는 것은 티끌만큼도 없다'는 것을 뜻하는 반면, 후자는 '티끌만큼도 변하지 않는 것이 있다'를 뜻한다. 그럼에도 불구하고 '변함없다'는 말에 현혹되어 공을 아뜨만과 같은 것으로 간주한다면 어리석은 일일 것이다. 핵심 용어의 정확한 의미 파악도 중요하고, 그 용어가 사용되는 맥락이 보여주고자 하는 말 너머의 저것도 볼 수 있어야 한다.

공의 진리 그대로 사는 도인은 산을 보면 산이 되고, 물을 보면 물이 된다. 산이 되었을 때 온 천지에 산만 있을 뿐, 도인은 없다. 산에 대한 분별이 없기에 비교 대상이 없는 산은 이미 산이 아니다. 일이 있으면 그냥 일하고 졸리면 푹 잔다. 살 때는 철저히 살고 죽을 때는 철저히 죽는다. 집착이 없어 순간순간 눈앞의 그것과 하나가 되지만 그것에 물들거나 머물지 않으며, 불변의 나(我)와 사물이 있다는 생각은 추호도 없다.

중생인 나에게서 너란 항상 내 안경을 통해서 들어온 너다. 너를 본다는 것은 곧 나를 본다는 것이다.

채워도 차지 않는 욕망에 대하여

'나'라고 불리는 것의
진실

세상에 똑같은 나뭇잎은 없다. '목련 잎'이라는 이름으로 불리는 수많은 나뭇잎. 하지만 그중에 모양과 색깔과 결이 똑같은 잎은 단 한 쌍도 없다. 한 장의 목련 잎도 시간의 간격을 두고 보면 다 다르다. '목련 잎'이라는 같은 이름을 가졌지만 똑같은 나뭇잎은 어느 경우에도 없다. 이름은 그야말로 이름일 뿐이다.

성인 남성의 평균 세포 수는 약 60조 개라 한다. 이 세포들은 약 3개월이 지나면 모두 새로운 세포들로 대체된다고 한다. 매 순간 어마어마한 수의 오래된 세포들이 죽고 그 자리에 새로운 세포들이 태어나는 것이다. 그러므로 내 몸은 한 순간도 정지함이 없이 시시각각으로 태어나고 죽는 생멸의 과정에 있다. 내 정신이라는 것도 몸과 다를 바 없다. 매 순간 새로운 느낌과 생각, 감정들이 일어났다가 소멸한다.

어제도 나이고 오늘도 나라고 확신하며 이 확신에 근거해서 온갖 생각과 행동을 하면서 살아가고 있지만, 위에서 살펴본 대로 내 몸과 내 정신이 동일한 두 상태를 갖는 경우는 결코 없다. 어제도 나이고 오늘도 나이기 위해선 어제부터 오늘까지 변치 않는 뭔가가 있어야 하는데 그런 것이 전혀 없다. 나에게는 '나'라는 이름이 예상케 하는 '변치 않는 무엇', 즉 '자성' 또는 '아뜨만'은 어디에도 없는 것이다. 그야말로 이름만 '나'다.

한편, 이 순간의 내 몸과 정신은 그 스스로의 힘만으로 있는 것이 아니다. 아득한 과거로부터 헤아릴 수 없이 많은 인연의 도움으로 있다. 어느 순간이나 내 몸과 정신은 깊이를 알 수 없는 시간의 층에 분포되

205

어 있는 수많은 인연과 연결되어 있다.

그런데 이전 순간들의 내 몸과 정신이 없었다면 지금 이 순간의 그 것도 있을 수 없다. 양자는 동일하지는 않지만 둘 사이에는 원인과 결 과라는 밀접한 관계가 있는 것이다. 이와 같이 밀접한 인과관계에 있기 때문에 둘은 전혀 다른 것이라고도 할 수 없다. 만약 둘이 완전히 다른 것이라면 둘 사이에는 아무런 관계도 없어야 하므로, 오늘의 내 몸과 정신은 어제의 그것 없이도 있을 수 있다는 오류를 범하고 만다. 결론 적으로 이전의 내 몸·정신과 현재의 그것은 '같다고도 할 수 없고 다르 다고도 할 수 없는' 불일불이不一不異의 관계에 있다.

인과관계에 의해 순간순간 생멸하면서 이어져가는 육체와 정신. 그 것은 하나의 흐름 내지 궤적을 그린다. 찰나적으로 생겨났다가 소멸하 는 점들의 연쇄에 의해 그려지는 궤적, 이 궤적 위의 점들이 바로 육체 와 정신이며 그것을 우리는 '나'라는 동일한 이름으로 부르고 있을 뿐 이다. 이 점들 가운데 동일한 두 점은 없지만, 궤적 위의 모든 개개의 점 들은 자신을 있게 한 원인이 되는 점들을 그 궤적 위에 갖는다. 하지만 언제나 우리는 나라는 고정된 뭔가의 움직임이 이 궤적을 형성한다고 착각한다. 그런 나가 있다면 그것이 바로 아뜨만이요, 자성이다.

부파(=소승)불교가 이상으로 하는 무여의열반無餘依涅槃은 지혜에 의해 모든 번뇌를 끊은 결과, 육체와 정신이 완전히 소멸하여 이 세계 에 다시는 태어나지 않는 것이다. 반면 대승불교는 무주처열반無住處涅 槃을 이상으로 한다. 그것은 지혜에 의해 모든 번뇌를 벗어나 있기 때 문에 윤회의 세계에 있더라도 물들지 않고, 대자대비의 마음으로 중생 을 구제하기 위해 이 세계를 떠나지 않기 때문에 열반의 경지에도 집착하지 않는 그러한 열반이다. 단적으로 말해, 윤회와 열반 그 어디에도 머물지 않는 열반이다.

따라서 부파불교가 생각한 이상적 경지는 궤적을 그리는 점의 완전한 소멸이었던 반면, 대승불교의 그것은 태어나고 죽는 궤적 위에 있으나 궤적을 초월한 점들의 연속이었다. 중생의 눈에는 그의 궤적이 있으나 본인에게는 궤적이 없는, 만물과의 경계가 허물어진 찰나적 점들이 생멸하는 연속이 대승불교의 보살이 살아가는 삶이다.

갈애,
채워지는 족족 더 크게 부풀어 오르는 욕망

'나'라고 불리는 찰나적 육체와 정신이 형성하는 궤적은 고苦와 낙樂 어떤 방향으로도 향할 수 있다. 중생인 우리들에게 익숙한 말로 표현하자면, 나의 삶은 괴로울 수도 있고 평안할 수도 있다는 것이다. 그 방향을 결정짓는 것은 무엇일까? 그것은 자신이 행하는 신체적 행동·말·생각, 즉 신업身業·구업口業·의업意業의 3업이다. 내가 하는 몸짓 하나, 말 한마디, 생각 한 자락에 의해 내 삶의 고락이 결정된다는 것이다. 그러니 어찌 매 순간 자신의 행동과 말과 생각에 깨어있지 않을 수 있겠는가?

불교에 의하면, 과거의 삶이 어떠했든 나는 어느 시점에서도 고苦로 가는 행위도 할 수 있고 낙樂으로 가는 행위도 할 수 있다. 때문에 과거를 탓하거나 운명에 핑계를 대는 것은 어리석은 일이다. 나를 괴로움으로 이끄는 행동과 말과 생각은 어떤 것일까? 괴로움이 영원히 소멸된 상태가 곧 열반이다. 어떤 행동과 말과 생각을 할 때 나는 열반으로 향할까?

불교는 모든 괴로움의 근본 원인은 갈애渴愛와 무명無明에 있다고 본다. 갈애란 만족할 줄 모르는 욕망을 말하고, 무명은 진리에 대한 어리석음을 뜻한다. 갈애와 무명을 달리 표현한 것이 탐(貪, 탐욕)·진(瞋, 화)·치(癡, 어리석음) 3독이다. 탐과 진은 갈애의 다른 표현이고, 치는 무명의 다른 표현이다. 탐이 갈애에 속하고 치가 곧 무명이라는 것은 자명하다. 문제는 진인데, 화는 원하는 바가 이루어지지 않을 때 난다. 이와 같이 화는 욕망 때문에 일어나므로 갈애에 속하게 된다.

갈애와 무명에 물든 행동과 말과 생각에는 괴로움이 그림자처럼 따라붙는다. 갈애와 무명이 없는 행동과 말과 생각을 할 때 우리는 열반을 향하게 된다. 이 내용이 『천수경』의 다음 구절에 잘 나타나 있다.

> 아석소조제악업我昔所造諸惡業
> 지금까지 제가 지은 모든 악업은
> 개유무시탐진치皆由無始貪瞋癡
> 시작도 없는 탐·진·치로 말미암아
> 종신구의지소생從身口意之所生
> 행동과 말과 생각에서 생겨났으니
> 일체아금개참회一切我今皆懺悔
> 그 모든 잘못 남김없이 참회합니다.

탐진치, 즉 갈애와 무명을 바탕으로 한 행동과 말과 생각이 괴로움을 초래하는 악업이다.

괴로움의 근본 원인 가운데 먼저 갈애에 대해 알아보자. 갈증이 날 때 이를 해소하고자 바닷물을 마시면, 마실수록 갈증은 더해간다. 우리의 욕망도 이와 같아서 채운 뒤에 만족하고 멈추기보다는 끝없이 더 커지는 성질이 있다. 이러한 만족할 줄 모르는 욕망이 갈애다. 인도 민화에 이런 이야기가 있다.

소 99마리를 가진 부자가 살고 있었다. 이 부자는 1마리를 더 채워 100마리를 만들려고 안달이었다. 자신이 소유한 99마리는 눈에 들어오지 않고 모자라는 1마리만 크게 보여 마음이 편치 않았다. 1마리를 더 채우려고 그는 애간장을 태우며 궁리하고 궁리한 끝에 한 가지 묘책을 생각해 내었다.

다음 날 그는 누더기를 걸치고 멀리 살고 있는 옛 친구를 찾아갔다. 친구는 소 1마리만 가지고 근근이 살아가고 있는 가난한 사람이었다. 친구에게 부자는 눈물을 흘리면서 말했다.

"너무 궁핍해서 살기 힘들다네. 내일 아침 끼니도 없네. 제발 좀 도와줄 수 없겠나?"

물론 거짓말이었다. 친구는 근심스런 표정을 지으며 말했다.

"자네가 그렇게 힘든 줄 몰랐네. 옛날에는 이웃에 살아 사정을 훤히 알고 있었네만, 멀리 떨어져 살고부터는 자네 일을 잊고 있었네. 친구로서 면목이 없네. 나에게 소 1마리가 있네. 나는 소가 없어도 집사람과 힘을 합해서 열심히 일하면 어떻게든 살 수 있을 테니 소를 가져가게. 너무 의기소침해 하지 말고 부디 힘내게나."

부자는 고맙다는 말을 건성으로 남기고는 얼른 소를 끌고 집으로 돌아왔다. 마음속으로 쾌재를 불렀다. 속였든 어쨌든 이제 100마리를 채우게 되었기 때문이다.

친구를 속여 100마리를 채운 부자와 유일하게 가진 소 1마리마저 주어버린 친구. 이 두 사람 가운데 누가 더 행복한 사람일까요? 인도 민화는 이 물음으로 이야기를 끝맺는다.

누가 더 행복한 사람일 것 같은가? 시험 문제로 출제되었다면 우리는 대부분 가난한 친구가 더 행복한 사람이라고 답할 것이다. 그래야 점수를 얻을 수 있을 테니까. 그런데 내가 소 99마리를 소유하고 있는 장본인이라면 어떨까? 99마리 중 자투리 9마리가 거추장스러우니까 이것을 살기 힘든 사람들에게 나누어 주려고 할까, 아니면 이야기 속의 부자처럼 1마리를 더 채우려고 애를 태울까? 1마리를 더 채우고자 하는 충동이 훨씬 더 강하다는 것을 부정하기 힘들 것이다.

인도 민화에 나오는 부자의 행복이 얼마나 오래 갈 것인지에 대해 생각해보자. 그는 가난한 친구를 속여 가며 100마리를 채울 정도의 욕심을 가졌다. 그런 욕망의 소유자이기에 그는 100마리에 만족하지 않고 곧 150마리를 채우려 할 것이다. 150마리 다음엔 200마리, 200마리를 가지면 다시 250마리, 사는 도중 어떤 큰 계기가 없다면 죽을 때까지 이렇게 더 채우려 할 것이 분명하다. 그는 항상 부족하고 더 소유하려고 허덕이므로 행복할 틈이 없다. 그치지 않는 긴장과 짜증으로 심각한 병까지 초래할지 모른다.

많이 가질수록 행복이 커질 것 같지만, "좀 더, 좀 더" 하다 보면 부지불식간 자신이 가지고 있는 보물은 눈에 들어오지 않고 남의 떡만 크게 보여서 겪지 않아도 될 괴로움을 불러들이게 된다. 많이 소유할수록 행복도 반드시 커진다고 말한 성인은 아무도 없다. 그러나 불필요한 것에서 자유로울수록 행복은 커진다는 것은 자명하다.

인도 민화 속의 부자의 욕망은 만족할 줄 모르는 욕망이다. 채워지는 족족 더 크게 부풀어 오르는 이것을 갈애라고 한다. 경전에서는 "설산雪山 전체를 황금으로 바꾸고 또 그것을 두 배로 늘인다고 해도 한 사람의 갈애를 만족시킬 수 없다"고 한다. 셰익스피어의 『맥베스』에서 맥베스의 부인은 "희망을 이루어도 만족은 없다"고 말한다. 갈애의 성격을 잘 보여주는 말들이다.

불교의 사성제四聖諦 가르침에서는 이 갈애 때문에 모든 괴로움이 비롯된다고 한다. 나에게는 이런 갈애가 없다고 당당하게 말할 수 있는 사람이 몇 명이나 될까? 이야기 속의 부자의 입장이 되면 과연 1마리를 더 채우려고 허덕이지 않을까?

필요한 것은 충족되어야 한다. 필요와 갈애는 다르다. 목이 마를 때는 물이 필요하다. 갈증을 해소할 정도로 물을 마시고 나면 만족하고 더 이상 물을 마시려고 하지 않는다. 용변의 필요를 느꼈을 땐 화장실에 가야 한다. 그래서 볼일을 마쳤으면 더 이상 화장실에 가고 싶어 하지 않는다. 이와 같이 필요는 충족되면 곧 소멸한다. 하지만 갈애는 이루어져도 만족이 없고 끝 간 데를 모른다.

문제는 '얼마나 필요하며 얼마나 가져야 만족하는가'다. 필요가 갈애로 변질되는 순간, 우리는 '조금만 더, 조금만 더 가졌으면' 하고 바라는 '조금만 더 병'에 걸리게 된다. 이 병은 정신을 못 차리게 해서 불필요한 것도 필요한 것처럼 보이게 만들고 거기에 무작정 매달리게 한다.

갈애에서 조금만 벗어나도 평화로움이 찾아든다. 눈에 들어오지 않던 아름다운 저녁놀이 보이고, 사람들이 왠지 친숙하게 느껴진다. 얼굴과 말도 부드러워진다. 사람들이 참으로 필요로 하는 건 값비싼 물건보다 언제나 봐도 속이 인자하고 따뜻한 이런 가족과 친구가 아닐까. 그 사람이 있다는 것만으로 행복해지는 그런 사람이 그리운 건 아닐까.

갈애에서
자유롭게 되는 길

우리는 무엇을 만나는 것이 아니라 그것에 대해 반응만 한다. 우리의 반응은 대부분 둘 중의 하나다. 그것을 긍정하든지 아니면 부정한다. 누가 자신에게 바보라고 욕한다면, 바보가 아니라고 부정하면서 대들거나 바보가 맞다고 체념해버린다. 그 말에 대해 무시하는 것도 일종의 부정이다. 긍정하든 부정하든 그것에서 자유롭지 못한 것은 마찬가지다.

당나라 때의 덕산(德山宣鑑, 780~865) 선사는 학인들을 지도할 때 곧잘 주장자를 휘둘러 그들을 때렸다. 질문에 대해 학인이 뭐라고 한마디해도 30방, 침묵해도 30방이었다. 유명한 '덕산의 방棒'이란 말이 나오게 된 까닭이다.

덕산 선사는 주장자를 치켜들고 물을 것이다 "누가 너에게 바보라고 한다. 어떻게 할 거냐?" 당신이 "예, 저는 바보입니다" 하고 바보를 긍정한다면 덕산 선사는 아무런 설명도 없이 다짜고짜 주장자로 호되게 칠 것이다. 부정을 하거나 침묵하고 있어도 다짜고짜 주장자를 맞기는 마찬가지다. 책에서 읽거나 남에게서 들은 내용을 짜 맞춰 뭐라고한다면 더 맞는다.

이렇게 매번 눈에 불이 번쩍 나도록 맞았다. 덕산 선사는 여전히 묻는다. "누가 너에게 바보라고 한다. 어떻게 할 거냐?" 당신은 이제 바보에 대해 긍정도 부정도 어떤 반응도 할 수 없게 된다. 그저 두 눈 똑바로 뜨고 질문 속의 바보를 만나고 있을 뿐. 얼마나 자비로운 주장자인가. 바보에서 자유롭게 될 때까지 노구의 덕산 선사는 있는 힘을 다해 자비의 주장자를 후려친다.

갈애에 대해서도 우리는 위와 같은 방식으로 반응만 한다. 갈애에 대한 설명을 듣고 그것을 부정하여 억누른다고 해서 갈애가 없어지는 것은 아니다. 얼마간은 잠잠할지 모르나 갈애는 또다시 고개를 내민다. 이에 대해서는 이미 경험상으로 우리는 잘 알고 있다. 그렇다고 갈애를 긍정하여 갈애의 충동대로 행동할 수도 없는 노릇이다. 어떻게 하면 갈애에서 자유로울 수 있을까?

긍정도 부정도 하지 말고 자신 속의 갈애와 만나야 한다. '있는 그대로의' 갈애를 볼 수 있어야 한다. 그것에 대해 비난을 하거나 칭찬을 해서는 있는 그대로의 그것과 만날 수 없다. 자신의 마음을 고요히 바라보고 있으면, 마음이 한시라도 가만히 있지 않고 계속 뭔가를 재잘거리고 있음을 발견한다. 온갖 것에 대해 '좋다 싫다', '밉다 곱다', '옳다 그르다' 이러쿵저러쿵 쉴 새 없이 재잘거린다. 이러한 재잘거림과 그것을 원인으로 하여 일어나는 일련의 행동·말·생각이 바로 반응이다.

이런 반응들이 부질없다는 것을 통절히 자각하는 것이 무엇보다 중요하다. 그리하여 반응들이 멈출 때 있는 그대로가 보이기 시작한다. 있는 그대로가 보이면 강압에 의한 인위적인 질서가 아니라 자연스런 순리가 마음에 생긴다. 긍정도 떠나고 부정도 떠난, 칭찬도 떠나고 비난도 떠난 중도中道의 순리.

갈애에 대해 반응하는 것이 아니라 있는 그대로 만날 때, 갈애에서 자유롭게 되는 길이 열리기 시작한다. 갈애에 대한 내 생각을 만나는 것이 아니라 갈애를 만나야 한다. 그것이 무엇이든 억누르거나 조작하려 들지 않고 이름도 모르는 뭔가를 만난 듯 가만히 대면하고 있으면, 마음은 재잘거림을 멈추고 고요해진다.

나에게 필요한 것은 무엇이며 얼마만큼일까? 나는 '조금만 더 병'에서 얼마나 자유로운가? 덕산 선사가 옆에 계시면 좋으련만.

그러나 늦지 않았다

진정 자유롭고 싶은가, 아니면 대자유에 대해 말만 하고 생각만 하고 싶은가? 환자가 의학 지식과 건강법에 대해서 아무리 잘 알고 잘 설명할 수 있다 해도 자신의 병은 고쳐지지 않는다는 것을 우리는 잘 알고 있지 않은가?

나는 오래전에 멈추었다

석가모니 부처님 당시 코살라 국의 수도 사위성에 악명 높은 살인마가 한 명 있었다. 그는 수많은 사람을 죽이고는 그 손가락을 잘라 화환처럼 꿰어서 머리에 장식으로 두르고 다녔다. 그래서 사람들은 그를 앙굴리말라(Aṅgulimāla, 指鬘), 즉 '손가락으로 머리 장식을 한 자'라고 불렀다. '앙굴리(aṅguli)'는 손가락을, '말라(māla)'는 화환이나 화관을 의미하는 빨리어다. 이 앙굴리말라에 대해 여러 이야기가 전해져온다. 다음은 그중의 하나다.

살인마 앙굴리말라에 관한 소문을 듣고 석가모니는 그를 교화시키기 위해 홀로 그 앞에 서기로 했다. 과연 석가모니였다. 누구나 욕했지만, 무서워 아무도 가까이 하지 않았던 흉악범. 그를 제도하고자 혈혈단신으로 나섰던 것이다. 석가모니는 앙굴리말라가 있는 곳을 향해 걸어갔다.

죽음을 두려워하여 누구도 자신에게 근접하지 않던 참에 사문 한 사람이 홀로 걸어오고 있는 것을 본 앙굴리말라는 기뻤다. "지금이다! 손가락 하나가 모자라 애를 태웠는데 이 사람 목만 베면 내 원은 성취되

겠군." 앙굴리말라는 칼을 손에 단단히 쥐고 석가모니에게로 달려갔다.

앙굴리말라가 달려오는 것을 보고 석가모니는 돌아서서 오던 방향으로 되돌아 걸었다. 뒷모습을 보이며 무방비 상태로 걸었지만, 발걸음은 이전 그대로 평온했다. 지극히 고요하나 빈틈없는 발걸음이었다.

앙굴리말라는 사력을 다해 석가모니를 향해 뛰었지만 이상하게도 석가모니를 따라잡을 수 없었다. "멈춰라! 멈추란 말이야!" 당황한 앙굴리말라가 외쳤다. 석가모니는 아무 대꾸 없이 그냥 고요히 걷기만 했다. 앙굴리말라가 가까스로 다가와 숨을 헐떡이며 물었다.

"왜 멈추지 않는 거야?"

석가모니는 말했다.

"나는 오래전에 멈추었다. 멈추지 않은 것은 바로 그대다. 그대는 파멸과 죽음으로 치닫고 있다."

왜 걸음을 멈추지 않느냐고 다그치는 앙굴리말라를 향해 석가모니는 한없이 온화하지만 거역할 수 없는 힘이 배어있는 목소리로 말했다. "나는 오래전에 멈추었다. 멈추지 않은 것은 바로 그대다." 이 한마디에 앙굴리말라는 물론, 우리 모두는 오랜 잠을 깬다. 세파에 휩쓸려 방향 감각을 상실한 채 어딘가로 정신없이 떠밀려가고 있는 가련한 너와 나. 캄캄한 어둠 속에서 숨을 죽이고 있던 너와 나의 '불성佛性'은 이 한마디에 영롱한 빛을 발한다.

여태껏 앙굴리말라는 사람 죽이는 일에만 골몰하고 있었다. 그 외의 다른 것은 눈에 들어오지 않았다. 자신이 하고 있는 일이 어떤 것이며, 그 일의 결과는 어떠한지에 대해서 냉정히 돌아볼 필요조차 느끼지 못하고 있었다. 윤회의 급류에 몸을 내맡긴 채, 정처 없이 떠내려가고 있었던 것이다. 자신이 떠내려가고 있다는 것도 몰랐다.

사람 죽이기에 혈안이 되어있던 앙굴리말라의 마음을 멈추게 한 것은 "나는 오래전에 멈추었다. 멈추지 않은 것은 바로 그대다."라는 석가모니의 짧은 한마디였다. 이 한마디로 폭풍처럼 질주하던 앙굴리말라의 기존 사고방식은 작동을 멈추어버렸다. 일체의 생각이 끊겼지만 두 눈은 생생하게 살아있어 '있는 그대로'를 볼 수 있는 상태, 화두를 들고 있을 때와 같은 상태였다.

이렇게 상대의 마음을 쉬게 한 다음, 석가모니는 말씀을 이었다. "그대는 파멸과 죽음으로 치닫고 있다." 어디에도 머무름이 없는 허공이 되어버린 앙굴리말라의 마음에 이 말씀은 생생하게 울렸고 그는 이 말을 왜곡하지 않고 있는 그대로 받아들였다. 그 결과, 자신이 파멸과 죽음으로 가고 있다는 것을 너무도 명백하게 자각했다. 이제야 오랜 잠에서 깨어난 것이다.

그 순간, 수많은 사람을 죽인 이 마당에 멈추기에는 너무 늦지 않았을까 하는 절망감이 앙굴리말라를 엄습했다. 앙굴리말라는 이렇게 절규한다. "지금 멈추는 것은 너무 늦지 않았습니까? 사람들이 나를 때리고 죽이려고 할 것입니다. 멈추고 싶지만 멈출 수 없습니다." 석가모니는 말했다. "걱정할 필요 없다. 그대는 단지 모든 생각을 내려놓기만 하면 된다." 앙굴리말라는 출가했고 마침내 깨달음을 얻어 아라한이 되었다.

진정 진리를 보고자 하는 자의 행동

아침에 눈을 떠서 밤에 잠자리에 들기까지 우리 모두는 어디를 향해 치달리고 있는 것일까? 어떤 마음으로 하루하루를 보내고 있는 것일까? 죽는 날까지 과연 이렇게 살다가 임종을 맞으면, 그때 후회는 없을까?

우리는 갈애와 무명에 휘둘려 사는 가련한 중생들이다. 상당한 지위와 부를 소유하고 있어도 욕망의 유혹에는 대부분 약하다. 이래서는 안 되는데 하면서도 이 핑계 저 핑계 대며 끄달려가다가 어느새 닮기 싫었던 사람이 되어있기도 한다. 그때 그 일만 생각하면 분노에 두 눈이 충혈되고 입에 담지 못할 욕설이 튀어나오거나, 죄의식에 짓눌려 몸과 마음이 만신창이가 되어 자포자기에 빠져 있을 수도 있다. 그러나 모두 늦지 않았다. 석가모니는 말한다. "걱정할 필요 없다. 그대는 단지 모든 생각을 내려놓기만 하면 된다."

괴로움과 파멸로 가는 흐름을 진정 멈추고자 하는 자는 그 성공과 실패를 미리 따지지 않는다. 아니, 그에게는 그것을 따질 겨를이 없다. 진정 '있는 그대로'의 진리를 보고자 하는 자는 깨달을 가능성에 마음을 두지 않는다. 더구나 이곳은 깨달은 자가 몇 명인데 저곳은 몇 명이라는 식으로 깨달은 자의 숫자에 관심을 가지며 그 우열을 논하는 데 시간을 허비하지 않는다.

좁은 방 안에서 독사를 만났을 때 어떻게 하겠는가? 온 몸과 마음은 눈앞의 독사의 움직임에만 집중되어 있을 뿐, 피할 수 있는 가능성이나 독사를 피한 사람의 숫자를 떠올리지 않는다. 독사 이외의 다른 것에 마음 쓸 겨를이 없다.

참된 수행자는 좁은 방 안에서 독사를 만난 듯 직접 진리를 보는 데만 관심을 쏟는다. 진리를 꿰뚫은 눈이 지혜의 눈이며, 이 눈이 있을 때 갈애와 괴로움은 종식을 고한다. 그런데 진리는 지금 이 찰나 이 순간을 떠나있지 않다. 지금 고요한 밤하늘을 보고 있다면 보고 있는 그 속에 진리가 있고, 누굴 만나고 있다면 만남 속에 진리가 있다.

왜곡이나 조작이 없는 '있는 그대로'가 진리다. 있는 그대로의 밤하늘을 보았다면 그것이 진리를 본 것이며, 있는 그대로의 누굴 만났다면 그것이 진리를 만난 것이다. 어떻게 해야 있는 그대로를 볼 수 있을까? 맑은 거울이 눈앞의 사물을 있는 그대로 비출 수 있는 것은 거울에 과거의 잔상을 비롯한 어떠한 상도 없기 때문이다. 다시 말해 맑은 거울, 맨거울이기 때문이다.

그런데 우리 마음에는 이미 형성되어 있는 상이 무수히 많다. 어떤 것에 대한 인상, 기억, 느낌, 지식 등은 물론이고 과거에 대한 미련이나 미래에 대한 기대·두려움도 일종의 상이다. 당연히 필요한 상도 있다. 운전하는 법, 요리법, 과학과 경제와 외국어에 관한 지식 등은 생활에 필요한 상이다. 있는 그대로의 진리를 보는 데 장애가 되는 상들은 어떤 것일까?

누가 자신에게 욕을 했다면 대부분의 경우 욕한 사람에 대한 서운함이 마음에 남고 언젠가는 되갚고자 한다. 그래서 기회가 왔을 때 욕한 상대에게 앙갚음을 한다. 그 앙갚음에 상대는 또다시 맞대응하고, 그러면 이쪽은 또 앙갚음하고. 이런 식으로 앙갚음과 맞대응의 연쇄는 언제 끝날지 모른다. 크게 보면 이러한 연쇄가 바로 윤회다.

이렇게 욕이 마음에 남는 순간을 기점으로 하여 욕에 대한 일련의 반응들이 시간적 간격을 두고 연쇄적으로 이어진다. 마음은 하나의 심리적·인식적 사건을 그것으로 끝내지 않고 시간 속에서 그에 대해 일련의 반응을 일으키는 것이다. 하나의 심리적·인식적 사건과 그에 대한 반응들에 의해 형성되는 시간을 '유위有爲의 시간'이라고 명명한다면, 이 시간은 '현재 시각 6시 30분, 이동 시간 3시간'이라 할 때의 그런 물리적 시간과는 다르다.

'유위의 시간'을 구성하고 있는 생각·느낌·판단·지식·가치관 등이 진리를 보는 데 장애가 되는 상들이다. 이런 상들에서 자유로운 눈이 진리를 꿰뚫는 지혜의 눈이요, 맨눈이다. 유위의 시간이 없는 자, 즉 지혜의 눈을 가진 자는 이 순간은 이 순간대로 100퍼센트 살고, 다음 순간은 다음 순간대로 100퍼센트 산다. 일출의 장관을 볼 때는 그것만을 보고, 돌아와 일을 할 때는 아무 잡념 없이 일만 한다. 마음에 아무런 앙금이 없으니 이 찰나의 눈앞의 것만 '있는 그대로' 보고 듣는다. 진정한 자비와 사랑은 이때 자연스럽게 나온다.

이렇게 순간순간을 사는 그의 마음은 확 트인 허공과 같다. 허공은 새가 아무리 지나가도 그 흔적이 남지 않으며, 천둥과 번개가 무수히 내리쳐도 멍들지 않는다. 허공과 같은 그의 마음에는 과거에 대한 미련이나 미래에 대한 두려움이 있을 리 없다. 지옥도 없고 낙원도 없으며, 모자라는 것도 없고 넘치는 것도 없다. 이 순간이 모든 것이며, 이 순간은 이 순간으로 완결된다.

'개개별해탈個個別解脫'이라는 말이 있다. 하나하나의 일마다 해탈한다는 뜻이다. 보았으면 본 것에서 해탈하고, 만났으면 만난 것에서 해탈한다. 유위의 시간이 없는 지혜로운 이는 개개별해탈의 세계를 산다. 반면 진리에 어리석은 중생은 스스로가 만든 유위의 시간에 갇혀 윤회의 세계를 산다.

개개별해탈의 세계를 사는 사람도 생활에 필요한 기술과 지식을 익히는 것이 필요할 때가 있으며, 그때 소요되는 시간을 유위의 시간이라 하지 않는다. 그러나 예를 들어 습득한 기술과 지식에 대해 집착하는 마음을 일으키는 순간 유위의 시간은 시작되고 윤회의 문도 열린다.

일상생활을 떠난 진리는 없다

일상생활을 떠난 진리는 없다. 유위의 시간에서 해방되어 허공과 같은 마음으로 순간순간의 일상생활을 있는 그대로 영위해 나가는 것이 도道이며, 그때의 마음이 선에서 말하는 평상심平常心이다. 목숨을 걸고 화두를 드는 이유도 평상심으로 도道, 즉 진리 그대로 살기 위해서다. '조주세발趙州洗鉢'이라는 제목의 다음과 같은 화두가 있다.

> 한 수행승이 조주(趙州從諗, 778~897) 선사에게 물었다.
> "저는 이 총림의 신참입니다. 스님께 가르침을 구합니다."
> 조주 선사가 말했다. "아침 죽은 먹었는가?"
> 수행승이 대답했다. "예. 먹었습니다."
> 조주 선사가 말했다. "그럼, 발우나 씻게나."
> 그 수행승은 깨닫는 바가 있었다.

이 화두는 일상생활 속에 진리가 있음을 단적으로 보인 것이다. 조주 선사에게 한 수행승이 진리를 물었다. 이에 대해 조주 선사는 "아침 죽은 먹었는가?"라고 말했다. 절에서의 아침 식사는 죽이다. 아침 식사는 했느냐고 되물은 것이다. 평범하고 간단하기 그지없는 대답이다. 그러나 아는 자는 안다. 이 한마디가 수행승이 알고자 하는 진리를 다 내보였음을.

그러나 수행승은 이 한마디를 알아듣지 못했다. 조주 선사는 처음 화살이 빗나가자 틈을 주지 않고 두 번째 화살을 쏘았다. "그럼, 발우나 씻게나." 얼마나 친절하고 멋진 답인가! 죽을 먹었으면 발우를 씻는 것은 당연하다. 단지 발우를 씻는 행위, 이것이 수행승이 찾고 있는 진리 바로 그것이다. 이 한마디에 한 방 맞은 느낌이 들지 않는가? 진리 속에 살면서 아직도 진리를 찾아 밖으로 헤매고 있지는 않은가?

유위의 시간에서 해방되어 허공의 마음으로 그릇을 씻는 것은 어떻게 하는 것인가? 안다면 직접 온몸으로 보여보라. 보일 수 없거나 헛보인다면 연기·공에 대해 말과 생각만 많이 했지 체득體得은 하지 못했다는 증거다. 선의 전통에는 독참獨參이라는 제도가 있다. 스승이 정기적으로 제자와 일대일로 만나 화두에 대해 제자와 치열한 선문답禪問答을 나눔으로써 제자의 경지를 점검하고 수행에 매진할 수 있게 이끌어주는 제도다. 독참에서 스승은 제자가 보이는 견처(見處, 화두에 대해 자신이 참구한 바)의 허점을 날카롭게 짚는다. 스승의 예리한 눈을 통과할 수 있도록 그릇을 씻어보라.

송나라 때의 도솔(兜率從悅, 1044~1091) 선사는 15세에 출가하여 임제종 황룡파를 개창한 황룡 혜남(黃龍慧南, 1002~1069) 선사의 3세 법손이 되었다. 후에 강서성 융흥부隆興府에 있는 도솔사에 주석하며 법을 선양할 때, '도솔삼관兜率三關'이라 불리는 세 가지 화두로 학인들을 지도했다. 무진無盡 거사라 칭해지던 당시의 정승 장상영張商英이 그의 제자가 될 정도로 출중했다.

도솔 선사는 48세의 젊은 나이로 세상을 떠났다. 어느 겨울날 목욕을 마친 다음 제자들을 불러 다음과 같은 게송을 설하고 문득 입적했다.

> 48년 동안
> 성聖과 범凡 모두 죽였다.
> 영웅이 아니지만,
> 용안龍安의 길은 막힘이 없네.

용안은 산 이름인데, 도솔 선사가 주석했던 도솔사가 있던 산인 듯하다. 성스러움과 미천함을 의미하는 성聖과 범凡은 유위의 시간을 만드는 모든 번뇌 망상을 대표한다. 용안으로 가는 길, 즉 해탈로 가는 길은 막힘이 없다. 영웅만 가는 길이 아니다. 막힘없는 길을 우리는 왜 아직도 가지 못하는가? 성과 범을 언제 모두 죽일꼬?

5
장

부처님 마음은 어떤 것일까?

심향(心香)

심향(心香)

내가 하는 모든 행위는 그냥 사라지지 않는다

유식唯識을
시작하면서

우선 두 편의 이야기부터 들어보자.

이야기 1.

섣달 그믐날 밤 11시. 어느 주부가 목욕재계하고 집을 나섰다. 엄동설한의 매서운 바람을 맞으며 그녀가 찾아간 곳은 인근의 가난한 절 법당이었다. 실내였지만 외풍은 왜 그리 세던지. 문틈으로 찬바람이 사정없이 새어들고 있었다. 정성껏 준비한 초와 향에 불을 댕기고 부처님 전에 절을 올리면서 이렇게 발원했다. "올 한 해 알게 모르게 지었던 모든 잘못을 참회합니다. 새해에는 티 없는 마음으로 가족에게 정성을 다하고, 어렵고 힘든 사람들에게 도움이 되겠습니다. 지금의 이 마음에서 아득히 멀어질 때가 있을지도 모르겠습니다. 비록 그럴 때라도 문득 정신을 차려 다시 맑은 마음과 행을 이어 나가겠습니다."

이날 밤 그녀의 기도 모습을 본 사람은 아무도 없었다. 잡념 없이 온 정성을 다해 절하면서 이렇게 발원한 그녀는 그해 가족을 따뜻하게 보살피고 어려운 사람들을 소리소문 없이 도왔다. 이웃의 독거노인 집을 틈틈이 찾아가 청소해주고, 아들의 친구 중에 결식하고 있는 애가 있다는 말을 듣고는 몰래 그 애의 급식

비를 대주었다. 그녀는 이렇게 한 해를 보냈다. 그러
나 이 주부의 온정 어린 행동을 아는 사람은 당사자
몇 명에 불과했다. 나머지 어느 누구도 그녀의 선행
을 알아주지 않았다.

이야기 2.

온 천지가 잠든 한밤, 한 청년이 아무도 없는 밤길을
걷고 있었다. 길에 뭔가 떨어져 있어 주워보니 5만원
권 돈뭉치였다. 주위를 한 번 쓰윽 돌아보고는 얼른
돈뭉치를 주워 자신의 주머니에 집어넣었다. 속으로
쾌재를 불렀다. '필요한 것 사고, 친구랑 해외여행 가
야지. 횡재 만났다.'

돈뭉치를 슬쩍 주워 넣는 그를 본 사람은 아무도 없
었다. 그는 대단한 행운이라고 좋아하면서 그 돈으로
새로 출시된 고가의 물건도 사고 해외여행도 다녀왔
다. 누구도 그 돈의 출처를 몰랐다. 돈이 궁한 또래 친
구들은 이렇게 맘껏 돈을 쓰는 그가 부러웠다. 남들
눈에 그는 행복한 사람이었다.

남모르게 기도하고 온정을 베푼 주부, 그리고 남모르게 슬쩍한 돈으로
욕구를 채우는 청년. 과연 이들이 행한 남모르는 기도와 온정, 그리고
부당한 습득은 앞으로 자신에게 아무런 영향력을 미치지 않을까? 결론
부터 말하면, '영향력을 미친다'이다.

남이 알든 모르든, 자신이 의식하든 못 하든 내가 하는 모든 행위는 그냥 사라지는 법이 없다. 향 싼 종이에는 향내가 배고 생선 싼 종이에는 비린내가 배듯이, 모든 행위는 일어나는 순간과 동시에 당사자에게 그 행위의 영향력을 남긴다. 착한 행위는 또다시 착한 행위를 할 수 있는 영향력과 좋은 과보를 가져오는 영향력을 남기고, 악한 행위는 이후에 다시 악한 행위를 할 수 있는 영향력과 괴로운 과보를 초래하는 영향력을 남긴다.

어떤 구조를 통해 이러한 과정들이 일어날까? 이에 대해 세밀히 밝히고 있는 것이 대승불교의 유식唯識사상이다. 물론 이 부분은 유식사상의 일부에 불과하지만, 이 부분에서 유식을 능가할 사상은 없을 것 같다. 유식사상은 공空사상과 함께 대승불교의 양대 핵심 교리다. 화엄, 천태, 밀교 등 다양한 대승불교 사상은 공과 유식을 두 기둥으로 삼아 꽃을 피웠다고 해도 과언이 아니다. 유식은 인도를 넘어 아시아 전체의 정신문화에 실로 크나큰 영향을 미쳤다. 신라 시대의 유명한 원효(617~686) 대사가 두 번에 걸쳐 중국으로 유학 가려 했던 것도 바로 이유식을 배우기 위해서였다.

인도의 고승들은 깊은 삼매의 체험을 바탕으로 연기와 공을 새로운 각도에서 고찰하여, 사상과 실천 양면을 아우르는 뛰어난 대승적 체계를 완성했다. 이 체계가 바로 유식이며, 그것을 구성하는 주요 뼈대는 식전변識轉變·유식무경唯識無境·삼성설三性說·대승 유가행大乘 瑜伽行의 수행체계 등이라 할 수 있다. 유식은 '어떻게 하면 우리를 걸림 없는 대자유의 세계, 열반·해탈의 세계로 인도해나갈까'를 시종일관 염두에 두고 그 교리와 수행도를 펼쳐나간다.

누구도 행위가 남기는
영향력을 막을 수 없다

우리가 일상생활에서 하는 매순간의 행위들이 어떤 식으로 그 영향력을 남기는지 하나하나 구체적으로 살펴보자.

어느 유명한 명필가가 문하생 시절에 겪은 이야기다. 열심히 서예 연습을 했지만 글씨가 늘지 않았다. 소질이 없다고 한탄하며 스승에게 서예를 그만두겠다고 하직 인사를 했다. 스승은 말했다. "내가 자네라면 이렇게 생각하겠네. 한 번 글을 쓰면 한 번 쓴 만큼 필력이 남고, 두 번 쓰면 두 번 쓴 만큼 필력이 남는다." 스승의 말을 듣고 이 서예가는 더 한층 서예에 매진한 결과, 마침내 후세까지 이름을 남기는 명필이 되었다.

서툴던 붓글씨도 자꾸 쓰다 보면 늘게 마련이다. 왜 그럴까? 쓴다는 행위가 행위자에게 그 영향력을 남겼기 때문이다. 매일 아침 조깅을 하면 뛰는 속력이 빨라진다. 그 이유를 의학적으로 설명하면 심폐기능과 근력이 향상되었다고 할 수 있다. 심폐기능과 근력의 향상, 이것이 바로 뛴다는 행위가 뛰는 사람에게 남긴 영향력이다.

행위가 아무런 영향력도 남기지 않고 사라진다면, 아무리 조깅해도 속력의 향상은 없고 아무리 노력해도 붓글씨는 늘지 않을 것이다. 한석봉의 명필, 그 어머니의 떡 써는 솜씨도 볼 수 없는 세상이 되어있을 것이다.

서예 연습이나 조깅뿐만 아니라 몸으로 하는 우리들의 모든 행위는 본인이 원하든 원치 않든 그 영향력을 행위자에게 정확히 남긴다. 마치 그림자가 그 주인을 따르듯이, 영향력은 행위의 뒤를 따른다. 한 번의 행위는 한 번만큼의 영향력을, 두 번의 행위는 그만큼의 영향력을 행위자 본인에게 남긴다. 노력은 내가 하는데 실력 향상은 엉뚱한 사람에게 일어나는 일은 없다. 누구도 행위가 남기는 영향력을 막을 수는 없다. 그래서 누가 뭐라고 하든 올바른 훈련을 거듭할수록 높이뛰기 선수는 더 높이 뛸 수 있고, 권투 선수의 펀치력은 더 강해진다.

콩나물을 키우는 시루의 밑바닥에는 구멍이 많이 나있어 물을 부으면 금방 물이 다 새버린다. 물 한 바가지를 부어도 금세 새버려 물은 흔적을 찾기 힘들다. 하지만 그렇게 잽싸게 새고 마는 물이지만 그 영향력으로 콩나물은 하루가 다르게 쑥쑥 자란다. 한 번 물을 주면 한 번 준 만큼, 두 번 물을 주면 두 번 준 만큼 콩나물은 자란다.

어느 며느리의 이야기다. 지금은 조신하지만 여고 시절에는 불량기가 좀 있었다. 학창 시절 친구들과 어울려 욕 섞인 말을 더러 했었는데 시집 와서부터는 욕이라고는 일절 입에 담지 않았다.

그런데 어느 날, 시어머니와 단둘이 앉아 마늘을 까고 있었는데 시어머니가 은근히 친정 흉을 보는 것이 아닌가. 며느리는 못 들은 척하고 참다가 화장실에 간다고 자리에서 일어났다. 화장실로 들어서는 순간 자기도 모르게 입에서 욕 한마디가 튀어나왔다. 10년 전 여고 시절 친구들과 깔깔대며 했던 바로 그 욕이었다.

10년 전 무심코 했던 욕 한마디가 없어지지 않고 남아있다가 자기도 모르게 튀어나왔던 것이다. 몸으로 하는 행동뿐 아니라 우리가 하는 말도 의식하든 하지 않든 본인에게 영향력을 남긴다. 말이 남긴 영향력은 이렇게 10년이 지나도 없어지지 않고 남아있다가 때가 되면 형체를 갖추어 나타난다.

한 번 욕하면 한 번 욕한 만큼의 영향력이, 두 번 욕하면 두 번 욕한 만큼의 영향력이 고스란히 남는다. 부드러운 말 한마디는 그 부드러운 만큼의 영향력을, 입에 담지 못할 험담은 그 험한 만큼의 영향력을 남긴다. 그리고 이 영향력은 봄이 되면 씨앗에서 싹이 돋아나듯이 때가 되면 형체를 갖추어 다시 그 모습을 드러낸다.

영어 단어 외울 때를 생각해보자. 한 번 외울 때가 더 잘 외워지던가? 열 번 외울 때가 더 잘 외워지던가? 물론 열 번 외울 때다. 외운다는 것은 생각을 하는 것이다. 생각이 자신의 영향력을 남기지 않는다면 아무리 외워도 외워지지 않을 것이다. 따라서 외국어를 익히는 것은 당연히 불가능하고, 늘 타는 버스가 몇 번인지 기억할 수 없어 집으로 돌아갈 수도 없을 것이다.

초등학교 때 친했던 친구의 이름을 지금도 기억한다. 생각이 남긴 영향력도 신체적 행위나 말이 남기는 영향력처럼 쉽사리 없어지지 않는다. 남아있다가 조건이 갖추어지면 다시 생각으로 떠오른다. 생각도 한 만큼 그 영향력이 남는다. 때문에 욕심을 낼수록 만족이 아니라 욕심만 커져 있으며, 미워하기 시작하면 증오는 어느새 눈덩이처럼 불어 나있게 된다. 신체적 행위와 말뿐만 아니라, 무심코 하는 생각도 자신의 삶에 큰 영향을 끼친다는 것에 주의해야 한다.

아뢰야식과
종자

불교에서는 우리가 하는 모든 행위를 셋으로 나눈다. 첫 번째가 신체적 행위로 이것을 신업身業이라고 부른다. 업(業, karman)은 행위를 뜻하는 불교용어인데, 행위의 결과로 남게 되는 영향력도 그 의미 속에 포함하고 있다. 두 번째는 말(언어)이다. 이것을 구업口業이라고 한다. 세 번째가 생각(정신 작용)으로 의업意業이라고 한다. 이 셋을 모두 합쳐 3업三業이라고 부른다. 우리가 하는 모든 행위는 3업 가운데 어느 하나다.

앞에서 살펴본 세 가지 예, 즉 서예 연습과 욕설, 영어 단어 외우기는 신·구·의 3업 각각의 예였다. 이미 확인한 대로 신·구·의 3업, 다시 말해 내가 하는 모든 행위는 그냥 사라지는 법이 없다. 아무리 거부해도 반드시 그 영향력을 남기고 사라진다. 그리고 그 영향력은 쉽사리 없어지지 않고 남아있다가 때가 되면 그에 상응한 결과를 가져온다.

욕 한마디가 남긴 영향력은 10년이 지나도 없어지지 않고 있다가 때가 되면 또다시 욕으로 나온다. 이렇게 악행이 남긴 영향력은 또다시 악행을 낳는다. 한편 욕 한마디 한 결과로 자신이 괴로움을 겪기도 한다. 욕을 들은 상대가 자신에게 앙갚음할 때 본인이 겪는 괴로움은 바로 욕의 영향력이 가져온 과보다.

따라서 욕을 포함한 악행이 남긴 영향력은 두 가지 결과를 가져온다고 할 수 있다. 하나는 새로운 악행이고, 또 하나는 악행으로 인한 괴로운 과보다. 마찬가지로 선행이 남긴 영향력은 새로운 선행을 낳고 좋은 과보를 가져온다.

그렇다면 행위의 영향력은 어디에 보존되어 있다가 때가 되면 다시 새로운 행위나 과보를 초래할까? 유식은 이에 대해 매우 설득력 있고 세밀하게 밝히고 있다. 그 영향력이 남아서 보존되는 곳은 바로 아뢰야식阿賴耶識이라 불리는 마음이다. 아뢰야식은 무의식처럼 심층에서 미세하게 작용하는 마음이다. 아뢰야식을 산스끄리뜨 원어 그대로 알라야alaya식이라고도 부른다. 불교에서 식識은 마음을 뜻한다. 유식에 의하면 우리 마음은 8가지 마음, 즉 8식으로 구성되어 있으며, 이 가운데 가장 근본을 이루는 마음이 아뢰야식이다. 8식은 안식·이식·비식·설식·신식·의식·말나식·아뢰야식을 가리킨다.

나무에 비유하자면 아뢰야식은 뿌리에 해당한다. 잎이나 가지는 없더라도 뿌리는 늘 살아 있어야 나무가 산다. 마찬가지로 아뢰야식은 다른 마음이 작용하지 않더라도 단 1초도 멈추는 일 없이 언제나 작용하면서 생명을 유지시킨다. 숙면 중일 때도, 기절하거나 식물인간인 상태에서도 여전히 깨어있으면서 활동한다. 나의 존재까지도 완전히 잊어버린 무념무상의 깊은 선정의 상태에서도 당연히 작용한다.

땅속에 있는 뿌리가 우리 눈에 보이지 않듯이, 아뢰야식은 그것이 있다는 것을 전혀 인식할 수 없을 정도로 마음 깊은 곳에서 미세하게 작용한다. 때문에 서양 심리학에서 말하는 무의식과 같은 것으로 이해되기도 한다. 하지만 양자 사이에는 공통점뿐만 아니라 차이점도 있어 꼭 일치하는 것은 아니다.

바로 이 아뢰야식에 우리들 행위가 남긴 영향력이 하나도 빠짐없이 그대로 보존된다. 행위가 남기는 영향력을 유식에서는 '종자種子'라고 부른다. 식물의 씨앗을 가리키는 종자라는 말을 어째서 행위가 남기는 영향력을 나타내는 용어로 채택하게 되었을까? 그 둘의 성격이 다음과 같은 두 가지 점에서 서로 유사하기 때문이다.

밭에 오이 종자를 심으면 적당한 때에 오이가 열린다. 호박 종자를 심었다면 호박이 열린다. 오이 종자에서 호박이 열릴 리 없고, 호박 종자에서 오이가 열릴 리도 없다. 마찬가지로 선행이 남긴 영향력에서는 때가 되면 새로운 선행과 좋은 과보가 생겨나고, 악행이 남긴 영향력에서는 매한가지로 새로운 악행과 괴로운 과보가 생겨난다. 선행을 해서 남겨진 영향력에서 악행이나 괴로운 과보가 초래되는 일은 결코 없다. 물론 악행이 남긴 영향력에서 반대의 결과가 생기는 경우도 없다. 이와 같이 식물의 종자와 행위의 영향력은 자신과 동일한 성격의 결과를 가져온다는 점에서 우선 서로 유사하다.

또한 오이 종자는 오이가 될 수 있는 가능성으로서 존재한다. 아직 오이가 되기 전이다. 물이나 양분, 기온 등 조건이 갖추어져야 종자에서 오이가 열린다. 이와 똑같이 욕 한마디가 남긴 영향력도 욕이 될 가능성으로서 존재한다. 욕 한마디가 남긴 영향력 또한 시어머니가 친정을 흉보는 등의 조건이 갖추어져야 욕으로 튀어나온다. 요컨대 식물의 종자든 행위의 영향력이든 어느 것이나 모두 결과를 가져올 가능성으로서 존재한다는 점에서 양자의 공통성을 발견할 수 있다. 둘은 이처럼 서로 유사한 성격을 가지고 있기 때문에 행위가 남기는 영향력을 종자라고 부른다.

선행을 선업, 악행을 악업이라 한다. 그리고 선행도 악행도 아닌 중성적인 행위를 무기업無記業이라 한다. 업을 선악을 기준으로 나누면 이렇게 셋으로 구분할 수 있다. 따라서 우리가 하는 모든 행위는 신업·구업·의업 가운데 어느 하나인 동시에 선업·악업·무기업 중의 어느 하나다. 가령 노약자의 짐을 대신 들어 주었다면 그것은 신업인 동시에 선업이다.

벽에 CCTV가 설치되어 돌아가고 있었다. 어느 만취한 사람이 그 앞에서 왔다 갔다 하며 혼자 떠들고 별의별 행동을 다 했다. 이튿날 술에서 깬 그는 전날 밤 자신이 CCTV 앞에서 무슨 일을 했는지 전혀 기억하지 못한다. 하지만 CCTV에는 그의 일거수일투족이 모두 다 기록되어 남아있다. 그의 행동이 일어남과 동시에 기록된 것이다.

어떤 행동이 일어나자마자 CCTV에 기록되듯이, 본인의 아뢰야식에는 자신이 의식하든 못 하든 자신의 행위가 일어나자마자 그 영향력이 종자로 심어진다. '행위'와 '종자로 심어지는 것'은 동시다. 한편 CCTV에는 신업만 기록되지만 아뢰야식에는 말과 생각까지, 즉 구업과 의업도 종자로 남는다.

혹자는 선업을 행할 때만 그 종자를 남기고 악업을 행할 때는 종자를 남기지 않는 묘수를 찾을지도 모르겠다. 그러나 그것은 원천적으로 불가능하다. 아뢰야식은 단 1초도 쉬는 일이 없으니 종자의 누락은 있을 수가 없다.

욕 한마디의 종자를 남기지 않을 수 있을까? 욕을 하기 전에 마음속으로 '욕 종자는 남지 않는다'를 수없이 외치고 욕을 한들 욕 종자가 남지 않을까? 오히려 마음속으로 외쳤던 그 말의 종자까지도 온전히 남는다. 이 글의 서두에서 이야기했던 남모르게 한 기도와 베풂, 그리고 부당한 돈의 습득도 그 행위가 일어남과 동시에 각각 본인의 아뢰야식에 그 종자는 심어진다. 알아주는 이 아무도 없어도 주부의 온정 어린 행위는 본인의 아뢰야식에 종자로 고스란히 남아있다. 얼굴에는 상냥

한 미소를 띠고 있지만 속으로는 상대를 욕하면서 대화할 때, 상대는 속지만 자신의 아뢰야식을 속일 수는 없다. 욕종자는 아뢰야식에 그대로 남는다.

내가 행하는 몸짓 하나, 말 한 마디, 생각 한 자락은 결코 그냥 사라지는 법이 없다. 반드시 자신과 성질이 동일한 종자를 나의 아뢰야식에 남기고 사라진다. 그 종자는 없어지지 않고 아뢰야식에 남아있다가 때가 갖추어지면 그에 맞는 결과를 가져온다. 악담이 남긴 종자로 인해 나는 또다시 악담을 하게 되고 괴로움의 과보도 받게 되는 것이다. 어떻게 할 것인가?

개개인의 세계가 형성되는 구조

쓰레기 치우다가,
버린 사람 욕하면

10여 년 전의 일이다. 지인들과 함께 설악산 봉정암을 참배하고 하산하고 있었다. 모두 지친 몸들이었지만 길가의 쓰레기를 주워 빈 봉지에 담아가며 내려왔다. 등산로의 쓰레기를 주워본 사람이라면 누구라도 알 것이다. 길가의 쓰레기는 그래도 줍기가 수월하다. 그런데 길에서 멀리 떨어진 저 아래 개울 가까이 버린 쓰레기는 길가 쓰레기보다 줍기가 몇 배나 힘들다.

버린 사람은 눈에 덜 띄게 멀리 버리는 것이 그래도 양심적이라고 생각해서 그랬는지 모르지만, 사실은 이왕 버릴 수밖에 없다면 길가에 버리는 것이 그래도 낫다. 개울까지 내려가서 쓰레기를 줍던 모 씨의 입에서 자기도 모르게 한마디가 새어나왔다. "버리려면 가까이에나 버리지. 어떤 녀석이."

여기까지 말하다가 놀란 듯 그는 자신의 입을 손으로 틀어막으며 말했다. "아뿔싸! 쓰레기 줍는 좋은 일 하면서 이렇게 욕을 해버리면 욕 종자까지 심고 말지." 그렇다. 쓰레기 줍는 선행 종자만 심으면 좋을 걸 괜스레 욕 한마디 하면 욕 종자까지 심고 만다.

종교 단체나 자선 단체는 평소에 행하기 힘든 선행을 쌓거나 맑고 청정한 마음을 함양하기에 좋은 분위기가 조성되어 있는 곳이다. 그래서 나는 사찰을 '복 짓는 독서실'이라고 부른다. 중·고등학교 다닐 때 나는 독서실을 많이 이용했다. 집에 공부방이 있었지만 집중도가 독서실을 따라가지 못했다. 욕망과 경쟁의 거센 바람이 부는 사회 속에서 타인에 대한 배려와 온정을 상실해가는 우리들이 맑은 덕목과 심성을 회복하기에 좋은 환경을 갖추고 있는 곳이 사찰이다.

적어도 사찰에서만큼은 말 한마디도 부드럽게 하려 하고, 몸가짐도 정갈하게 하려 한다. 법당에서 부처님 전에 정성을 다해 삼배를 올린 뒤 고요히 앉아 자신을 되돌아보는 시간을 갖기도 한다. 공부하기에 좋은 곳이 독서실이라면, 사찰은 이렇게 복 짓기에 좋은 곳이다.

그런데 사찰에도 익숙하게 되어 타성이 붙게 되면, 사회에서 행하던 좋지 않은 행동들이 사찰에서도 불쑥 튀어나오는 경우가 생기기도 한다. 남이 먼저 꽂아놓은, 기도처의 멀쩡한 양초를 뽑아내고는 자신이 가져온 양초를 꽂는 사람도 있다. 새치기하다가 싸움을 벌이는가 하면 좋은 자리, 좋은 방석을 자신의 전유물인 양 확보해놓고 남에게 피해를 주는 경우도 있다.

사찰에서 남에 대한 배려 없이 자신만 편하려 한다거나 본인의 좁은 생각만 고집한다면, 독서실에 공부하러 와서 공부는 않고 흐트러진 자세로 잡생각만 하는 것과 다르지 않다. 복 지으러 온 사찰에서 복 짓고 있다가 아차 하는 사이에 이런 누를 범한다면 등산로에서 쓰레기 치우다가 욕하는 꼴이 아닐까?

번뇌를 종식하려면 '있는 그대로' 보라

불나비는 스스로 불 속으로 뛰어들어 목숨을 잃고 만다. 활활 타는 불 속으로 빨려들 듯 질주하는 불나비. 이 불나비를 숭고한 일에 목숨 걸고 매진하는 사람에 대한 비유로 사용할 수도 있겠으나, 파멸의 길로 치닫는 사람의 비유로도 사용 가능할 것이다. 여기에서는 후자의 비유로 사용하고 싶다.

불나비를 죽음과 파멸로 이끄는 불 속으로 뛰어들 수밖에 없게 만드는 것은 무엇일까? 그것은 바로 자신의 주체할 수 없는 엄청난 충동적 에너지 때문이다. 활활 타는 불을 보는 순간, 불나비는 어찌할 수 없는 그 충동적 에너지로 인해 불 속으로 질주하여 생을 마감하고 만다.

우리도 불나비가 아닐까? 분노의 불길에 사로잡혀 자신뿐만 아니라 주위조차 재로 만들어버리는 불나비. 우리를 충동질하는 불길은 분노만이 아니다. 욕망·증오·이기려는 충동·나와 내 것에 대한 집착이라는 불이 붙으면 우리는 다른 것은 일절 고려하지 않은 채 눈먼 장님처럼 맹목적으로 된다. 예를 들어 증오의 불꽃이 일면 사람들은 독설과 무시, 지능적인 가해 등 다양한 폭력을 구사하여 상대의 가슴에 아물기 힘든 상처를 준다.

하지만 이러한 행위가 가져오는 최후의, 최대의 피해자는 바로 본인이다. 상대의 상처로 본인은 잠시 후련할지 모르나 본인 내면의 증오의 장치(프로그램)가 붕괴된 것은 아니다. 컴퓨터를 켜고 키보드의 'A'키를 누르면 화면에는 'A'자가 뜬다. 이것은 특정 키를 눌렀을 때 정해진 어떤 글자가 화면에 뜨도록 하는 장치(프로그램)가 있기 때문에 가능하다. 마찬가지로 각자의 내면에는 어떤 것을 증오의 대상으로 삼는 복잡한 장치가 있다.

우리는 그냥 '밉다!' 하고는 거기서 끝내지 않는다. '상대가 이러하니 이런저런 이유로 미워할 수밖에 없다' 하면서 상당한 시간에 걸쳐 미운 대상을 떠올리며 미워할 수밖에 없는 이유를 자신 또는 타인에게 정교하게 설명한다. 이런 설명의 과정을 통해 증오는 정당화된다. 설명이 정교하여 확고하게 정당화될수록 증오의 장치는 견고해지며 증오는 더 깊어져 장기화된다.

이번 증오의 대상에 대한 보복이 끝나면 증오의 장치는 또 다른 대상을 찾아 동일한 폭력 과정을 반복하려 한다. 증오의 장치가 온전히 남아있는 한, 그리고 이 장치가 견고하고 정교하게 구성되어 있을수록 증오는 본인에서 떠날 줄 모른다. 수시로 찾아오는 증오 때문에 본인은 마음이 편치 않으며 잠 못 이루는 밤도 많다. 그 여파로 본인의 생활은 괴로움에 부대낀다.

내면의 증오의 장치가 와해되지 않는 한 증오의 종식은 없다. 그리고 '있는 그대로'를 보지 못하는 한, 증오를 비롯한 번뇌를 일으키는 장치들의 와해는 없다. '있는 그대로'는 설명이라는 포장을 걷어내야 보인다. 상대가 이러하니 증오할 수밖에 없다고 아무리 정교하게 설명해도 '있는 그대로'의 증오는 보이지 않는다. 오히려 가려질 뿐이다.

선사들은 화두 참구를 통해 '있는 그대로'를 보았고 모든 번뇌 장치들이 와해되는 경지에 들었다. '있는 그대로'를 보려면 '있는 그대로' 보고자 하는 열정이 있어야 한다. 그 열정이 나의 모든 것이 될 정도로 그것은 강렬해야 한다. 석가모니가 전생에 설산동자였을 때 진리 한 구절을 듣는 대가로 나찰에게 기꺼이 자신의 목숨을 내주려 했던 그런 열정이 있어야 한다.

번뇌 장치들을 만들어내고 견고하게 유지시키는 것은 무엇일까? 그리하여 번뇌를 충동질하는 불꽃을 보는 순간, 불나비처럼 주체할 수 없는 충동에 의해 그 불 속으로 질주하여 스스로를 파멸의 길로 치닫게 하는 것은 무엇일까? 결국 그것은 시시각각으로 내가 행하고 있는 몸짓 하나, 말 한 마디, 생각 한 자락과 그것들이 남기는 종자들이다.

순간순간의 행위와 그 종자들을 일종의 에너지로 보면 이해는 쉬워진다. 일상생활 순간순간 우리는 몸과 말과 생각으로 온갖 종류의 에너지를 쌓고 있다. 본인이 하루 종일 쌓고 있는 에너지가 어떤 성질의 것인지 살펴본 적이 있는가. 선하고 맑은 에너지인가? 아니면 분노와 증오, 짜증과 탐욕 등의 탁한 에너지인가? 번뇌의 에너지가 쌓이면 쌓일수록 번뇌 장치들은 견고해지고 급기야 주체할 수 없는 번뇌의 충동으로 불 속으로 질주하는 불나방이 되고 만다.

아뢰야식
연기설

순간순간의 나의 행위들이 어떤 식으로 아뢰야식에 종자로 남겨지고, 종자는 아뢰야식에서 어떻게 지속되며, 언제 종자에서 그 결과가 나타나는지를 구체적으로 알아보자. 여기서 언급되는 '①현행훈종자 → ②종자생종자 → ③종자생현행…'의 순환이 반복되는 과정을 통해 개개인의 세계가 형성되며 일체가 생겨난다고 유식은 본다. 이것을 아뢰야식 연기설이라고 한다.

① 신체적 행동·말·생각이 일어남과 동시에 그것과 선악의 성질이 동일한 종자가 아뢰야식에 심어진다 – 현행훈종자現行熏種子
선업이 행해짐과 동시에 선善종자가 아뢰야식에 심어지고, 악업과 무

기업이 행해지는 순간 악惡종자와 무기無記종자가 아뢰야식에 각각 심어진다. 여기서 '심어진다'에 해당하는 유식의 전문 용어는 '훈습熏習된다'이다. 훈습은 향이 향내를 옷에 배게 하여 남기듯이 행위가 그 영향력, 즉 종자를 아뢰야식에 남기는 것을 말한다. 그래서 현재 행해지고 있는 행위가 아뢰야식에 종자를 훈습하는 과정을 전문 용어로는 '현행훈종자現行熏種子', 즉 '현행이 종자를 훈습한다'라고 표현한다.

엄밀히 말하면 유식에서 '현행現行'이란 눈에 보이지 않는 종자가 조건이 갖추어짐에 따라 현 순간에 가시적으로 나타나게 된 어떤 것을 의미하고, 이것은 안식에서 말나식까지의 7가지 식을 가리킨다. 이 7가지 식을 '현행식現行識'이라 부르는데 이 식들은 모두 종자에서 생한 것이다. 이 점은 뒷부분에서 자연히 알게 될 것이다. 현재 행해지고 있는 신체적 행동·말·생각은 결국 현행식의 작용이다. '현행식'이나 '현재의 행위'나 여기서는 같은 것을 지칭한다는 말이다. 따라서 여기서의 '현행'을 편의상 '현재의 행위'로 이해해도 무방할 것이다.

② 훈습된 종자는 선·악·무기의 성질을 바꾸지 않으면서 아뢰야식 내에서 찰나찰나 생멸을 반복하면서 상속되어 간다 – 종자생종자種子生種子

최대한 단순화시켜 언급하겠다. 악행을 한 번 하여 악종자 하나를 심은 사람이 그 후에 선행을 열 번 하여 선종자 열 개를 심었다고 하자. 이때 선종자와 악종자는 아뢰야식 안에서 서로 상쇄되어 소멸한다고 생각하기 쉽다. 선종자와 악종자가 합당한 비율로 서로 영향을 주고받아 둘 다 소멸한다는 식이다. 하지만 이것은 오해에 불과하다.

유식에 따르면, 기존의 악종자 하나는 그대로 남아있는 상태에서 선종자만 열 개 불어날 뿐이다. 이런 이유로, 나쁜 일은 일체 하지 않아 마냥 착하게만 보이던 사람이 생각지도 못한 악행을 저지르는 일이 일어나는 것이다. 오래 전에 심어져 남아있던 악종자가 조건이 갖추어져 실제의 행동으로 나타났기 때문이다.

악종자 등 깨달음에 방해가 되는 번뇌 종자는 통달위通達位라 불리는 굉장히 높은 수준의 수행 단계에 이르기 전까지는 소멸하는 일이 없다. 그때까지 아뢰야식 내에서 자신의 성질을 바꾸지 않으면서 보존되어 간다. 그 이전까지는 몇 생을 거듭해도 이 종자들은 없어지지 않는다.

종자가 아뢰야식 내에서 보존되어 가는 방식을 '찰나찰나 생멸을 반복하면서 상속된다'고 표현하는데 무슨 뜻일까? 우리 몸을 구성하고 있는 세포 수는 약 60조 개에 달하고, 이 세포들은 약 3개월이 지나면 모두 새로운 세포들로 대체된다고 한다. 매 순간 어마어마한 수의 오래된 세포들이 죽고 그 자리에 새로운 세포들이 태어나는 것이다.

일정 시간이 지난 후 나의 간세포가 완전히 새로운 세포로 바뀌었다 해서, 이 세포가 콩팥 기능을 하거나 나와 건강 상태가 다른 타인의 간세포로 변한 것은 아니다. 바뀌기 전과 마찬가지로 여전히 나만의 독특한 간세포 기능을 한다. 오래된 세포가 죽는 대신 그 세포를 원인으로 하여 성질이 동일한 새로운 세포가 생겨났기 때문이다.

직전에 죽은 세포가 없었다면 지금 이 순간의 새 세포도 있을 수 없다. 양자는 동일하지는 않지만 둘 사이에는 원인과 결과라는 밀접한 관계가 있는 것이다. 이와 같이 밀접한 인과관계에 있기 때문에 둘은 전혀 다른 것이라고도 할 수 없다. 만약 둘이 완전히 다른 것이라면 둘 사이에는 아무런 관계도 없어야 하므로, 지금의 이 세포는 직전의 그것

없이도 있을 수 있다는 오류를 범하고 만다. 결론적으로 이전의 세포와 현재의 그것은 '같다고도 할 수 없고 다르다고도 할 수 없는' 불일불이 不一不異의 관계에 있다. 용수를 비롯한 중관파의 주장대로, 양자가 '불일불이'의 관계에 있다면 그것은 양자가 모두 무자성無自性·공空이라는 것을 증명하는 것이다.

종자도 이와 같은 인과관계에 의해 찰나찰나 생하고 멸하는 것을 반복하면서 이어져 간다. 이 과정을 유식은 '종자생종자種子生種子', 즉 '종자가 종자를 생한다'라고 표현한다. A라는 종자가 변함없이 계속 지속되는 것이 아니라, 'A1 → A2 → A3…'와 같은 식으로 상속되는 것이다. A1이 멸하는 순간 A1을 원인으로 해서 A2가 생한다. A1과 A2는 A라는 성질은 변함없지만 서로 같지도 않고 다르지도 않다. A2와 A3을 비롯한 나머지 인접 항들의 관계도 마찬가지다.

만약 A1이라는 종자가 변함없이 영원히 지속된다면 그것은 '아뜨만(ātman, 我)'이요, '자성自性'에 해당된다. 무아無我와 무자성無自性을 표방하는 불교의 기본에 어긋나게 되는 것이다. 나중에 설명하겠지만 아뢰야식은 윤회의 주체다. 그 때문인지 아뢰야식을 영혼으로 오해하는 경향이 있다. 이 오해도 종자의 상속 방식을 이해하면 쉽게 해결할 수 있다. 우리는 이생의 나의 영혼과 다음 생의 나의 영혼이 동일하다고 생각한다. 마치 풀벌레가 이 나무에서 저 나무로 옮겨갔어도 같은 풀벌레이듯이 영혼도 그러하다고 믿는다. 그런 영혼이 있다면 그것이 바로 아뜨만이요, 자성이다.

아뢰야식은 이러한 영혼이 아니다. 아뢰야식 또한 종자와 마찬가지로 같은 성격을 유지한 채 찰나찰나 생멸을 반복하면서 상속되어 가기 때문이다. 아뜨만이 아닌 아뢰야식을 아뜨만으로 집착하기 때문에 여러 문제가 발생한다.

③ 종자는 여러 조건(衆緣)이 갖추어졌을 때만 자신과 선악의 성질이 동일한 신체적 행동·말·생각이나 과보로 나타난다 – 종자생현행種子生現行

악행이 남긴 종자는 두 가지 결과를 가져온다고 할 수 있다. 하나는 새로운 악행이고, 또 하나는 악행으로 인한 괴로운 과보다. 마찬가지로 선행이 남긴 종자는 새로운 선행을 낳고 좋은 과보를 가져온다. 이와 같이 우리의 모든 행위와 과보는 전부 과거에 심어놓은 종자에서 나온다. 이것을 '종자생현행種子生現行', 즉 '종자가 현행을 생한다'라고 말한다.

그런데 종자는 아무 때나 행위나 과보로 나오지 않는다. 봄이 와야 꽃이 피고 시어머니가 사돈의 흉을 보아야 며느리 입에서 욕이 새어나오듯이, 나타날 수 있는 여러 조건들이 갖추어졌을 때 종자는 행위나 과보로 나온다. 이때의 여러 조건들을 '중연衆緣'이라 한다.

④ 종자에서 신체적 행동·말·생각이 생하는 순간 그것과 선악의 성질이 같은 새로운 종자가 하나 더 심어진다 – 현행훈종자現行熏種子

"바늘 도둑이 소 도둑 된다"는 말이 있다. 바늘을 훔치는 행위는 과거에 심어 놓은 악종자가 바늘을 훔칠 만한 중연을 만나 일어난 행위다. 바늘을 훔치는 순간 새로운 악종자가 하나 더 추가된다. 이런 식으로 악행을 거듭할수록 악종자는 증가하여 소를 훔칠 만한 중연을 만나면 소를 훔치는 행위로도 나올 수 있게 되는 것이다. 소를 훔치는 순간 세기가 그만큼인 악종자가 또 하나 더 심어진다.

이와 같이 종자에서 선·악·무기의 행위가 나올 때 그 행위는 같은 성질이면서 같은 세기의 새로운 종자를 아뢰야식에 하나 더 심는다. 하지만 좋거나 괴로운 과보가 종자에서 생겼을 때 그 과보는 새로운 종자를 더 이상 심지 않는다. 과보로서 얻는 즐거운 느낌이나 괴로운 심정은 1회로서 끝날 뿐 동일한 느낌이나 심정을 또 경험할 수 있는 종자를 심지는 않는 것이다.

여기 ④번의 현행훈종자는 앞의 ①번의 그것에 다름 아니다. 이런 식으로 '①현행훈종자 → ②종자생종자 → ③종자생현행'의 세트가 순환적으로 반복됨으로써 개개인의 세계가 형성되고 일체가 생겨난다는 것이 아뢰야식 연기설이다. 다시 말해, 순간순간의 행위와 그것이 아뢰야식에 남기는 종자의 상호 작용에 의해 개개인의 세계가 형성되고 일체가 생겨난다는 것이다.

기복불교의 두 얼굴

부디 저에게
희망을 주시옵소서

전문 수행자의 길을 걷기 위해 오곡도에 들어오기 전, 그러니까 15년도 더 된 과거의 일이다. 대학에서도 불교를 가르쳤지만 사찰에서 일반 신도들을 대상으로 불교를 강의하기도 했다.

서울 강남의 한 사찰에서 오전에 불교를 강의했었는데 유복하게 보이는 분들이 많이 수강했다. 강의를 마치고 어쩌다가 그분들의 속사정을 들을 때도 있었다. 놀랍게도 겉은 유복하게 보였지만 다들 마음속에 한두 가지 골병은 다 갖고 있어서 우리가 사는 세계가 사바세계라는 것을 실감케 했다. 사바세계는 '누구나 괴로움을 참고 살아가야 하는 세상'이라는 뜻이다.

우연히 저녁 무렵에 그 사찰에 들르게 되었는데 면식도 없는 한 보살님이 유별나게 눈에 띄었다. 오전 강의에서 보았던 신자들과는 모습이 많이 달랐기 때문이다. 남루한 옷차림의 초췌한 보살님이었다. 50대 초반으로 보이는 그분은 쌀 한 됫박을 담은 검은 비닐봉지를 들고 법당으로 향하고 있었다. 그 보살님은 부처님 전에 쌀을 공손하게 올린 다음 그야말로 지극정성으로 절을 하고 또 했다. 절하는 움직임 하나하나가 그 마음이 한 점 흐트러짐 없는 정성 그 자체라는 것을 꾸밈없이 그대로 다 보여주고 있었다. 그 절절함이 뭉클한 감동을 자아냈다.

나중에 다른 사람에게 들어서 알게 되었다. 그 보살님은 청소 용역 회사의 근로자였다. 낮에는 강남의 한 빌딩에서 청소하고 퇴근 후 저녁에 이 사찰에 들러 지극정성으로 기도를 하고 있었던 것이다. 보살님의 남편은 일용 근로자였는데 일을 하다가 크게 다쳤다. 형편이 여의치 않

256

아 병원에 장기간 입원을 할 수 없어 집에서 병마를 견디고 있었다.

보살님의 기도 내용은 이러했다. '대자대비하신 부처님! 저의 남편이 공사장에서 다쳐 집에 몸져누워 있습니다. 살날이 창창한 저의 남편이 부디 건강을 회복하도록 굽어살펴 주시옵소서.' 그 보살님은 삼법인·사성제와 같은 불교의 기본 교리도 몰랐다. 교리를 배울 시간도 돈도 없었다. 하지만 고단한 그녀의 삶을 지탱시켜 주는 건 퇴근 후 절에서 올리는 간절한 기도였다.

이 기도가 없다면 그녀는 삶을 마감하는 극단적 선택을 할지도 모를 일이었다. 이 보살님에게 가족이 아닌 남을 위해 기도하라고 할 수 있을까? 남을 위해 기도를 하라고 한다 해서 과연 이 경우에 얼마나 잡념 없이 지극정성으로 기도할 수 있을까?

비슷한 시기의 6월 말 어느 날, 대구에 갈 일이 있었다. 용무를 마치고 팔공산 갓바위에 올랐다. 장마의 한복판, 장대비가 하루 종일 내리고 있었지만 손꼽히는 기도처를 볼 수 있는 모처럼의 기회를 놓칠 수 없었다. 이렇게 비가 내리니 갓바위 부처님 앞은 분명히 텅 비어 있을 것이라는 생각을 하면서 우산을 받쳐 들고 힘겹게 정상에 올랐다.

그런데 예상과는 달리 그 빗속에서도 갓바위 부처님 앞에는 비닐우의를 걸친 채 시간을 잊고 간절히 절하며 기도하는 두 보살님이 있었다. 60대 초반의 그리 건강하게 보이지 않는 두 보살님에게서 어떻게 저런 힘이 나올까 싶었다. 오직 그 하나를 향한 지극함이 없다면 젊은 사람도 할 수 없는 행동이었다. 생활 전선으로 돌아가 다시 용기를 내어 살 수 있게 하는 것은 바로 저 힘이 아닐까 하는 생각이 들었다.

서울 시내 한 사찰에서 남편의 건강 회복을 기원하던 보살님처럼

이 두 분도 간절하게 빌고 있었을지 모른다. '자비하신 갓바위 부처님! 젊은 나이에 남편을 잃고 홀몸으로 장사를 하며 자식들을 키우고 공부시켜 왔습니다. 그런데 그만 믿던 사람에 속아 장사가 망하고 말았습니다. 평소 사악한 일은 한 적이 없으니 부디 저에게 희망을 주시옵소서!'

우리 집안은 딸은 많았지만 아들은 나 혼자뿐이었다. 정확히 말하자면 나는 막내였지만 형이 일찍 세상을 떠나 외아들이 되었다. 나이 차이가 많이 나긴 했어도 형과 나는 아주 친했다. 어린 나이에도 '누가 우리 형을 괴롭히면 가만두지 않을 거야'라고 생각할 정도로 형을 좋아하고 따랐다. 그런데 내가 중학교 1학년 때, 대학을 졸업하고 회사에 다니고 있던 형이 사고로 갑자기 세상을 떠나고 말았다.

장례식 때, 형 친구들이 내 어깨를 쓰다듬으며 목멘 소리로 말했다. "며칠 전 네 형은 우리들과 어울린 자리에서, 이번 상여금을 타면 너에게 자전거를 사줄 거라고 하며 좋아했었는데…." 그 당시 나는 몹시도 자전거를 갖고 싶어 했었다. 내게 자전거를 사주겠다던 형은 약속을 지키지 못하고 그렇게 세상을 떠났다. 형을 잃은 슬픔은 오랫동안 내 가슴에 남았다.

형이 세상을 떠난 뒤로 어머니는 하나 남은 아들에게 온 정성을 다 기울였다. 중·고등학교 다닐 때 나는 옆방에서 들려오는 어머니의 새벽 기도 소리를 들으며 잠을 깼다. 예불을 마치고는 아들에 대한 기도를 빠뜨리지 않았다. 열심히 공부하여 훌륭한 사람이 되는 데 아무 액난이 없기를 기원하는 내용이었다.

기도 소리에 실려 오는 그 절절한 정성. 아들을 위한다면 당신의 몸은 가루가 되어도 좋다는 심정이라는 것을 단박에 알 수 있었다. 거의 매일 그 기도 소리를 들으며 잠을 깼던 나는 결코 나태하거나 불량한 옆길로 샐 수가 없었다. 어쩌면 내가 불교의 길을 걷게 된 것도 어머니 기도의 영향 때문인지 모른다.

기복불교와
유루선

위에서 언급한 기도에 관한 세 가지 예는 이른바 복을 비는 불교, 즉 '기복불교'의 전형적 예다. 위 이야기에 나오는 네 분에게 기도는 자신의 삶을 지탱하는 버팀목이자 험한 세상을 헤쳐 나가는 힘이었다. 그분들을 비롯해서 참으로 어려운 지경에 처해있는 분들에게 기복불교를 하지 말라고 할 수 있을까? 부처님의 대자대비가 그런 것일까? 기복의 요소를 다 빼버리고도 오랫동안 존속할 수 있는 종교가 있을까?

평소에 나는 기복불교를 적극적으로 옹호하지는 않는다. 그리고 내가 몸담고 있는 이곳 오곡도 수련원은 간화선 수행처로서 기복불교와는 거리가 멀다. 그러나 기복불교를 무시하거나 전적으로 부정하지는 않는다. 독초로 알려진 풀이 약초로도 쓰이고, 약초로 알려진 풀도 독초가 될 수 있다. 조건에 따라 독초 또는 약초가 될 뿐, 고정된 독초 또는 약초는 없다는 것이 불교의 핵심인 연기요, 공이다.

기복불교에도 순기능과 역기능의 양면성이 있다. 위의 이야기에서 언급된 기도는 순기능의 기복불교라고 할 수 있다. 그런가 하면 기복불교에는 중독성도 있다. 효험을 보았으면 벗어날 줄도 알아야 하는데 그것이 쉽지 않다는 것이다. 배를 타고 강을 건넜으면 배에서 내려 산으로 올라야 더 높은 곳을 볼 수 있는데 배에서 내릴 줄 모르는 것과 같다. 이와 같이 기복불교가 집착의 대상이 될 때 그것은 역기능을 한다. 이 역기능은 비단 기복불교에 국한된 문제만은 아니다. 선禪에서도 끊임 없이 "얻었으면 버려라"고 경책한다. 우리의 집착은 대상을 가리지 않으며 모질도록 끈질기다는 말이다.

순기능의 기복불교, 쉽게 말해 위 이야기에 나오는 기도의 행위는 선업일까, 아니면 악업 또는 무기업일까? 무엇이 선이고 악이냐 하는 문제는 쉽게 결정할 수 없는 매우 어려운 난제다. 동서양을 불문하고 선악의 기준 문제는 오랜 세월에 걸쳐 논의되어 온 것으로 다양한 견해들이 제시되어 왔다.

유식도 선악을 여러 각도에서 고찰하여, 그 차원의 높고 낮음에 따라 치밀하게 분류하고 있다. 유식에서 가장 기본이 되는 선악의 기준 또는 정의는 다음과 같다. 선이란 나와 남을 좋고 이익이 되게 하는 것(順益)이다. 악은 나와 남을 괴롭고 손해가 되게 하는 것(違損)이다. 무기無記는 좋거나 괴로운 과보를 초래하지 않는 것을 가리킨다.

한편 불교에서는 선을 유루선有漏善과 무루선無漏善으로 나누기도 한다. 여기서 '누漏'란 물이 새는 것을 '누수'라고 하는 것처럼 '새어나감'을 뜻한다. 불교에서는 이 '누'를 '번뇌'와 같은 뜻으로 사용한다. 따라서 '유루'란 번뇌가 있는 것이고, '무루'는 번뇌가 없음을 의미하게 된다. 결론적으로 '유루선'이란 번뇌가 묻어있는 선을 말하고, '무루선'이란 번뇌가 전혀 없는 완벽한 선을 말한다.

여기서 우리는 불교가 선악을 평면적으로가 아니라 입체적으로 파악하고 있다는 것을 알게 된다. 선이라 해서 다 같은 선이 아니라, 번뇌의 때가 묻어 있는 선과 그렇지 않은 선 등 선에도 다양한 차원이 있다고 인식하고 있는 것이다. 선을 유루선과 무루선으로만 나누는 것은 아니다. 승의선(勝義善, 최고의 선)과 자성선(自性善, 그 자체로서의 선) 등 4가지 차원으로 분류하기도 한다.

유식의 관점에서 말하면, 유루선은 마음속 깊은 곳에서 나에 대한 집착이 있는 상태에서 행해진 선이다. 예를 들어 서울에 사는 당신이 제주도에 가서 무보수로 자원봉사 활동을 한 달간 했다고 하자. 제주도까지 가는 경비도 당신의 돈으로 충당했다. 이렇게 한 자원봉사는 당연히 선업이다.

그런데 자원봉사가 끝나는 날, 자원봉사의 혜택을 받은 사람들이 당신과 함께 자원봉사한 당신의 친구에게는 극진히 감사를 표하는데 당신에게는 별반 감사의 표시를 하지 않았다. 이때 당신의 기분은 어떨까? 대부분은 마음 한구석에 섭섭한 생각이 일어날 것이다. 그렇다면 그것은 선업을 행하기는 했으되 '그 선업을 내가 했다'는 흔적을 남기고 있다는 증거가 된다.

우리는 나와 남은 완전히 별개의 존재라고 생각한다. 나는 절대 남이 될 수 없는 나만의 본질을 가지고 있고 그 본질은 영원하다고 생각하는 것이다. 그래서 죽고 난 뒤에도 외형이야 어쨌든 변함없는 나로서 영원히 존속한다고 믿는다. 불교에서는 우리가 생각하는 그런 '나'는 없다고 한다. 이것을 무아無我라고 표현한다. 그러나 우리는 언제나 그런 '나'가 있으며, 그런 '나'가 이 일과 저 일을 하고 이것과 저것을 소유한다고 생각한다. 불교는 '나'에 대한 이러한 착각 내지 어리석음 때문에 괴로움을 겪게 된다고 말한다.

유식에 의하면, 한참 자원봉사하고 있는 바로 그 순간에도 우리들 마음속 깊은 곳에서는 '나'는 있다고 생각하며, 그 '나'에 대해 애착하는 작용이 끊임없이 일어나고 있다. 이 작용은 자각할 수 없는 미세한 상태로 일어난다. 하루 24시간 한순간도 쉬지 않고 이렇게 '나'에 대해 무조건적이고 선천적으로 망상하고 집착하는 마음이 바로 말나식末那識이다.

앞서 밝힌 대로 유식에서는 우리 마음이 8가지 마음, 다시 말해 8식으로 구성되어 있다고 본다. 8식은 안식·이식·비식·설식·신식·의식·말나식·아뢰야식을 가리킨다. 말나식은 아뢰야식과 마찬가지로 무의식처럼 심층에서 미세하게 언제나 작용한다. 이 말나식의 작용으로 말미암아 자원봉사는 100퍼센트 순수한 자원봉사가 아니라, '내가 한다', '이 일을 하는 내가 자랑스럽고 칭찬받을 만하다'라고 하는 번뇌의 때가 묻은 자원봉사가 되고 만다.

설사 자원봉사 도중에 '내가 한다', '이러한 내가 자랑스럽고 칭찬받아 마땅하다'고 한 번도 의식적으로 생각한 적이 없다 할지라도, 자각되지 않는 미세한 형태로 끊임없이 작용하는 말나식으로 인해 그 자원봉사는 순간순간 본인도 모르게 그와 같은 형태가 되고 만다. 이런 이유로 자원봉사한 자신을 누군가가 알아주지 않을 때 섭섭한 감정이 생기는 것이다. 결론적으로 이 자원봉사는 선업이기는 하나 '나'에 대한 번뇌를 동반한 선업이다. 이러한 선업을 유루선이라 한다.

그렇다면 무루선이란 어떤 것일까? 무루선의 대표적인 예로 들 수 있는 것이 무주상보시無住相布施다. 보시를 하는 자(施者)와 받는 자(受者), 보시물(施物)에 대한 어떠한 집착도 없이 행해지는 보시다. '나'는 없고 순수한 보시만 있는 보시, 말나식의 작용이 없는 상태에서 일어나는 보시다. '나'가 없으면 받는 상대도 없고 무엇을 얼마 주었다는 집착도 없다. 이러한 보시가 육바라밀다 가운데 '보시 바라밀다'에 해당한다. 그러므로 '내가 무주상보시를 했다'고 하는 순간 그것은 이미 무주상보시가 아니다.

이상의 논의를 통해서 볼 때, 순기능의 기복불교의 한 형태로 행해지는 기도를 악업이라고는 할 수 없다. 본인의 이기심에 의한 사기·절도·폭력 등이 악업이다. 순기능 기복불교의 기도는 유루선에 가깝다는 결론에 이를 수 있을 것이다.

회향

유루선을 행하면 행한 본인은 사후에 천상에 태어나거나 현실에서 세속적 행복은 누릴 수 있다. 그러나 열반을 성취할 수는 없다. 무루선과 같은 무루행을 행해야 열반에 이를 수 있다. 취업용 자기소개서에 적기 위한 자원봉사도 하기 힘든데 어떻게 흔적도 남기지 않는 무루행을 행한단 말인가?

불교에는 회향廻向 사상이 있다. 회향의 '회廻'는 돌린다는 뜻이고, '향向'은 다른 것으로 향하게 한다는 뜻이다. 따라서 회향은 돌려서 다른 것으로 향하게 하는 것, 즉 전환이나 변환을 의미한다. 회향 가운데 대표적인 두 가지 형태를 소개하면 다음과 같다.

첫째는 자신이 행한 유루선을 완전한 무루행으로 전환하는 것이다. 둘째는 자신이 행한 선업의 공덕을 타인의 행복이나 깨달음으로 전환하는 것이다. 불교의 회향 사상은 이 두 가지가 모두 가능하다고 말한다. 사찰에서 백일기도 마지막 날에는 회향을 한다. 본인이 받을 기도의 공덕을 모든 중생에게 되돌리는 것으로, 이렇게 해야 완전한 공덕이 된다는 사상이 깔려 있다. 이때의 회향은 두 가지 회향 중 후자에 해당한다.

첫 번째 회향에 대해 알아보자. 『8천송 반야경』에서 부처님은 아난에게 이렇게 설한다. 내용을 알기 쉽도록 조금 바꾸어 소개한다.

> 대지에 종자가 뿌려지고 모든 조건이 갖추어지면 그
> 종자는 반드시 성장한다. 대지는 이 종자의 밭이다.
> 이 종자는 대지에 의해 길러져 성장한다. 이와 같이
> 아난이여, 보시·지계·인욕·정진·선정이라는 5가지
> 의 일반적인 덕목은 반야바라밀다(=완전한 지혜)에 의
> 해 길러져 성장한다. 반야바라밀다에 보호받기 때문
> 에 비로소 이들 다섯 덕목도 바라밀다(=완성)라는 이
> 름을 얻는 것이다. 그러므로 아난이여, 반야바라밀다
> 야말로 다섯의 바라밀다에 앞서는 것이며, 그 안내자
> 이며, 지도자다.

종자가 밭에 의해 열매로 성장하듯이, 일반적인 보시와 같은 유루선도 최고의 지혜인 반야바라밀다에 의해 완전한 무루행으로 바뀐다는 내용이다. 대승불교 사상의 양대 산맥이라 할 수 있는 것은 공과 유식이다. 『8천송 반야경』은 공사상을 선양하는 경전이지만 반야바라밀다에

의해 유루선이 무루행으로 전환한다는 점에서는 유식과 궤를 같이 한다. 다만 사용하는 용어와 구체적 전환 방식에는 차이가 있다.

일반적인 자원봉사나 기도도 완전하고도 이상적인 봉사와 기도로 전환될 수 있다. 그렇게 될 때 열반과 해탈은 성취된다. 이 모든 것은 반야바라밀다를 얻을 때 가능해진다. 반야바라밀다에 의해 자신이 행한 유루선에 대한 집착 등 모든 번뇌는 소멸되고, 순수한 무루행만 일어나게 되는 것이다. 유식은 우리가 반야바라밀다를 얻지 못하는 원인을 어디서 찾고 있으며, 또 어떤 과정을 통해 반야바라밀다에 이른다고 통찰하고 있을까?

가야금 소리가 잘 나도록 하기 위해서는 줄을 너무 세게 죄거나 너무 느슨하게 죄면 안 된다. 가야금마다 알맞은 줄의 세기는 각각 다르다. 마찬가지로 사람마다 반야바라밀다에 매진할 수 있는 능력과 환경도 다 다르다. 기복불교를 부정할 수 없는 이유가 여기에 있다.

'있는 그대로 보는 것'과 화두、그리고 유식

자신을 등불로
삼아라

그림 한 점이 자신의 거실에 10~20년 전부터 계속 걸려있다고 하자. 그림 전문가가 아닌 이상, 대부분은 오래전부터 그 그림에 대해 아무런 관심도 없어 거의 눈길도 주지 않고 있을 것이다. 따라서 새벽 여명이 밝아올 때 그 그림은 어떤 모습을 하고 있고, 어스름한 노을빛에서 또 그 그림은 어떤 이미지로 다가오는지 전혀 알지 못할 것이다.

사시사철 철이 바뀔 때마다, 또 그때그때 자신의 감정에 따라 그것은 어떤 모습의 그림이 되는지에 대해서도 여태 관심이 없었을 것이고 앞으로도 마찬가지일 것이다. 그림에 대한 자신의 이러한 태도를 스스로 책망할 사람이 있을까. 글쎄 거의 없지 싶다. 혹여 누군가가 이런 자신을 책망한다면 금세 이렇게 반응할 것이 뻔하다. '피곤한 세상에 무슨 그런 것까지.'

그런데 여기서 한번 살펴보자. 우리는 자기 스스로에 대해서도 거실의 오래된 그림 대하듯 하며 살고 있는 것은 아닐까? 항상 함께하지만, 어쩌면 항상 함께하기 때문에 시시각각 자신이 무슨 생각과 말과 행동을 하고 사는지 관심이 없다. 욕망에 대해 어떻게 반응하고, 나와 내 것에 대해 어떤 시각과 태도를 견지하고 사는지 '있는 그대로' 보지 않는다.

이 글에서 '있는 그대로'라는 말은 '어떤 목적이나 의도에 의한 꾸밈이 없이'라는 뜻으로 사용된다. 순수하게 알고자 하는 것 이외의 어떠한 목적이나 의도 없이, 그래서 어떠한 꾸밈도 없이 보는 것을 '있는 그대로 본다'고 표현한다. 이렇게 볼 때 어떤 것의 진실이 드러난다. 그때의 그것을 '있는 그대로의 그것' 또는 그냥 '있는 그대로'라고 표현한다. 따라서 '있는 그대로의 그것'이란 '목적이나 전제 없이 보았을 때 드러나는 진실 그대로의 그것'을 뜻한다. 다만, '있는 그대로의 자기'라는 말이 고정불변의 자기가 있고 그것의 진실한 모습을 가리킨다고는 오해하지 말기 바란다. '있는 그대로의 자기'란 있는 그대로 보았을 때 드러나는 '자기라 불리는 것의 진실'이라는 뜻으로 이해해주기 바란다.

자신의 문제를 밝히지 않고 인생사를 해결하고자 하는 것은 마치 가려운 곳은 발인데 신발만 긁는 것과 같다. 몽둥이로 달을 치려고 하는 것 같아서 헛수고만 할 뿐이다. 열반이 가까워 왔을 때 석가모니는 아난에게 이렇게 말씀하셨다.

"아난아. 내 나이 이제 여든 살, 늙고 노쇠하였다. 내 육신은 마치 헌 수레가 간신히 움직이고 있는 것과 같다. 그러므로 아난아, 이제 너희들은 자신을 등불로 삼고 자신에게 의지하라. 남에게 의지하지 말아라. 법을 등불로 삼고, 법에 의지하라. 다른 것에 의지하지 말아라. 내가 세상을 떠난 뒤에 내 가르침대로 행하는 사람은 나의 제일가는 제자가 될 것이다.(『대반열반경』)"

유명한 '자등명自燈明·법등명法燈明'의 설법이다. 남이 아닌 자신을 등불로 삼고, 허황된 말이나 감언이설이 아닌 진실·진리를 등불로 삼아 그것에 의지하라 하신 것이다. 자신을 등불로 삼으라는 말은 진리는 먼 곳에 있지 않고 바로 자신에게 있음을 명시한 것이다. 자신을 '있는 그대로' 보면 진리가 그대로 보인다는 말이다.

석가모니의 유언에 가까운 말씀이 이러한데도 정작 우리는 있는 그대로의 자신에 대해 관심도 없고 아는 바도 없다. 눈길 한번 주지 않는 오래된 그림 대하듯 한다. 대신 오직 나의 성공과 성취에만 관심이 있다. 있는 그대로의 나는 외면하고 자기중심적 성공과 성취에만 눈을 고정하여 그것을 쫓고 있다. 그래서 늘 나와 너, 이것과 저것을 비교하고 그 우열의 사이에서 갈등한다. 나는 남들보다 뛰어나야 하고, 남들이 부러워하는 것을 한두 가지는 가져야 하고, 남의 사정이야 어쨌든 내가 옳다고 믿는 바만은 꼭 성취해야 한다.

혹은 이와 정반대의 길을 걸을 수도 있다. 즉 자타에 의해 강요된 노력으로 겸손해지려고 하고, 적게 소유하고 검소해지려 하며, 역지사지易地思之의 입장에서 남에게 양보하려 하는 것이다. 이것은 그 반대가 되는 행위보다는 사회적으로나 선악의 측면에서 더 나은 행위라고 할 수 있다. 앞글에서 언급했던 유루선有漏善, 즉 번뇌가 묻어 있는 선은 된다. 그러나 차원을 높여 바라보면 여기에도 문제는 있다.

다음의 예부터 짚고 넘어가야 이해가 수월할 것 같다. 상대보다 우월하다는 생각을 가진 어떤 사람이 걸핏하면 상대에게 화를 냈다. 그런 그가 언제부턴가 상대에게 밝은 미소만 짓기 시작했다. '내가 너보다 훨씬 나은 사람이니 너를 가련히 여겨 웃어주는 것이 낫겠다'고 생각한 것이다. 화에서 미소로 표정은 바뀌었지만 그 알맹이가 되는 마음 또는 그 사람 자체가 바뀐 것은 아니다. 여전히 그는 상대에 대해 우월감을 갖고 은근히 깔보고 있는 것이다.

남들보다 뛰어나고 더 소유하고 자신의 생각만 관철시키려는 것은 분명 나의 성공과 성취를 얻기 위한 행위다. 본인의 성공과 성취가 블랙홀이 되어 여기로 모든 관심이 쏠린다면 결코 '있는 그대로'는 보이지 않는다. 그렇다고 해서 이와 반대되는 겸손과 검소와 양보만 하면 있는 그대로가 보인다고도 할 수 없다. 겸손과 양보와 같은 행위들도 깊이 살펴보면 결국 나의 성공과 성취를 위한 수단인 경우가 많다. 그렇다면 이들 행위를 해도 있는 그대로는 보일 리 만무하다.

이와 같이 서로 반대되는 두 행동이 자신의 성공과 성취라는 동일한 이기적 목적 하에 이루어진 것이라면, 이 두 행동은 본질적인 차원에서는 똑같은 문제점을 갖는다. 위의 예시대로 상대를 얕보는 사람이 표정만 화에서 미소로 바꾼 것에 불과하기 때문이다. 달리 표현하면, 성공과 성취를 쫓는 사냥꾼인 내가 정반대 색깔의 성공과 성취를 쫓고 있을 뿐 사냥꾼인 내가 바뀐 것은 아니기 때문이다.

내가 무언가를 쫓는 사냥꾼인 한, 있는 그대로는 보이지 않는다. 깨달음이나 대자유, 사회 헌신도 나의 사냥 목표로서 추구되고 행해진다면 이 또한 같은 문제점에서 벗어날 수 없다. 있는 그대로를 볼 수 없으면 진리도 볼 수 없다. 따라서 깨달음이나 대자유, 진정한 자비도 불가능하다. 이상의 내용은 마조 선사의 다음과 같은 일화에서도 잘 나타나 있다.

마조(馬祖道一, 709?~788) 선사가 스승 남악(南嶽懷讓, 677~744) 선사를 처음 만났을 때의 일이다. 부처가 되고자 열심히 좌선하고 있던 마조 선사 앞에서 남악 선사는 기와를 숫돌에 갈기 시작했다. 마조 선사가 그 까닭을 묻자 남악 선사는 거울을 만들려 한다고 대답했다. 기와를 아무리 갈아도 거울이 되지 않는 것처럼, 부처가 되기 위해 좌선한다면 결코 부처가 될 수 없음을 보인 것이다.

서로 반대되는 두 행위가 다 문제라고 해서 이것도 저것도 전혀 하지 않는다면 어떻게 될까? 그렇게 한다고 해도 문제가 해결되는 것은 아니다. 상대를 업신여기는 사람이 무표정으로 있다고 해서 그가 바뀐 것은 아니다. 업신여기는 행위의 한 표현이 무표정일 뿐이다. 아무것도 하지 않는다는 것은 상대를 업신여기고 있는 사람이 무표정을 짓고 있는 것과 다를 바 없다. 무표정 그것 또한 사냥꾼인 나의 또 다른 사냥 목표일 뿐이다.

있는 그대로
보는 것이란

내가 무엇을 쫓는 사냥꾼이면 '있는 그대로'는 보이지 않는다고 했다. 다르게 표현하면, 얻으려고 하면 있는 그대로는 보이지 않는다. 사냥꾼이 되지 않으려는 것 또한 사냥 목표가 되니 사냥꾼에서 벗어날 수가 없지 않느냐고 반문할지 모르겠다. 얻으려고 하지 않는 것 자체가 또 하나의 얻으려는 것이 아니냐고 고개를 갸우뚱할 수도 있다.

억지로 사냥꾼이 되지 않으려고 할 필요도 없고, 얻지 않으려고 할 필요도 없다. 다만 무엇을 쫓고 얻으려 하고 있다면, 일체의 다른 생각을 끼우지 말고 '이것이 무엇인가?'라는 의문을 갖고 그 사실만 있는 그대로 직시하면 된다. 분노와 질투가 일어나는 순간, 그것을 비난하거나 정당화하지 않고 '이것이 무엇인가?' 하고 직시하면 된다.

어떤 것, 예를 들어 '슬픔을 있는 그대로 보는 것'이란 슬픔에서 벗어나고자 하는 어떠한 움직임도 없이, 슬픔을 억누르거나 조작하려 들지 않고, 슬픔에 대해 어떤 생각과 말도 끼워 넣지 않은 채 이름도 모르는 뭔가를 처음 만난 듯, 그래서 '슬픔'이라는 이름도 없이 '이것이 무엇인가?'라는 의문을 갖고 전적으로 그것하고만 함께 있는 것이다. 그때 있는 그대로의 그것이 보인다. 행동의 지침을 얻기 위해서라든가 심신 안정 등의 어떤 목적을 달성하려고 보려 해서는 안 된다. '그냥' 보는 것이다.

요컨대 있는 그대로의 청소를 알려면 '싫다', '좋다', '청소를 하면서 청소를 초월하겠다' 등의 어떠한 잡생각도 없이 청소만 해보면 된다.

있는 그대로 보는 것과 관련하여 이상에서 밝힌 내용을 요약하면 다음과 같다. 있는 그대로는 성공·성취와 같이 원하는 무엇을 얻고자 하는 의도나 목적이 있을 때는 보이지 않는다. 다만 있는 그대로를 알고 싶다는 순수한 열정은 강렬해야 한다. 이 열정은 이기적 성취욕과는 다르다.

어떤 것에 대해 비난하거나 정당화하면 있는 그대로의 그것은 보이지 않는다. 또한 어떤 것에서 도망가려 해도 보이지 않으며, 그것과 싸우거나 억누르려고 해도 보이지 않는다. 어떤 것을 자신의 의도대로 조작하는 순간, 있는 그대로의 그것과는 아득히 멀어진다. 이상의 내용을 조금 어려운 말로 표현하면, 있는 그대로 보는 것이란 '내'가 없이 보는 것이요, '관찰자' 없이 관찰하는 것이다.

자신을 등불로 삼는다고 함은 시시각각 있는 그대로의 자신을 직시하는 것이다. 구체적으로는 자신의 생각과 감정, 말과 행동을 그때그때 있는 그대로 직시하는 것이다. 정해진 룰이나 테크닉에 맞추어 따라가는 것이 아니다. 미리 내려진 어떠한 결론도 갖지 않고 생전 처음 대면한 것처럼 자신을 만나는 것이다.

이렇게 있는 그대로를 볼 때 지혜가 생긴다. 불에 직접 데어본 사람은 결코 불에 손을 넣지 않는다. 인위적인 노력에 의해 손을 넣지 않는 것이 아니라 그냥 자연스럽게 그렇게 한다. 손을 넣을까 말까 망설임도 없고, 손을 넣는 것이 옳으니 그르니 분석할 필요도 없다. 불에 대한 지혜가 있기 때문이다. 뜨거움을 전혀 알지 못하는 사람이 남이 시킨다거나 정해진 룰에 의해 손을 넣지 않는 것과는 차원이 다르다. 스스로 체험해보면 알겠지만, 있는 그대로를 직시하는 것만으로도 대단한 일이 일어난다.

어쩌다가 대도시에 나가 전철을 타는 일이 있다. 그때마다 전철 안의 많은 사람이 고개를 숙이고 손안의 스마트폰만 뚫어지게 바라보고 있는 것을 보고 놀라곤 한다. 스마트폰 속에 넘쳐나는 정보와 소식과 게임에 중독된 것 같았다. 자신과 진리를 등불로 삼는 것이 아니라 정보와 소식과 게임을 등불로 삼고 살아가는 사람들.

선禪에 '회광반조廻光返照'라는 말이 있다. 바깥으로 향하는 마음을 되돌려 자신의 참된 모습을 비추어본다는 뜻으로, 진리는 먼 곳에 있는 것이 아니라 자신에게 있다는 것을 말하고 있다. 석가모니의 자등명의 설법과 맥을 같이 하는 경구다.

여느 때처럼 스마트폰에 중독의 눈이 갈 때 그 순간의 자신의 생각과 감정들을 '이것이 무엇이지?'라는 의문을 갖고 있는 그대로 보면 어떨까?

화두

요즘 불교 신자들 사이에서 "자신의 생각과 느낌을 알아차린다"는 이야기를 자주 듣는다. 말은 똑같은 '알아차린다'이지만 알아차리는 수준은 천차만별일 수 있다. 알아차리는 집중도에서도 차이가 있겠지만, 무슨 이유로 어떻게 알아차리는지에 따라 큰 차이가 난다.

만약 자신의 심신 안정이나 감정의 조절과 같은 어떤 목적을 이루기 위해 알아차리려 한다면, 위에서 밝힌 대로 있는 그대로는 알아차릴 수 없다. 또한 정해진 패턴이나 매뉴얼에 따라 어떤 것의 고정된 한 면만을 반복적으로 알아차린다면, 그것도 있는 그대로 알아차리는 것과는 거리가 있다. 둘 다 '관찰하는 내'가 있는 관찰이 될 가능성이 높다.

사실, 있는 그대로 본다는 것은 만만한 일이 아니다. 자신도 모르게 본인의 이해관계가 끼어들기 일쑤고, 이전의 고정된 방식으로만 보려는 습성이 끈질기게 따라붙어 어느새 자기식대로 보고 말기가 십상이다. 있는 그대로 보려고 해도 볼 수 없는 이러한 어려움에서 벗어나, 있는 그대로 보게 만드는 장치가 바로 화두라고 할 수 있다.

화두는 기존의 경험과 지식으로는 도무지 알 수 없는 일종의 시험 문제다. 따라서 화두에 대해 비난하거나 정당화할 수 없다. 모르는데 어떤 점을 비난하고 정당화할 수 있겠는가. 알 수 없는 문제이기 때문에 화두는 억누르거나 조작하는 것을 허용하지 않으며, 어떤 생각과 말도 끼워 넣지 못하게 만든다. 화두는 그야말로 이름도 모르는 뭔가를 처음 만난 듯 '이것이 무엇인가?'라는 의문을 갖고 그것과 함께 있을 수밖에 없는 그런 문제다.

위에 열거한 비난과 정당화 등에서 벗어나야 한다는 사항은 앞서 살펴본 대로 있는 그대로 보기 위한 필요조건에 해당한다. 그러므로 화두는 처음부터 있는 그대로 볼 수밖에 없는 문제로 우리 앞에 선다. 시뻘겋게 불에 단 쇠붙이가 몸에 닿는 순간 "앗, 뜨거!" 이외에는 어떤 다른 잡생각도 없듯이, 오직 화두에만 몰입하는 것을 '화두를 든다'라고 한다. 화두를 드는 동안 기존의 고착된 사고방식과 자기중심적 관점은 불식되고, 마침내 있는 그대로 화두가 보이는 순간 화두는 뚫린다.

그러므로 화두를 지속적으로 들어 내공이 쌓인 사람은 자신의 생각이나 감정도 있는 그대로 잘 직시할 수 있다. 화두를 든다는 것은 있는 그대로 보는 것이니 화두를 드는 마음으로 생활하면 눈앞의 하나하나가 있는 그대로 보이게 되는 길이 열린다.

오곡도에 들어와 참으로 많은 짐을 지게로 날랐다. 선착장에서 가파른 오르막길을 따라 수련원까지 사시사철 날랐고 지금도 나르고 있다. 몇 년 전 큰 공사 때 포클레인이 동원되어 짐도 나르고 땅을 파는 것을 보고 그 힘의 대단함을 남다르게 생생하게 느낀 적이 있다. 내가 나르는 짐의 수십 배 되는 양을 기계 한 대가 땀 한 방울 흘리지 않고 순식간에 싹 해치운 것이다. 과학기술을 개발하는 인간 두뇌의 위대함을 절절히 실감했다.

요즘 나는 화두 또한 과학기술에 못지않은 인류 정신문명의 위대한 발명품이라고 말한다. 있는 그대로를 볼 수 있도록 하는 장치, 곧 '화두'를 고안해낸 위대한 선사들의 지혜에 새삼 경탄을 금치 못한다. 그것도 이렇게 넓으면서 깊이 볼 수 있도록 하는 화두를.

보는 자도 보이는 것도 없는
인식

지금까지 유식과는 그다지 관계없는 내용만 언급한 것처럼 보였을 것이다. 하지만 그렇지는 않다. 유식에서는 능취能取와 소취所取가 없는 인식이 진실한 인식이라고 말한다. 능취는 주관을, 소취는 객관을 뜻한다. '내가 슬픔을 느낀다'라는 문장에서 나는 능취에 해당하고, 슬픔은 소취에 해당한다.

능취와 소취가 없는 인식이란, '슬픔과 별개인 나'도 '나와 별개인 슬픔'도 없는 슬픔을 말한다. 이것은 쉽게 말해 나에 의해 채색되지 않은 '있는 그대로'의 슬픔을 가리킨다. 나와 슬픔이 별개로 있어야 그 사이에서 채색, 즉 분별이 가능해진다. 별개인 이 둘이 없다면 분별도 없다. 이렇게 유식도 결국은 지금까지 언급한 '있는 그대로'의 인식을 진실한 인식이라고 보고 있는 것이다.

능취와 소취가 없는 경지를 선의 용어로 표현하면 타성일편打成一片이 된다. 타성일편은 주관과 객관이 녹아들어 완전히 하나로 된 경지를 말한다. 이 글에서 말한 표현대로 하면 '내'가 없이 보는 경지다.

'있는 그대로의 슬픔'이란 것이 구체적으로 어떤 것일까에 대해서는 일부러 언급을 피했다. 각자가 체험해야 할 내용이기 때문이다. 체험하기 전에 미리 그 정보가 머리에 입력되어 있으면 체험에 방해가 된다. 모쪼록 직접 체험해 보시기 바란다. 체험을 해보면 앞서 얘기했던 공空에 대한 이해도 훨씬 깊어질 것이다.

미운 놈이 실제로 있을까?

모든 것은 마음이 그리는
허구의 그림

'저것은 나무다'라는 생각은 어떻게 해서 일어나는 것일까? 상식적으로 우리는 나와 나무가 별도로 존재하는 상태에서 내 마음이 나무를 알아보았기 때문에 나무라는 인식이 생긴 것이라고 생각한다. 마찬가지로 저 사람이 밉게 보이는 것은, 저 사람 자체가 미운 사람인데 내 마음이 그것을 알아보았기 때문이라고 여긴다.

'왜 저 사람이 미운 사람이냐'고 물으면 그럴듯한 이유를 댄다. 나에게 말을 험하게 하고 예절도 없으며 인색하다고 말한다. 이 때문에 상대를 미워하는 것이며, 이 미움은 상대가 행동을 고쳐야만 없어진다고 믿는다. 이것은 미운 놈이 나의 외부에 진짜로 있다는 생각이다. 다시 말해 내 마음은 거울이고 미운 놈은 거울 바깥에 있는 실물이라고 간주하는 것이다. 그래서 '밉다'라는 생각은 미운 놈이 거울인 내 마음에 있는 그대로 비추어진 결과라고 확신한다.

만약 위와 같이 생각한다면 나는 미운 놈을 미운 놈 그대로, 다시 말해 진실 그대로 인식하고 있는 것이 된다. 아니, 미운 놈뿐만 아니라 모든 것에 대해서도 이와 같이 진실 그대로 보고 듣고 있는 셈이다. 일체를 진실 그대로 보고 있으므로 나는 이미 해탈한 사람이다. 수행도 필요 없고 정진도 필요 없다. 또한 진실 그대로 살아가야 하므로 나는 미운 놈은 계속 미워해야 하고, 괴로운 것은 계속 괴로워해야 한다.

지금까지의 이야기가 타당하다면, 관세음보살에게도 미운 놈은 있다. 왜냐하면 미운 놈은 진실 그 자체이고 관세음보살은 진실을 진실 그대로 보는 분이기 때문이다. 그런데도 관세음보살이 그 사람을 구제하는 까닭은 '당신은 미운 놈이지만, 내가 당신보다 몇 천 배나 더 나은 관세음보살이니까'라는 생각이 있어서일까?

이렇게 생각한다면 관세음보살을 자기 수준으로 보는 것밖에 안 되며, 관세음보살을 몰라도 너무 모른다고 할 수밖에 없다. '미운 놈'이라는 생각이 있는 한 이미 관세음보살이 아니다. 관세음보살의 구제는 무주상보시, 즉 아무런 흔적도 없는 보시다. '미운 놈'이라는 생각부터가 흔적인데 어떻게 그것이 무주상보시가 되겠는가.

이런 여러 가지 경우를 고려해 보면, 내 마음은 진실 그대로를 비추는 거울이고 저놈 자체가 미운 놈이기 때문에 밉게 보이는 것이라고 너무나 당연시 여겼던 전제에 의심이 갈 것이다. 그렇다면 처음부터 전제 자체가 잘못된 것은 아닐까?

어떤 행동을 얼마만큼 해야 미운 놈이 될까? 사람마다 미운 놈을 가르는 기준은 다 다르다. 미운 놈이라고 규정지을 수 있는 절대적 기준은 없는 것이다. 사람마다 미운 놈을 가르는 기준이 제각기 다르다는 것 자체가, 미운 놈은 외부에 있는 실물이 아니라 나와 밀접하게 연관되어 나타난다는 증거다.

욕 한마디만 들어도 상대를 미워하는 사람이 있는가 하면, 욕 정도야 하고 별로 대수롭게 여기지 않는 사람도 있다. 만 사람에게 미움받는 범죄인이라도 그 어머니에게는 그가 결코 미워 보이지 않는다. 미운 놈이 우리 마음과 상관없이 실제로 미운 놈 그 자체로 존재한다는 전제에 서면 결코 해결될 수 없는 실례들이다.

유식에 일수사견―水四見이라는 유명한 비유가 있다. 동일한 어떤 것이 보는 자에 따라 4가지로 각각 다르게 보인다는 비유다. 인간에게는 깨끗한 물이 흐르는 강으로 보이는 저곳이 아귀에게는 피와 고름으로 가득한 장소로 보인다. 물고기에게 그곳은 집이나 길로 보이는 반면, 천상사람에게 그곳은 종종의 보화로 가득한 땅으로 보인다.

한두 사람이 아니라 우리 모두에게 강으로 보인다면, 저것은 틀림없는 강이며 우리 외부에 실제로 강이 있다는 확신을 주기에 충분할 것이다. 그러나 바로 그 강이 아귀·물고기·천상사람들에게는 제각기 다른 것으로 보인다. 그것도 한두 아귀나 물고기, 천상사람에게만 그런 것이 아니라 우리 인간의 경우와 마찬가지로 그 각각의 중생들 모두에게는 전부 동일한 것으로 보인다. 그렇다면 인간 모두에게 강으로 보인다고 해서 그것이 실제로 강이라고는 말할 수 없게 된다.

저것은 실제로 강인데 다른 중생들이 잘못 보고 있는 것이라고 강변한다면, 아귀 등도 똑같이 나서서 이렇게 주장할 것이다. "아닙니다. 우리에게 보이는 피·고름 등이 옳은 것입니다. 여러분이 착각하고 있는 것입니다." 과연 저것은 실제로 강일까? 강이 아니라면 무엇일까?

유식에 의하면 마음은 마음의 외부에 있는 뭔가를 진실 그대로 비추는 거울이 아니다. 마음에 대한 유식의 생각을 비유적으로 표현하면 이러하다. 마음은 꿈을 꾸고 있는 사람과 같다. 꿈속에서는 자신이 쌓아온 무수한 경험의 단편을 소재로 그때그때 인연에 따라 온갖 장면들이 펼쳐진다. 꿈을 꾸고 있는 사람은 꿈속의 미운 놈이 진짜 미운 놈인 줄 알지만 그것은 자신에 의해 그려진 그림일 뿐 실제로 있는 것이 아니다. 모든 것은 꿈속의 장면들이며, 마음이 그리는 허구의 그림일 뿐이다.

따라서 유식은 일체유심조一切唯心造, 즉 '모든 것은 단지 마음이 만들어낼 뿐이다'와 통한다. '미운 놈이기 때문에 밉다'라고 우기는 우리에게 유식은 조용히 이렇게 말한다. '미운 놈은 없습니다. 미운 놈은 당신 마음이 그리는 허구의 그림일 뿐입니다. 기쁨도, 슬픔도 마찬가지죠.'

중관파와
유가행파

'미운 놈은 없다'는 말은 고정불변의 미운 놈, 다시 말해 자성으로서의 미운 놈은 없다는 말이고, 미운 놈은 공空이라는 말이다. '미운 놈은 당신 마음이 그리는 허구의 그림일 뿐'이라는 말은 미운 놈은 실제로 있어서가 아니라 여러 조건에 의해 생겨날 뿐이라는 말이다. 유식은 내 마음의 작용이 조건이 되어 미운 놈을 비롯한 모든 것이 생겨난다고 본다.

실재하지도 않는 미운 놈이 마음에 생겨나게 되는 조건들과 원리에 대해 치밀하게 밝혀놓은 것이 아뢰야식 연기설, 즉 식전변설識轉變說이다. 이에 대해서는 앞의 연재에서 간략하게 살핀 바 있으나, 다음에 종합적으로 살필 예정이다. 식전변설의 총체적 이해를 위해서는 사전에 알고 있어야 할 사항들이 있어 그것부터 먼저 해결해야 하기 때문이다.

공空사상과 유식사상은 모든 대승불교 교리가 기본으로 삼고 있는, 대승불교의 핵심 사상이다. 인도에서 공사상을 선양해 간 그룹을 중관파中觀派라 부르며 그 시조는 용수(龍樹, Nāgārjuna, 150~250년경)다. 용수는 모든 것은 자성이 없는 공이요, 자성이 없기 때문에 조건에 의해 생겨날 뿐인 연기가 성립한다고 통찰했다. 즉 연기란 무자성無自性을 의미하며, 무자성인 것이 곧 공이라고 했다. 연기=무자성=공이라는 등식이 성립하는 것이다.

그리하여 용수는 기존 부파불교(=소승불교)의 잘못된 연기 이해를 바로잡았다. 부파불교를 대표하는 설일체유부는 자성과 자성 간의 인과관계가 연기라고 이해했다. 용수는 공의 통찰을 다양한 부문에 적용시켜 거기에 숨어있는 우리들의 자성적 사고방식의 오류를 예리하게 비판하여 그것에서 자유롭게 하고자 했다.

유식사상은 공사상을 계승하면서도, 모든 것은 공인데 왜 나에게는 공으로 보이지 않고 자성으로 보일까 하는 문제, 다시 말해 미운 놈은 없는데도 왜 영락없는 미운 놈으로 보일까 하는 문제를 정치하게 밝혔다. 인도에서 유식사상을 선양해간 그룹을 유가행파瑜伽行派 또는 유가행유식파瑜伽行唯識派라 부른다.

중관파보다 시기적으로 늦게 형성된 유가행파의 시조는 미륵(彌勒, Maitreya)으로 알려져 있으며, 그 뒤를 잇는 무착(無著, Asaṅga, 기원후 4~5세기경), 세친(世親, Vasubandhu, 기원후 4~5세기경) 등에 의해 발전되어 간다. 무착과 세친은 친형제로 알려져 있다. 무착이 형이다.

고려 시대 등 우리나라의 역사에서도 유식을 전문으로 하는 불교 종파가 있었다. 종파명은 법상종法相宗 등으로 불렸으며, 여러 명의 국사國師와 왕사王師를 배출하기도 했다. 우리나라 전통 사찰 중 미륵불을 웅대하게 모시고 있는 곳은 대부분 과거에 유식을 전문으로 하던 종파에 속했던 절이다. 예를 들자면 속리산 법주사, 김제 금산사 등이다.

인도의 중관파가 시종일관 모든 것은 꿈과 같아서 실재하지 않는다고 역설했다면, 유가행파는 그 꿈을 꾸는 마음의 구조와 원리를 철저히 밝힘과 동시에 이에 근거하여 미망의 마음을 깨달음의 지혜로 전환하는 수행 체계를 완성했다. 유가행파의 사상, 즉 유식이 이러한 특색을 띠게 된 것은 유가사瑜伽師라 불린 전문 수행승들의 깊은 선정禪定·삼매三昧의 체험이 그 형성과 발전에 크게 영향을 끼쳤기 때문이다.

　유가사의 산스끄리뜨 원어는 요가짜라yogācāra다. 요가짜라는 요가yoga와 아짜라ācāra의 합성어이며, 요가는 '선정·삼매' 등을 의미하고 아짜라는 '행·실천'을 뜻한다. 따라서 요가짜라의 기본적인 의미는 '선정의 수행'이며, 나아가서는 '선정 수행자'를 뜻하기도 한다. 유가사瑜伽師는 이 의미 가운데 '선정 수행자'에 해당하는 한문 번역어다. '유가瑜伽'는 산스끄리뜨 '요가'를 음역한 말이고, '사師'는 '아짜라'를 의역한 말이다. 부파불교 시대부터 유가사라 불리는, 선정 수행을 전문으로 하는 특정 그룹이 있었고 이들의 깊은 선정의 체험이 유식사상을 잉태한 것이다.

유식무경唯識無境 = 지혜 있는 자의 인식

유식은 나무로 보이는 저것의 정체에 대해 어떻게 말할까? 지금까지 살펴보았듯이 저것이 나무라는 인식은 우리가 상식적으로 생각하는 바대로 인식주관인 마음과 인식대상인 나무가 별도로 존재하는 상태에서 마음이 나무를 알아보았기 때문에 생긴 것이 아니다. 실제로는 마음의 외부에 나무는 없다. 진실로 있는 것은 인연에 의해 나무의 형상을 띤 마음이 나타나 있다는 이 사실 하나밖에 없다.

　마음은 어떤 것을 인식하는 것을 본성으로 한다. 있는 것은 나무의 형상을 띤 마음 자신밖에 없으므로 마음은 자기 자신을 인식한다. 이렇게 마음의 자기인식의 결과로 나무라는 인식이 생겨난다고 하는 것이 유식의 설명이다. 그러나 유식은 여기서 한 걸음 더 나아가 이것은 어디까지나 이해를 위한 설명일 뿐, 실제로 마음에 자기 자신을 인식한다는 작용이 있는 것은 아니라고 말한다. 그 이유를 유식은 등불의 비유를 들어 다음과 같이 밝힌다.

어두운 방에 등불이 타고 있다. 등불이 빛남으로써 저절로 자신의 모습도 밝게 드러나 있다. 등불 자신의 모습이 밝게 드러난 것은 등불이 빛나고 있다는 이 하나의 사실 때문이지, 등불이 자신을 비춘다는 별도의 작용이 있어서가 아니다. 하지만 이것을 두고 우리들은 '등불이 자기 자신을 비추고 있다'는 식으로 표현한다. 말에 의한 표현일 뿐이지 사실이 그런 것은 아니다.

마음은 이 등불과 같다. 실제로 있는 것은 나무의 형상을 띤 마음이 밝게 나타나 있다는 이 사실 하나뿐이다. 등불이 빛나고 있는 것만으로 등불 자신의 모습이 드러나듯이, 나무의 형상을 띤 마음이 나타나 있는 것만으로 나무라는 인식이 저절로 일어난다. 마음이 자신을 인식한다는 별도의 작용이 있는 것은 아니다. 그러나 편의상 '나무의 형상을 띤 마음이 자기를 인식한 결과 나무라는 인식이 있다'라고 표현하고 있을 뿐이다.

이상의 설명에서 핵심은 이러하다. A라는 인식은 A라는 형상을 띤 마음이 나타나는 것만으로 이루어진다. 보통 생각하는 것처럼, 마음의 외부에 고정불변의 A가 있고 내 마음이 그것을 인식했기 때문에 A라는 인식이 있게 되는 것이 결코 아니다. 마음의 외부에 A가 있다는 것은 착각에 불과하다. 이상의 내용을 나타낸 유식 전문 용어가 '유식무경唯識無境'이다.

유식무경은 '오직 식(識, vijñapti)뿐이고 경境은 없다'는 뜻이다. 여기서 식이란 안식·이식이라 할 때의 식(識, vijñāna), 즉 '마음'이라는 의미와는 차이가 있다. '유식무경'이라 할 때의 식은 '마음이 그러한 형상으로 나타난 것'을 뜻하고, 경이란 '외부에 실제로 있다고 오인된 인식대상'을 뜻한다. 내 눈에 보이는 나무의 진실한 정체는 나무의 형상을 띠고 나타난 나의 마음일 뿐이다. 결코 나무가 마음의 외부에 실제로 있는 것이 아니다.

'내가 나무를 본다. 나와 나무는 별개로 존재한다.'가 상식이다. 이때의 나를 주관이라 하고 나무를 객관이라 한다. 주관과 객관에 해당하는 유식의 용어가 각각 능취能取와 소취所取다. 우리의 상식에 따르면 주관과 객관, 능취와 소취는 서로 둘로 분리되어 따로따로 존재한다. 나와 미운 놈이 별개로 있는 것이다. 주관과 객관의 이러한 분리를 '주객이분主客二分'이라고 표현한다.

주객이분이라는 상식은 유식무경에 의해 부정된다. 유식무경에 의하면 나무의 형상을 띠고 나타난 마음만 있을 뿐이다. 따라서 유식무경에서는 주관인 나도, 객관인 나무도 없다. 이렇게 주관과 객관이 없는 상태를 '주객미분主客未分'이라고 한다. 주관과 객관으로 나누어지지 않았다는 뜻이다.

유식무경은 '어떤 형상을 띤 마음이 주객미분의 상태로 스스로 나타나 있는 것', 즉 '마음의 주객미분적 자기현현自己顯現만이 있을 뿐이라는 것이다. 이 상태를 다르게 표현하면, '내가 없는 상태에서 오직 나무만 보이고 있을 뿐'이라고 할 수 있다. 현현顯現이란 마음이 나타나는 것을 뜻한다.

주객미분의 유식무경의 경지가 실제로 어떠한지 알고 싶다면 화두를 들어보라고 권하고 싶다. 일념으로 화두를 들어 그 경지가 깊어지면, 화두에 대한 일체의 분별이나 잡념은 없고 오직 화두만 성성히 살아있다. 나는 없고 화두만 있다. 주객미분의 화두만 있는 것이다. 이렇게 주객미분의 화두만 있을 때, 그때는 화두조차도 없다.

주객이분主客二分으로 나타난 마음 = 범부의 인식

주객미분의 유식무경이 모든 것의 진실한 모습이다. 하지만 우리는 엄연히 주객이분主客二分의 세계에 살고 있다. 이것은 어째서일까? 무명無明, 즉 어리석음에 미혹되어 마음이 어지럽게 된 사람에게 마음은 소취 형상과 능취 형상이라는 두 가지 형상을 가지고 나타난다. 소취 형상과 능취 형상은 각각 객관의 형상과 주관의 형상이라고 할 수 있다.

지혜 있는 자의 인식은 유식무경이다. 곧 그에게는 나무의 형상을 띤 마음만 나타난다. 그러나 어리석은 범부에게 마음은 객관과 주관으로 나누어져 나타난다. 요컨대 하나의 마음의 안에서 나무와 이것을 보는 마음, 이 둘로 나누어져 마음이 나타난다는 것이다.

위에서 마음은 등불과 같아서, 나타난다는 것만으로 자기 자신을 인식한다고 했다. 곧 자기현현自己顯現 = 자기인식自己認識이라고 했다. 이 사실은 어느 경우에나 다 해당된다. 주객미분主客未分의 자기현현에

286

서도 그렇고, 지금과 같이 주관과 객관이 둘로 나누어진 '주객이분主客二分의 자기현현'에서도 그렇다.

요점은 이러하다. 범부의 마음은 어리석음 때문에 객관(나무)과 주관(나무를 보는 마음)으로 나누어져 나타난다. 그 결과 범부는 마음의 외부에 나무가 있고 이것을 보는 마음(=나)이 별도로 있다고 착각한다. 사실로서 있는 것은 하나의 마음이 '나무'와 '나무를 보는 마음'으로 나누어져 나타나 있다는 것뿐이지만, 범부에게는 이것이 '나의 외부에 있는 나무'와 '그것과 별개로 있으면서 그것을 보는 나'로 인식된다는 것이다. 지혜 있는 자의 인식인 유식무경이 '마음의 주객미분적 자기현현'이라면, 범부의 인식은 '마음의 주객이분적 자기현현'이다. 범부는 '마음의 주객이분적 자기현현'을 주관과 객관이 별개로 존재하는 것처럼 착각한다.

남는 문제는 유식무경에서든, 주객이분의 상태에서든 왜 마음이 어느 시점에서 특정한 형상을 띠고 나타나느냐 하는 것이다. 마음이 왜 하필 그때 다른 것도 아닌 나무의 형상을 띠고 나타날까? 인연의 힘 때문에 그렇다. 구체적으로는 자신이 행한 과거의 업, 다시 말해 여태껏 심어왔던 종자 가운데 나무로 나타날 종자가 조건이 갖추어져 나무의 형상을 한 가시적인 마음으로 현현했기 때문이다. 이에 대해 상세히 밝히고 있는 것이 식전변설인데, 다음 글에서 언급하겠다.

창밖에서 "꼬꼬댁 꼬꼬" 소리가 들린다. 닭이 운 것인가, 뭐가 운 것인가?

화내는 타인은 바로 나다

그것 말고
또 뭐가 있겠습니까?

건설 현장에서 일하는 분들에게서 "포클레인 기사님들은 일반적으로 자존심(?)이 강하다"는 이야기를 들은 적이 있다. 공사를 하다 보면 포클레인 작업 이외의 일도 해야 할 때가 있는 법이다. 뭣 모르고 그런 일들을 도와달라고 하면 포클레인 기사님들은 내심으로 무척 자존심이 상해서 참다가 어느 때 말없이 깨끗이 손을 털고 공사장을 떠나 일을 그만두는 경우가 곧잘 있다고 했다.

수년 전 이곳 오곡도 수련원 공사를 하면서 만난 포클레인 기사님은 당시 50대 중반의 베테랑이었다. 포클레인을 다루는 기술도 뛰어났지만 일을 보는 안목도 명석했다. 하지만 그에게도 비록 좀 덜하긴 했지만, 포클레인 기사의 자존심이 없는 것은 아니었다. 이때 함께 일한 것이 인연이 되어 그는 오곡도에 공사가 있을 때면 단골로 들어와 상당 기간 같이 머물면서 우리와 함께 축대를 쌓는 등 여러 일을 했다.

이렇게 같이 생활하면서 그는 자연스럽게 불교와 선禪에 대해 듣게 되었고, 이곳의 1주일 선 집중수련회에도 몇 번 참가했었다. 그러는 사이 까칠했던 그의 마음은 상대방을 이해하는 쪽으로 변해갔고, 쓸데없는 자존심은 자신의 삶에 아무런 도움이 되지 않는다는 것을 나름대로 깨달은 듯했다. 그 후 근 2년가량 오곡도에 들어오는 일이 없었지만, 그래도 바빠서 들어가지 못한다는 소식은 간간히 전해왔다.

며칠 전에도 그에게서 전화가 왔다. 너무 바빠서 인사하러 갈 틈이 없다는 것이었다. 다른 사람들은 불황에 일거리가 없어서 힘들어하는데 어째서 그런 행운을 얻게 되었는지 물었다. 예순의 나이를 갓 넘긴 그는 이렇게 말했다.

"오곡도에서 배운 대로 가짜 자존심 내려놓고 공사를 맡긴 주인의 입장에서 열심히 포클레인 일을 했습니다. 그랬더니 여기저기서 공사를 의뢰하는 사람들이 많아, 한 달에 쉴 수 있는 날이 단 이틀밖에 없습니다. 일요일도 없습니다. 지금은 마음도 편하고 잡념 없이 그냥 일만 술술 합니다. 이렇게 하루하루를 열심히 살다가 때가 오면 눈 감으면 되지, 그것 말고 또 뭐가 있겠습니까? 다 오곡도 덕분입니다. 정말 감사합니다."

하루하루를 열심히 살다가 때가 오면 눈 감으면 되지, 그것 말고 또 뭐가 있겠는가?

에너지와 물질, 마음과 몸

과학의 발달로 물질과 에너지에 대한 새로운 사실들이 밝혀졌다. 물질과 에너지는 마치 얼음과 물의 관계와 같아서 서로 전환되며 동일한 것의 다른 표현(等價)이라고 한다. 더 이상 나눌 수 없는 가장 작은 알갱이의 물질이 소립자다. 우리가 물질의 최소 단위로 흔히 알고 있는 원자도 이 소립자들로 이루어져 있다. 따라서 물질의 최소 단위는 원자가 아니라 소립자다. 제일 먼저 발견된 소립자가 전자이며, 현재까지 알려진 소립자는 약 300여 종에 이른다고 한다.

현대 과학은 이 소립자의 세계에서 물질은 소멸하여 에너지가 되기도 하고(전자쌍 소멸), 반대로 에너지로부터 물질이 만들어지기도 한다

(전자쌍 생성)는 것을 밝혀냈다. 또한 전자의 경우처럼 동일한 소립자가 물질과 에너지의 양면을 동시에 갖는다는 것도 알게 되었다. 전자는 어떤 때는 물질(입자)로 작용하기도 하고, 어떤 때는 에너지(파동)로 작용하기도 한다.

이러한 현대 물리학의 물질관은 물질과 에너지는 서로 별개의 고정된 영역에 속한 것이라던 종래의 생각을 뿌리째 바꾼 것으로, 불교의 공空 사상과도 통한다고 할 수 있다. 물질이 물질로서 고정되어 있는 것이 아니라 조건에 따라서는 에너지가 된다는 것은 '모든 것은 조건에 따라 생겨날 뿐이다'는 연기를 말함이요, 동시에 '모든 것에는 고정불변의 자성이 없다'는 공을 뜻하기 때문이다.

여기서 현대 과학의 발견을 언급한 것은 우리의 상식으로는 이해하기 힘든 유식을 어떻게 하면 일반인에게 납득시킬까 하는 고심에 따른 것이다. 유식(唯識, vijñapti-mātra)이란 '모든 것은 마음의 나타남, 즉 마음의 현현顯現일 뿐'이라는 뜻이다. 나에게 강이 보이는 것은 우리의 통념처럼 나와 강이 별도로 있고 강이 거울에 비추어지듯이 내 마음에 그대로 인식된 결과가 아니다. 실제로 있는 것은 내 마음이 저 강의 형상을 띠고 나타난 것뿐이다.

등불은 밝게 빛나는 것만으로 자신의 모습이 드러난다. 자신을 비추는 별도의 작용이 있는 것이 아니다. 이와 마찬가지로 마음은 어떤 형상을 띠고 나타나는 것만으로, 자신을 인식하는 별도의 작용은 없지만 결과적으로 그 형상을 스스로 인식하게 된다. 강의 형상으로 나타난 마음만이 있다는 것이 유식이요, 그것이 진실이다. 강을 보는 나도 없고, 나의 외부에 강도 없다.

그러므로 내가 경험하는 이 세계는 모두 내 마음의 나타남이다. 미운 놈도 내 마음의 나타남이고, 사랑하는 연인도 내 마음의 나타남이다. 희로애락의 대상 모두 내 마음의 나타남이다. 유식은 내 몸(有根身)과 내가 살고 있는 산하대지의 자연계(器世間)도 내 마음, 그중에서도 아뢰야식의 나타남이라고 한다. 이것을 어떻게 이해해야 할까?

내 마음이 미운 놈의 형상을 하고 나타나는 것은 과거에 그런 형상이 나타날 만한 종자를 내가 아뢰야식에 심었고, 그 종자가 지금 때가 되어 미운 놈 형상의 마음으로 나타난 것이다. 이 과정을 상세히 밝히고 있는 것이 식전변설이다.

신체적 행위와 말과 생각이 일어나는 순간, 그것과 선악의 성질이 동일한 종자가 아뢰야식에 심어진다고 했다. 유식은 모든 것이 마음의 나타남이라 보기 때문에 신체적 행위와 말과 생각도, 곧 신·구·의 3업도 모두 마음의 나타남이고 마음의 작용이다. 마음이 의도(思)를 동반하여 일으키는 작용이 곧 신·구·의 3업이다. 이해의 편의를 위해 여기서는 의도를 동반하여 마음이 일으키는 작용을 업이라 했지만, 엄밀히 말하면 의도를 동반한 마음의 나타남이 곧 업이다.

말에는 한계가 있다. 이해를 쉽게 하기 위해서는 특정한 방식으로 표현할 수밖에 없다. 그러나 그렇게 표현하면 오해를 불러일으킬 여지도 많아져서 고심을 거듭하는 경우가 꽤 있다. 이쪽을 살리자니 저쪽이 무너지는 꼴이다. 마음이 어떤 작용을 일으킨다고 말하면 이해하기는 쉽다. 동시에 마음이라는 고정불변의 뭔가가 있어 이것이 여러 작용을 일으킨다고 오해하기도 쉽다. 결과적으로 마음을 아뜨만과 같은 자성으로 착각할 수도 있다.

분명히 말하지만 마음은 조건이 갖추어졌을 때 생겨났다가 조건이 다하면 소멸하는 연기적 존재요, 찰나적 존재다. 반짝 빛났다가 다음 순간 소멸하는 빛과 같다. 찰나적으로 생했다가 멸함에도 불구하고 하나의 고정된 마음이 지속적으로 이어지고 있다고 오해되는 까닭은 무엇일까? 생멸의 반복이 틈이 없을 정도로 빠르고 연속적으로 이루어지기 때문이다. 불빛이 조금의 간극도 없이 켜졌다 꺼졌다를 반복하면 마치 계속 켜져 있는 것으로 보이는 것과 같다. 이상의 사정을 감안하여 '마음의 작용'이라는 표현을 일단 '생멸을 반복하는 마음이 조건에 따라 그때그때 특수한 형상을 띠고 나타남 또는 그 나타남의 연쇄'란 뜻으로 이해해주기 바란다.

위에서 물질과 에너지는 동일한 것의 다른 표현이라고 했다. 에너지는 물질로 전환된다. 이렇게 전환되어 물질의 모습을 하고 있더라도 이것은 에너지와 완전히 다른 것이 아니다. 에너지의 특별한 상태, 에너지의 밀도가 높은 상태가 곧 물질이라고 할 수 있다.

마음의 작용은 에너지에 가깝다. 중생인 우리에게는 미운 놈·연인·몸·자연계 등이 마음의 나타남으로서가 아니라 실물로 보인다. 이것은 물질에 가깝다. 에너지에 의해 생겨난 물질이 비록 물질의 모습을 하고 있고 물질로 보이고 있다고 할지라도 진실은 에너지와 다른 것이 아니듯이, 미운 놈·연인·몸·자연계 등도 마음과 별개인 것으로 보일지 몰라도 진실은 마음 작용으로 생겨난 것이며 내 마음과 다른 것이 아니다.

에너지의 밀도가 높은 상태가 물질이라는 것을 이해하면, 몸이 아뢰야식의 나타남이라는 것도 납득할 수 있을 것이다. 나아가 유식은 아뢰야식과 몸은 '안위동일安危同一'의 관계에 있다고 말한다. 양자는 안락함과 위태함을 함께 한다는 뜻으로, 한 덩어리라는 것이다. 이 사실은 의학적으로도 밝혀졌다고 생각한다. 마음이 경쾌하고 밝을 때는 몸을 건강하게 하는 호르몬이 배출되어 몸도 경쾌하게 되고, 마음이 침울할 때는 건강을 해치는 호르몬이 배출되어 몸도 상하게 된다는 것 등이다.

값비싼 보약보다도 마음 편한 것이 건강에는 더 중요하다. 대학생 시절 어머니에게 안부인사 드리러 고향에 간다는 나의 말을 들은 한의사 한 분이 이렇게 말한 적이 있다. "그것보다 어머니에게 더 좋은 보약은 없습니다. 기쁨을 주는 자식이 부모님에게는 최고의 보약입니다." 온화한 얼굴과 부드러운 말 한마디, 이것으로 가족과 직장 동료와 이웃에게 최고의 보약을 선사할 수 있다.

분노에 찬 사람은
화내는 사람과 만나기 쉽다

마음 작용이라는 에너지가 청정하면 그 에너지에 의해 나타나는 몸과 경험 세계도 청정하게 된다. 정신분석학에서는 분노에 가득 찬 사람은 화내는 사람과 만나기 쉽다고 한다. 이 말은 어떤 점에서는 유식과도 통한다. 화내는 타인은 분노라는 내 마음의 에너지에 의해 생겨난 형상에 다름 아니다. 따라서 분노하면 할수록 화내는 사람을 만날 확률도 높아진다. 다만 유식은 화내는 타인이 말 그대로 타인이 아니라, 내 마음의 나타남, 즉 바로 나 자신이라고 말한다.

정갈한 마음과 바른 생각으로 말하고 행동하고 생활하면, 몸도 건강해지고 선량한 사람을 만나며 아름다운 광경을 보게 된다. 이곳 오곡도 수련원에서 꽤 오랫동안 선禪 수행한 분 가운데 중학교 선생님 한 분이 있다. 그는 첫인상부터 맑고 진솔했는데 수행도 올곧게 잘 했다. 언젠가 수행 마지막 날 총평 시간 때 그는 우연히 다음과 같은 말을 했다.

평상시 본인은 아침에 일어나 정신을 가다듬고 그날 처음 내는 맑은 목소리로 이곳 수련원의 발원문을 읽는다고 했다. 그때서야 동석한 많은 사람이 그가 인상이 맑고 주위 사람들에게서 신뢰와 존경을 받는 큰 이유를 알았다.

우선 매일 잡념 없는 맑은 정신으로 발원문을 읽으면서 하루를 시작하겠다고 마음먹은 것 자체가 보통 일은 아니다. 이미 그의 됨됨이가 여기에 다 반영되어 있다고도 할 수 있다. 그 뒤 결심한 대로 매일 빠짐없이 발원문을 읽고 그 내용을 새기면서 생각하고 말하며 생활한 그 에너지가 그를 더욱 진실되게 한 것이다.

화두 참구를 통해 모든 구속에서 자유로운 본래의 자리로 되돌아가는 간화선 수행은 말할 것도 없지만, 아침 예불도 우리의 인품과 생활에 큰 영향을 끼친다. 고요한 새벽의 미명에 올리는 아침 예불. 아침 예불을 하고 안 하고에 따라 하루 생활에 차이가 많이 난다. 예불문은 아침과 저녁 예불에 따라 첫 부분에서 약간 차이를 두는 경우도 있지만, 보통 부처님께 다섯 가지 향을 일심으로 살라 올린다는 의미를 담은 다음의 구절로 시작한다.

"계향 정향 혜향 해탈향 해탈지견향", 이 다섯 가지 향을 오분법신향五分法身香 또는 오분향五分香이라고 부른다. 오분법신이란 최고의 깨달음에 이른 성인이 구비한 다섯 가지 공덕을 말하는 것으로, 계·정·혜·해탈·해탈지견을 가리킨다. 그러므로 오분법신향은 최고의 가치를 담고 있는 향으로 해석될 수 있을 것이다.

사람들에게 가장 좋은 향이 무엇이냐고 물으면 전단향이라고 대답하는 사람이 많다. 당나라 때 무착無着 스님이 중국 산서성山西省 오대산에서 문수보살을 친견하고 받은 게송이 다음과 같이 전하고 있다.

성 안 내는 그 얼굴이 참다운 공양구요,
부드러운 말 한마디 미묘한 향이로다.
깨끗해 티가 없는 진실한 그 마음이
언제나 한결같은 부처님 마음일세.

공양구란 부처님이나 부모, 스승 등에게 올리는 물건이나 그 물건을 올릴 때 사용하는 용구를 말한다. 부처님에게 올리는 가장 참다운 공양구는 명품 차도 아니고 값비싼 대리석 향로도 아니다. 평소의 맑고 청정한 얼굴, 그것이 최고의 공양구다. 아무리 명품 차를 올리고 값비싼 촛불을 켜도 화내고 찡그리는 탁한 얼굴을 한다면 헛일이다.

한 갑에 몇 십만 원 하는 향이나 전단향이 최고의 향이 아니다. 부처님께 올리는 가장 좋은 향은 상대의 마음을 평온하게 하는 부드러운 말 한마디다. 희망과 용기를 잃은 이들에게 꿈과 힘을 주는 말 한마디, 양보하는 말 한마디, 험악한 분위기에서도 상대의 마음에 평정을 되찾게 하는 말 한마디, 누구에게도 해악을 끼치지 않는 말 한마디, 매사에 지혜롭게 대처하는 말 한마디가 최고의 향이다. 이런 말을 할 때마다 눈에 보이지 않는 향기가 천지를 진동한다.

어떤 것이 부처님 마음일까? 멀리서 찾을 필요가 없다. 부처님 마음은 언제나 한결같아서 변함이 없다. 어느 때 어느 곳에서든 내 마음이 티 없이 깨끗해 진실하다면 그것이 바로 부처님 마음이다.

몸으로는 성 안 내는 종자를 심고, 입으로는 부드러운 말 한마디 종자를 심으며, 마음으로는 티 없이 진실한 종자를 심어나가는 사람이 구도자다. 만만치 않지만 그래도 옆길로 새지 않고 이런 종자를 하나둘 심어나가는 사람, 그가 바로 구도자다.

"계향 정향 혜향 해탈향 해탈지견향", 예불에서 이 구절을 독송하는 순간은 내가 계향이 되고 정향이 되고 혜향·해탈향·해탈지견향이 되어야 한다. 나의 온 존재가 부처님께 올리는 최고의 향이 되어야 한다. 한 티끌의 잡념도 없이 내가 향 그 자체가 될 때, 내 마음과 목청이 내는 "계향 정향 혜향 해탈향 해탈지견향"의 그 청정한 소리는 내 몸을 울리고 내 주위를 울리고 온 우주를 울리면서 맑힌다.

예불문에 나오는 "지심귀명례至心歸命禮"에서 '지심至心'은 지극한 마음이고, '귀명歸命'은 목숨을 다해 그 하나만을 향한다는 뜻이다. 그러므로 '지심귀명'은 온 몸과 마음을 다해 그것 하나만 하는, 혼을 다한 정성이며 절절함이다. 참으로 우주를 움직일 정도의 정성이다. 지심귀명례란 이런 지극한 마음으로 예를 올리는 것이다.

예불문의 마지막은 "오직 바라오니, 다함없는 불·법·승 삼보시여, 대자대비로 저의 이 지극한 예를 받으시고 그윽한 가피를 내리시어, 모든 중생이 함께 불도를 이루게 하소서"로 끝을 맺는다. 이렇게 지심귀명으로 예불한 에너지가 내 몸을 만들고 내 주위를 만들고 이 세상을 만드는 데 눈에 보이지 않는 큰 몫을 한다.

6
장

어떻게 자유로워질 것인가?

사랑과 물결

무릉도원

눈으로 소리를 들을 때 비로소 온몸으로 안다

마음은 하나일까,
여럿일까?

마음은 하나일까, 아니면 여럿일까? 대부분 마음은 하나라고 생각할 것이다. 그리고 이 하나의 마음이 보고 듣는 등 여러 작용을 한다고 여길 것이다. 그렇다면 보는 작용과 듣는 작용은 동시에 일어날 수 있을까, 없을까?

불교에서는 눈앞에 대상이 있을 때 그것의 모습을 보는 마음을 안식眼識이라 하고, 그 소리를 듣는 마음을 이식耳識이라 한다. 새 한 마리가 나무 위에서 청명하게 지저귀고 있다. 이때 새의 모습을 보는 마음이 안식이고, 새가 내는 소리를 듣는 마음이 이식이다. "보는 작용과 듣는 작용이 같은 시점에서 동시에 일어날 수 있을까?" 하는 질문을 불교식으로 표현한다면, "안식과 이식이 동시에 작용할 수 있을까?" 하는 질문이 된다.

이 질문에 대해 안식과 이식의 동시 작용이 가능하다는 쪽으로 결론이 난다면, 그것은 이 두 식識이 별도로 존재한다는 것을 뜻한다. 안식과 이식이 제각기 따로 존재하고 있어야 동시 작용도 가능하기 때문이다. 식識은 마음을 뜻하는 불교용어다. 따라서 안식과 이식이 별도로 존재한다면 마음은 하나가 아니라 여럿이라고 해야 한다. 마음은 하나일까, 복수일까? 안식과 이식 등은 동시에 작용 가능할까, 아닐까? 장구한 불교의 역사에서 이 문제에 대해 여러 통찰이 출현했다.

우선 부파불교(=소승불교)를 대표하는 설일체유부는 마음은 하나라고 보았다. 이 하나의 마음이 어떤 것의 모양과 색깔을 식별하는 작용을 하고 있을 때를 안식이라고 부를 뿐이며, 그 소리를 식별하고 있을 때를 이식이라고 부를 뿐이라고 한 것이다. 설일체유부는 이와 같이 하나의 마음이 무엇을 그 인식 대상으로 하느냐에 따라 마음은 여섯 가지의 이름으로 불릴 뿐이며, 그 이름들이 바로 안식·이식·비식·설식·신식·의식이라는 입장을 견지했다. 안식에서 의식까지의 여섯 가지 식을 통틀어 6식六識이라고 부른다.

설일체유부의 입장은 결국 마음은 하나며 그 인식 대상이 여섯이라는 이야기다. 인식 대상의 차이에 따라 안식에서 의식까지의 여섯 가지 다른 이름이 붙여졌을 뿐이다. 안식이든 이식이든 어느 쪽이나 다 마음이다. 보는 작용과 듣는 작용이 동시에 일어나려면, 안식과 이식이 동시에 작용해야 한다. 그리고 이 두 식이 동시에 작용하려면 이 두 식이 별개로 존재해야 한다. 안식과 이식이 별개로 존재한다고 하려면 마음은 하나가 아니라 복수라고 해야 한다.

마음은 하나라고 주장하는 설일체유부는 위와 같은 사정에 의해 보는 작용과 듣는 작용은 동시에 일어날 수 없다고 보았다. 다시 말해 안식과 이식이 동시에 작용할 수 없다는 것이다. 설일체유부에 따르면 안식과 이식뿐만 아니라 6식 가운데 어느 식이 되었든 한 순간에는 하나의 식만 작용할 수 있다.

우리는 영화를 볼 때 화면도 보고 그 소리도 들으며 보고 들은 것에 대해 생각도 한다. 이때 생각하는 마음은 6식 가운데 의식意識에 해당한다. 한 순간에는 하나의 식만 작용한다는 설일체유부는 영화 감상 때 일어나는 마음 작용을 이렇게 설명한다. 예를 들면 이 순간에는 안식이, 다음 순간에는 이식이, 그 다음 순간에는 의식이 번갈아가며 작용하며, 이런 연쇄적인 작용이 계속 이어짐으로써 영화 감상은 가능하게 된다.

그러나 대승불교의 근간을 이루는 유가행파의 통찰은 설일체유부와 달랐다. 유가행파의 사상, 즉 유식에 따르면 마음은 하나가 아니라 여덟이다. 여덟 개의 마음이 별도로 존재한다는 것이다. '마음은 하나다'를 전문 용어로는 '심체일心體—'이라고 한다. 마음(心)의 체體는 하나(—)라는 뜻이다. 반면에 '마음은 여럿이며 별개로 존재한다'에 해당하는 전문 용어는 '심체별心體別'이다. 마음(心)의 체體는 별개(別)이며 여럿이라는 뜻이다. 설일체유부가 심체일의 입장에 있다면, 유식은 심체별의 입장에 있다.

유식은 우리들 마음은 안식·이식·비식·설식·신식·의식·말나식·아뢰야식의 여덟이라고 한다. 각각 별개로 존재하는 이 여덟 마음을 통틀어 부를 때 8식八識이라는 호칭을 쓴다. 8식 가운데 안식부터 의식까지의 6식은 유식 이전까지 불교에서 전통적으로 인정한 것이다. 유식 사상은 6식에 말나식과 아뢰야식이라는 두 가지 마음을 추가하여 우리들 마음은 8식이라고 주장한 것이다.

말나식과 아뢰야식은 무의식에 가까운 마음으로 평상시 우리들은 이 둘의 존재를 알지 못할 정도로 이 두 마음은 미세하게 작용한다. 유식 사상의 형성과 발전에 크게 영향을 끼친 것은 유가사瑜伽師라 불린 전문 수행승들의 깊은 선정禪定의 체험이었다. 말나식과 아뢰야식도 유가사들의 깊은 선정 체험의 결과로 발견되었으리라고 다수의 학자는 보고 있다.

심체별의 8식을 주장하는 유식에 따르면 동일 순간에 여러 식(마음)이 동시에 작용할 수 있다. 보고 듣고 생각하는 작용 등이 동시에 일어날 수 있다는 것이다. 따라서 영화 감상은 안식과 이식과 의식이 같은 순간에 함께 작용하면서 이루어질 수 있다는 것이 유식의 정통적 입장이다.

전오식前五識과 5근

유식에서 8식을 말할 때 나열하는 순서가 정해져 있다. 안식·이식·비식·설식·신식·의식·말나식·아뢰야식의 순으로 열거한다. 여덟 가지 식을 통틀어 말할 때는 8식이라 부르지만, 앞에 '차례 제第'자를 붙여 '제8식'이라 할 때는 순서상 여덟 번째에 있는 아뢰야식만을 가리킨다. 제7식은 말나식이고, 제6식은 의식이다. 또 '앞 전前'자를 붙여 '전오식'이라 할 때는 순서상 앞의 다섯 가지 식, 즉 안식부터 신식까지를 합쳐서 가리킨다. 전육식은 안식부터 의식까지를 지칭한다.

안식부터 신식까지의 전오식은 서로 공통점이 있어 한 그룹으로 묶을 수 있다. 그 공통점이란 세 가지다. 첫째, 전오식은 그 각각의 인식 대상이 지금 이 순간 바로 눈앞에 있을 때만 작용한다. 둘째, 전오식은 눈·귀 등과 같은 신체의 감각기관에 의지해야만 작용한다. 셋째, 전오식은 이름과 개념 없이 그 인식 대상을 식별한다.

눈·귀 등과 같은 신체의 감각기관 또는 감각기능을 불교에서는 '뿌리 근根'자를 써서 '근根'이라는 용어로 표현한다. 눈을 안근眼根, 귀를 이근耳根이라고 부른다. '근'에 해당하는 산스끄리뜨 원어는 인드리야 indriya로, 이것은 제석천을 뜻하는 인드라Indra에서 파생한 명사다. 제석

천은 불교의 진리를 수호하는 신神이다. 인드리야는 '제석천과 같이 힘 있는 것'을 그 원뜻으로 하는데 중국 역경가들이 '뿌리 근根'자로 의역하였다. 식물의 뿌리는 뭔가를 발생시키는 강력한 힘이 있다는 것에 착안한 것으로 훌륭한 번역이다.

불교에서는 눈·귀·코·혀·몸을 차례로 안근·이근·비근鼻根·설근舌根·신근身根이라 호칭하며, 이들 다섯을 합해 5근五根이라 통칭한다. 이 5근은 식물의 뿌리가 강력한 힘으로 줄기와 가지를 만들어내듯이 전오식을 생하게 한다. 그런데 5근을 이해하는 데 주의해야 할 사항이 있다. 눈을 편의상 안근이라 했다. 우리는 '눈'이라는 용어를 통해 각막·수정체·망막으로 되어있는 의학적인 눈을 연상하고, 그 눈을 불교에서는 안근이라 부른다고 생각하기 쉽다. 만일 그렇게 생각한다면 그것은 오해다.

유식은 근에는 부근扶根과 정근正根이 있다고 말한다. 부근은 정근을 돕는 2차적인 기관으로 의학적인 눈은 이 부근에 속한다. '부근'의 '부'자는 '도울 부扶'자이다. 부근이 아니라 정근이 5근이다. 따라서 의학에서 말하는 눈은 안근이 아니다. 정근이란 도대체 어떤 것일까? 정근은 청정한 물질로 만들어져 있으며 눈에 보이지 않는다고 한다. 또한 정근은 청정한 보배 구슬처럼 빛을 발하고 있다고 한다. 청정한 보배 구슬이 빛을 발하여 사물을 비추듯, 5근은 감각적 에너지를 각각의 대상에 비추어 그 인식이 가능하게 한다는 것이다.

정근과 부근 중 보고 듣는 등의 감각 작용을 하는 데 핵심 역할을 하는 것은 하는 것은 정근이며, 안근 등의 5근은 바로 이 정근을 가리킨다. 우리가 알고 있는 의학적 눈과 귀 등은 정근인 5근을 도우는 부차적인 감각기관, 즉 부근일 뿐이다. 안근은 위와 같은 정근이고 우리가 생각하는 눈은 망막과 같은 부근이므로, 오해를 불러일으키지 않기 위해선 안근을 '진실의 눈'이라고 불러야 할지 모른다. 이근부터 신근까지 나머지 5근에 대해서도 똑같이 말할 수 있다. 좌선을 계속하다 보면 저녁노을이 잡티 하나 없이 마음 가득히 들어오고 새소리가 몸의 세포 하나하나를 울리는 체험을 한다. 좌선을 하기 전이나 후나 의학적인 눈과 귀는 종전 그대로인데 왜 이렇게 달리 보이고 들릴까? 정근인 안근과 이근이 발하는 감각적 에너지, 보배 구슬이 발하는 빛과 같은 그 에너지가 아무런 방해를 받지 않고 작용한 결과가 아닐까. 진실의 눈과 귀가 좌선을 통해 제 역할을 회복한 것은 아닐까.

나아가 유식에는 '제근호용諸根互用'이라는 사상이 있다. 5근이 그야말로 청정 그 자체가 되면 5근 가운데 어느 하나만으로 모든 감각 작용을 다 할 수 있다는 것을 그 내용으로 한다. 예를 들면 안근이 사물의 모습만을 보는 것이 아니라 그 소리도 듣고 냄새도 맡는다는 것이다. 이것은 유식 사상을 잉태한 유가사들이 선정의 실천을 통해 얻은 사실로 보아야 한다. 선禪에서도 "귀로 들으면 깨닫기 어렵다. 눈으로 소리를 들을 때 비로소 온몸으로 안다."는 말을 한다.

'제근호용'은 경지가 매우 높은 사람들에게만 일어나는 특별한 경우다. 이하에서는 다시 유식 일반론으로 돌아가 언급하겠다. 안식에서 신식까지의 전오식은 위에서 언급한 5근 가운데 자신만의 특정한 한 근에 의지해야만 작용할 수 있다. 하나의 예로서 안식은 안근에 의지해야만 안식으로서 작용한다. 시각장애인은 정근이나 부근에 문제가 있기 때문에 보지 못하는 것이다. 또한 전오식은 자신만의 인식 대상이 있다. 안식은 사물의 모습만을 인식하고 이식은 그 소리만을 인식한다. 전오식 각각의 근과 그 인식 대상을 밝히면 다음과 같다.

안식은 안근(눈)에 의지하여 색깔과 모양을 식별하는 마음이다. 안식의 인식 대상인 색깔과 모양을 색경色境이라 한다. 색경에서 경境이란 인식 대상을 뜻한다. 마음에 따라 파악되는 인식 대상이 여러 종류가 되므로 색경·성경 등 다양한 명칭들이 나오게 되었다. 이식은 이근(귀)에 의지하여 소리를 식별하는 마음이다. 소리를 성경聲境이라 한다. 비식은 비근(코)에 의지하여 냄새를 식별하는 마음이다. 냄새를 향경香境이라 한다. 설식과 신식은 각각 설근(혀)과 신근(몸)에 의지하여 맛과 감촉을 식별하는 마음이다. 맛을 미경味境이라 하고, 감촉을 촉경觸境이라 한다.

전오식은 각각의 인식 대상이 지금 현재 바로 눈앞에 있을 때만 작용한다. 과거나 미래의 것을 전오식은 인식하지 못할 뿐 아니라 현재의 인식 대상도 공간적으로 멀리 떨어져 있으면 인식하지 못한다. 또한 전오식이 하는 인식은 이름과 개념이 없는 인식이다. 안식이 나무를 인식할 때, 나무의 색깔과 모양은 인식하지만 그것이 녹색이라든가 둥근 모양이라든가 나무라든가 하는 개념 없이 인식한다는 말이다.

그런데 현실에서 안식을 통한 우리의 인식은 거의가 다 이름과 개념을 동반한 인식이다. 은행잎 등 어떤 특정한 이름 없이 나뭇잎을 본 적이 없지 않은가? 이름도 모르는 나뭇잎을 보았다 해도 그것은 이미 '이름도 모른다'거나 '나뭇잎'이라는 이름이 들어간 인식이다. 안식을 통해서 일어나는 실제의 인식이 이렇게 이름과 개념을 동반하는 까닭은 안식의 작용에 의식이 개입하기 때문이다.

의식이 하는
일

의식은 전오식과 달리 과거·현재·미래의 모든 것을 그 인식 대상으로 한다. 뿐만 아니라 시간과 공간을 초월한 진리를 그 인식 대상으로 하여 여러 생각을 할 수도 있다. 의식의 인식 대상을 법경法境이라 한다. 법경은 30년 전 학창시절의 친구가 될 수도 있고, 1년 뒤에 일어날 것으로 예상되는 일일 수도 있다. 마트의 계산대 앞에서 차례를 기다리는 지금, 머릿속으로 계산하는 물건값도 법경이다. 의식은 이와 같이 시간과 공간에 제약 없이 어떤 것도 회상할 수 있고, 상상·추정·계산·사유할 수 있다. 지금 눈앞에 있는 사과의 모양을 이름과 개념 없이 식별하는 것은 안식이다. 그러나 어제 본 사과의 모양을 회상하는 것은 의식이다.

의식은 대부분의 경우 이름과 개념을 동반한 인식을 행한다. 나와 너, 선과 악, 옳다·그르다, 밉다·곱다 등의 생각은 모두 의식이 일으키는 것이다. 공중도덕을 지키려는 것도 의식이고, 원한 맺힌 일을 잊어버리지 않고 계속 생각하는 것도 의식이다. 자다가 꿈을 꾸는 것도 의식이고, 실험 결과를 토대로 과학적 진리를 도출해내는 것도 의식이다. 의식은 이와 같이 우리 생활에 유용할 때도 있지만 쓸데없는 번뇌를 일으키기도 한다. 의식은 전오식과 함께하지 않고 단독으로 작용하기도 하지만 전오식과 함께 작용하기도 한다. 전오식과 같은 찰나에 함께 작용할 때의 의식을 오구의식五俱意識이라 하고, 단독으로 작용할 때의 의식을 불구의식不俱意識이라 한다. '함께할 구俱'자를 써서 전오식과의 동시 작용 여부를 나타낸 것이다.

의식이 전오식과의 관련 하에 작용하는 경우에 대해 살펴보자. 전오식은 의식과는 달리 의식과 함께 작용해야만 명료한 인식 작용을 할 수 있다. 바깥에는 무수한 소리들이 있다. 그러나 그 많은 소리 중 의식이 향하는 소리만이 우리에게는 명료하게 들린다. 소리를 듣는 이식은 의식과 함께해야만 명료하게 작용하는 것이다. 나머지 전오식도 이식과 마찬가지다. 의식이 향하는 것만 명확하게 보이고 들린다. 상대의 흉을 보려고 하면 흉만 보인다. 무엇을 보고자 하고 무엇을 듣고자 해야 할까? 무엇을 버리고 무엇을 염두에 두어야 할까? '있는 그대로'를 보는 것은 어떻게 보는 것일까? 의식은 전오식의 인식에 대해 개념적 사고를 행하기도 한다. 안식만으로 아무리 내 아들을 보고, 이식만으로 아무리 목탁 소리를 들어도 그것이 내 아들이나 목탁 소리라는 것은 알 수 없다. 그것의 형체나 진동만 식별할 수 있을 뿐이다. 하지만 우리는 아들을 보는 순간 조금도 지체 없이 아들임을 안다. 의식이 안식의 작용에 아들이라는 이름과 개념을 넣었기 때문이다.

이상과 같이 다양한 작용을 하는 의식이지만 항상 작용하는 것은 아니다. 다음과 같은 다섯 가지 경우에는 작용하지 않는다고 한다. 깊은 잠에 빠지거나 기절했을 때 의식은 작용하지 않는다. 무상천無想天이라는 천상에 태어나면 의식은 전연 작용하지 않는다고 한다. 또한 무상정無想定이나 멸진정滅盡定이라 불리는 선정에 들어도 의식은 작용하지 않는다.

무상정은 외도나 범부가 닦는 선정으로, 이 선정을 닦으면 무상천에 태어난다고 한다. 멸진정은 성자가 닦는 선정이다. 무상정에서는 의식만 작용하지 않지만, 멸진정에서는 의식뿐 아니라 말나식도 작용하지 않는다.

나에 대한 집착이

멈추지 않는 한 해탈은 없다

흘러가는
부평초

미운 정 고운 정 다 든 혈육이나 지인을 갑작스레 저세상으로 떠나보낸 사람들. 그 사연을 듣다보면 나도 떠나보낸 사람들의 심정이 된다.

얼마 전에 한 청년의 타계에 대해서 들었다. 착하고 순진한 이 청년은 만취가 된 상태에서 계획된 범행에 말려들었다. 그는 평소의 습관, 유식으로 말하면 평상시 심은 종자가 그러하지 않았기 때문에 결코 허튼짓을 하지 않았다. 그러나 범행을 도모한 나쁜 이들은 일을 꾸며 고발을 했고 청년은 조사를 받게 되었다.

조사 과정에서 청년은 심한 모욕을 느꼈다. 그렇다고 자신의 무죄를 증명할 뾰족한 방법도 없었다. 벙어리 냉가슴 앓던 청년은 결국 자신의 결백함을 증명하기 위해 스스로 목숨을 끊는 길을 택했다. 얼마나 억울했으면 그랬을까. 그의 심정이 가슴을 울린다.

청년의 타계 사연을 들은 다음 날 새벽, 예불이 끝난 뒤 불전佛前에 새로이 향을 사르고 삼배를 올린 다음, 단정히 앉아 진심으로 그의 명복을 빌었다.

> 수상청청취 원래시부평水上靑靑翠 元來是浮萍
> 부평초는 원래 부평이라, 물의 흐름에 따라 어디로
> 흐르든 언제나 맑고 푸릅니다. 우리의 본래 모습도
> 이러하답니다. 모든 것은 변합니다. 부디 이번의 생에
> 한恨과 미련을 두지 마시고, 훨훨 극락왕생하소서.

고인께서 모든 것을 훌훌 털고 극락왕생하길 기원하며 한동안 고요히 입정入定하였다. 고인을 위한 기원이 순수하고 진실할 때, 기원하는 자는 기원의 내용 그 자체가 된다. 온 천지가 기원 그대로이니, 그대의 극락왕생은 바로 나의 극락왕생이다.

의근에 대한 오해

안식은 안근에 의지해서 작용하고 이식은 이근에 의지해서 작용한다. 이와 같이 안식에서 신식까지의 전오식前五識은 자신만의 특정한 한 근에 의지해야만 작용한다. 마찬가지로 의식은 의근에 의지해서 작용한다. 무엇을 의근이라 할까? 눈을 안근이라 하고 귀를 이근이라고 하니까 많은 사람들은 뇌를 의근이라고 생각한다. 결론부터 말하면 이것은 오해다.

안근에서 신근까지의 5근이 육체적인 것인 반면, 의근은 마음에 속하는 어떤 것이다. 부파불교(=소승불교)를 대표하는 설일체유부는 의근을 직전 찰나에 작용하고 소멸한 6식이라고 했다. 어떤 소리를 듣고 모차르트의 교향곡이라고 생각했다고 하자. 소리를 들은 것은 이식이고, 그다음 순간 모차르트의 교향곡이라는 생각을 일으킨 것은 의식이다. 이때의 이식이 의근에 해당한다.

이식뿐만 아니라 한 찰나 전의 식은 무엇이든 모두 의근이 될 수 있다. 설일체유부는 안식에서 의식까지의 6식만을 인정하고(6식이 각각 별개로 존재한다는 뜻은 아니다. 앞글 참조), 모든 것은 한 찰나만 작용하며, 한 찰나에 두 가지 이상의 식이 동시에 작용하는 일은 없다고 한다. 따라서 직전 찰나에 작용한, 6식 가운데의 어느 한 식이 의근이 되는 것이다.

안근은 안식만이 독점하는 근이다. 이와 같이 전오식 각각은 자신만의 독점적인 근을 갖는다. 따라서 의근도 의식의 독점적인 근으로 생각하기 쉽다. 그러나 설일체유부에 따르면, 의근은 의식뿐만 아니라 전오식의 의지처가 되기도 한다. 어떤 것의 모양만 계속 보고 있을 경우, 다시 말해 안식만이 계속 작용할 경우를 생각해보자. 직전 찰나의 안식은 다음 찰나에 일어나는 안식의 의근이 된다. 안근에서 신근까지의 5근은 독점적인 근인데 반해, 의근은 6식 모두에게 공유되는 근이다.

대승의 유식에서는 무엇을 의근이라고 할까? 말나식이 의근이다. 안근과 안식이 동시에 존재하듯이, 의근과 의식도 동시에 존재해야 한다는 관점에서 말나식을 의근으로 정립했다. 설일체유부에서 말하는 의근은 직전 찰나에 소멸한 것이기 때문에 의식과 동시에 존재할 수 없다. 의근으로서의 말나식이 어떤 의미를 지니는지에 대해서는 이 글 후반부에서 다루겠다.

법法이라는 용어는 불교에서 매우 중요하다. 법에 해당하는 산스끄리뜨 원어는 달마dharma이며 빨리어로는 담마dhamma인데, 이것이 중국에서 '법'으로 의역되었다. 불교에서 사용되는 법의 의미 가운데 중요한 것은 다음의 세 가지다. 첫째는 진리, 둘째는 (부처님의) 가르침, 셋째는 존재·현상·사물이다.

'법을 깨닫다' 할 때의 법은 진리를 뜻한다. '불법佛法'은 부처님의 가르침이라는 뜻으로 이때의 법은 가르침을 의미한다. '제법무아諸法無我'에서 제법諸法이란 모든 법이란 뜻인데, 이때의 법이 존재나 현상 혹

317

은 사물을 의미하는 법이다. 모든 존재·현상·사물에는 고정불변의 아我가 없다는 것이 제법무아의 전체적인 뜻이다.

위의 내용 중 존재나 현상 혹은 사물을 의미하는 법에 대해 알아보자. 초기 경전에서 제법諸法으로, 다시 말해 모든 존재로 언급되는 것은 5온五蘊인 경우도 있고, 12처十二處 또는 18계十八界인 경우도 있다. 요컨대 5온이라는 틀로 모든 존재를 거론하기도 하고, 12처나 18계의 틀로 모든 존재를 거론하기도 한다는 말이다.

물질과 정신을 포함한 세상의 모든 존재를 분류하는 방법에는 여러 가지가 있을 수 있다. 불교에서는 기본적으로 인식하는 주관과 그에 의해 인식되는 대상이라는 두 축을 중심으로 모든 존재를 분류한다. 그냥 산과 시냇물과 사람 등이 있다고 하지 않고, 눈(안근)에 의지하여 작용하는 안식이라는 마음에 의해 인식된 '(산이라는 이름이 들어가지 않은) 산의 모양(색경)'이 있다고 하는 식이다. 마찬가지로 귀(이근)에 의지하여 작용하는 이식이라는 마음에 의해 인식된 '(시냇물이라는 이름이 들어가지 않은) 시냇물 흐르는 소리(성경)'가 있다 한다.

이런 식으로 분류하면 우리에게 인식된 시냇물은 그 '모양과 색깔'·소리·냄새·맛·감촉·'생각의 대상', 즉 색성향미촉법의 6경六境으로 분류된다. 또한 그것을 인식하는 우리도 눈·귀·코·혀·몸·의근이라는 6가지 기관, 즉 안이비설신의 6근六根과 그 기관을 통한 인식 작용인 안식에서 의식까지의 6식六識으로 분류된다. 이 6경과 6근과 6식의 총합을 18계라 한다.

참새·나·매화 등 세상의 모든 것은 위와 같은 방식으로 분류할 수 있다. 그러면 모든 것은 18계 속에 다 들어가고 18계는 모든 존재를 의미하게 된다. 그래서 18계가 무상無常하고 무아無我라고 하면, 모든 존재가 무상하며 무아임을 말하는 것이 된다.

불교가 이렇게 인식 주관과 그 대상을 축으로 모든 존재를 파악하는 까닭은 우리가 인식할 수 있고 판단할 수 있는 것만이 의미가 있기 때문이다. 독화살의 비유에서도 알 수 있듯이 몸에 박힌 독화살을 뽑는 것이 급선무다. 모든 번뇌의 뿌리인 탐진치 삼독은 재물과 명예와 관념 등에 대한 집착에 의해 생겨난다. 그리고 이 재물 등에 대해 우리는 인식과 판단이 가능하며, 이에 대한 집착이 내 몸에 박힌 독화살이다.

우리가 인식할 수 없는 형이상학적 실체가 설혹 있다고 해도 그것은 열반에 이르는 데 도움이 되지 않는다. 그런 것에 연연하는 것은 독화살을 맞고도 "쏜 사람의 이름과 출신지를 알기 전에는, 활과 화살의 종류가 무엇인지 판명되기 전에는 독화살을 뽑지 않겠다" 하며 우기고 있는 것과 같다.

열반에 이르는 데 관건을 쥔 것은 우리가 살고 있는 지금 이 세상이다. 이 세상은 18계 속에 다 들어가며, 18계를 구성하는 하나하나는 죄다 무상하고 무아다. 이처럼 세상의 모든 것은 무상하고 무아라서 자신의 탐욕과 어리석음으로 붙잡으려고 해도 언젠가는 다 떠나간다. 그러니 놓을 줄도 알고, 과거에 오염된 눈이 아니라 순간순간 새 눈으로 '있는 그대로'를 보면서 사는 것이 열반에 이르는 길이다. 이것을 보이고자 불교는 모든 존재를 5온이나 12처 또는 18계의 체계로 분류하는 것이다. 무상하고 무아가 아닌 모든 것은 이름일 뿐이니 이름에 속지 말아야 한다.

한편 5온은 색·수·상·행·식의 총합을 가리키고, 12처는 6근과 6경의 총합을 가리킨다. 18계로 모든 존재를 분류하는 것과 같은 방식으로 초기 불교는 5온 또는 12처로도 모든 존재를 분류하기도 한다. 따라서 5온·12처·18계는 존재를 분류하는 방식에 따른 차이일 뿐 이 셋이 공통적으로 의미하는 바는 '일체의 존재'다. 이 셋을 3과三科라고 하는데, 일체의 존재가 설해지는 3가지 과목이라는 뜻이다. 한편 일체의 존재에 대해 설일체유부는 5위 75법으로 분류하고, 유식은 5위 100법으로 분류한다.

여기서 주의할 것은 12처에서 말하는 의근(의처)과 18계에서 언급되는 의근(의계)은 다르다는 것이다. 12처에서는 6식 자체가 없다. 12처에서의 의근은 18계에서 말하는 의근과 6식을 다 포함한 개념이다. 즉 '12처의 의근'='18계의 의근'+'18계의 6식'인 것이다. 위에서 언급한 의식의 의지처로서의 의근은 18계에서 말하는 의근이다.

참고로 『반야심경』에 나오는 '무無색 무無수상행식'은 5온이 자성으로서는 없다는 뜻으로, 5온은 곧 공이라는 것을 의미한다. 지금까지의 설명을 통해, 5온이 곧 공이라는 것은 일체가 곧 공임을 나타낸다는 것을 알 수 있을 것이다. 마찬가지로 '무無안이비설신의 무無색성향미촉법'과 '무無안계 내지 무無의식계'는 각각 12처의 공과 18계의 공, 곧 일체의 공을 뜻한다.

**말나식,
무의식적인 자기 집착심**

유식이 출현하면서 비로소 거론되기 시작한 마음이 말나식과 아뢰야식이다. 그런 만큼 이 두 마음은 유식의 큰 특징 중의 하나를 이룬다. 말나식이란 어떤 마음일까?

이런 우스개 이야기가 있다. 어떤 사람이 세상에 절망하여 자살하기로 했다. 절벽 위에 서서 투신하려던 찰나, 뒤에서 무슨 소리가 났다. 돌아보니 바위 하나가 자신을 향해 굴러오고 있는 것이 아닌가. 그는 살기 위해 '자기도 모르게' 몸을 돌려 바위를 피했다.

제6의식은 합리적으로 이렇게 생각할지 모른다. '투신하는 것이나 바위에 부딪혀 떨어지는 것이나 죽기는 마찬가지인데 그냥 부딪혀 떨어지자.' 그러나 의식이 아무리 그렇게 생각해도, 의식이 그 생각에만 빠져 있는 바로 그 순간에도 마음 저 밑바닥에서는 자기 자신에 대해 끊임없이 애착하는 또 하나의 마음이 있다. 바로 그 마음 때문에 '자기도 모르게' 살기 위해 바위를 피한 것이다. 여기서 '자기도 모르게'란 '의식도 모르게'를 의미한다는 것을 알 수 있을 것이다.

이와 같이 여타의 마음과는 별도로 존재하면서 항상 자기 자신에 대해 선천적이고 무조건적이며 무의식적으로 집착하는 마음이 바로 제7말나식末那識이다. 말나식은 자나 깨나 "나! 나!" 하면서 무의식적인 자아의식을 일으키고 있다.

타인과는 완전히 별개인 고정불변의 '나(我)'가 있다고 보아 그 '나'에 집착하는 것이 자아의식이다. 자아의식을 말나식만이 일으키는 것은 아니다. 제6의식도 일으킨다. 자신의 신체나 정신 작용을 대상으로 그것이 곧 '나'라고 보고 그 '나'에 집착하는 것은 제6의식이 일으키는 자아의식이다. 자신의 용모나 재산, 학벌 등에 집착하는 것은 의식이 일으키는 자아의식의 일종이라 할 수 있다. 말나식은 의식이 자아의식을 일으키게 되는 근본 원인이 되는 마음이다.

의식의 자아의식은 강해서 자각이 가능하다. 그러나 말나식의 자아의식은 자각할 수 없을 정도로 미세하게 일어난다. 의식이 늘 자아의식을 일으키는 것은 아니다. 그러나 말나식은 대단히 높은 수행 단계에 이르기 전에는, 한 찰나도 단절 없이 언제나 자아의식을 일으킨다. 그 작용이 자각 못할 정도로 미세하면서도 언제나 일어난다는 점은 말나식뿐만 아니라 다음에 이야기할 아뢰야식도 마찬가지다. 그래서 이 두 마음을 흔히 잠재적인 마음, 혹은 무의식에 가까운 마음이라고 한다.

말나식에서 '말나'란 산스끄리뜨 마나스manas를 발음 그대로 옮긴 음역어다. 이때의 '마나스'를 의역한 말이 '사량思量'으로 말나식을 사량식이라고도 부른다. '생각할 사思'와 '헤아릴 량量'의 합성어가 사량이므로 사량이란 '생각하고 잰다'는 뜻이다. 따라서 말나식은 생각하고 재는 마음이란 뜻인데 무엇을 대상으로 어떻게 생각하고 잰다는 말일까?

말나식에는 4가지 번뇌 작용이 항상 따라붙는다. 첫 번째가 아치我癡로, 무아無我에 대한 어리석음을 말한다. 고정불변의 '나'란 없다는 것을 모르는 어리석음이다. 두 번째는 아견我見이다. 고정불변의 '나'가 있다고 집착하는 작용을 말한다. 세 번째는 아만我慢인데, 아치와 아견에 의해 설정된 '나'에 대하여 잘난 체하며 뽐내는 교만의 작용이다. 마지막이 아애我愛로, '나'에 대한 애착을 가리킨다.

말나식은 아뢰야식을 대상으로 위와 같은 4가지 번뇌 작용을 일으켜 아뢰야식을 항상 '나'로서 집착하고 이에 대한 교만과 애착을 일으킨다. 사량思量, 즉 생각하고 잰다는 것은 고정불변의 '나'가 아닌 아뢰야식을 그런 '나'로 생각하며 뽐내고 애착하는 것으로 이해할 수 있을 것이다.

말나식의 사량 작용을 구체적으로는 '항심사량恒審思量'이라고 한다. '항상 항恒'자와 '자세히 심審'자이므로, 말나식은 항상 사량하고 명확하게 사량한다는 뜻이다. 이 중 항상 사량한다는 것은 중생인 한, 말나식의 자아 집착은 한순간도 단절되지 않는다는 것을 말한다. 심지어 잠을 자고 있을 때나 식물인간인 상태에서도 작용한다.

그렇다면 말나식은 영원히 소멸되지 않을까? 말나식은 최고의 깨달음에 이르렀을 때 완전히 소멸하여 평등성지平等性智라는 지혜로 바뀐다. 평등성지는 온몸으로 자타가 평등하다는 것을 깨달은 지혜를 말한다. 또 멸진정이라는 선정에 들었을 때와 유식의 수행 5단계 중 세 번째 단계인 견도見道 이후부터는 일시적으로 말나식의 작용이 멈추기도 한다. 한편 말나식이 명확하게 사량한다는 것은 아뢰야식을 '나'라고 명확하게 집요히 집착한다는 뜻이다.

문제는 말나식의 자아 집착 작용이 말나식에서만 그치는 것이 아니라, 안식에서 의식까지의 6식 모두에도 그 영향을 미친다는 것이다. 말나식을 염오의染汚意라고도 부르는 것은 탁한 물감이 연못 전체를 물들이듯이 6식들을 오염시키기 때문이다. 앞에서 유식은 의근을 말나식으로 본다고 했다. 이때의 의근이란 안근이 안식을 생하게 하는 것과 같은 그런 의지처라기보다 의식을 포함한 6식을 오염시키는 의지처라는 의미에서의 근이다.

말나식의 이러한 작용 때문에 우리가 하는 모든 인식과 행동은 나에 대한 집착으로 물들고 만다. 우리는 뭔가를 볼 때 그냥 보지 않는다.

본인은 알아채지 못할지 모르지만 이미 '내 것'과 '내 것 아닌 것'을 엄연히 구분하여 보고 있다. 말나식의 영향 때문이다.

보통은 선행을 하고 명상을 하더라도 자신도 모르게 '나'라는 때가 묻고 만다. '내가 한다', '이런 것을 하는 내가 자랑스럽고 칭찬받아 마땅하다', '이것이 나에게 큰 이익이 되겠지'라는 형태로 되고 마는 것이다. 그래서 누군가가 알아주지 않거나 이익을 얻지 못할 때 섭섭한 감정이 일어나는 것이다.

말나식의 집착 작용이 멈추지 않는 한 해탈은 없다. 어떻게 해야 할 것인가? 다음 글에 언급하겠다.

깨달음에 이르기 위한 필수품,
지혜와 복덕

중생에서 부처로 가는
5단계 수행

우리는 '자기도 모르게' 모든 것을 자기 위주로 본다. 마음은 항상 얻으려 하고, 몸은 늘 대가를 바라고 움직인다. 설혹 얻거나 대가를 바라지 않는다 해도 그것 또한 더 고상한 것을 손에 넣기 위한 자기기만일지 모른다. 이런 모습이 너와 나의 자화상은 아닐까? 외면하고 부정하고 싶지만 끝내 부인할 수 없는 자화상.

자화상이 이런 모양을 하게 된 가장 근본적인 원인은 말나식에 있다. 말나식은 항상 자기 자신에 대해 선천적이고 무조건적이며 무의식적으로 집착하는 마음이다. 단 한 찰나의 멈춤도 없을 뿐만 아니라, 자각되지 않을 정도로 미세하지만 명확하게 "나! 나!" 하면서 집착한다. 심지어 숙면 중일 때도 말나식의 작용은 멈추지 않는다.

말나식을 발견한 것은 유식의 큰 공헌이다. 깊숙이 숨어있는 암을 발견했다고나 할까. 암은 숨길 것이 아니라 암 그대로 보는 것에서 치유가 시작된다. 말나식은 유식에서 말하는 수행 5단계 중 세 번째 단계인 견도見道에서부터 그 작용이 멈추기 시작한다. 견도에 이르러서야 비로소 무분별지無分別智, 즉 분별이 없는 지혜가 생한다. 쉽게 말해 번쩍하고 한소식하게 되는 것이다. 견도에서 이 무분별지가 생해야 말나식의 작용은 멈추기 시작한다.

따라서 견도에 이르기 전까지 우리의 모든 생각과 행동은 말나식의 아집我執 작용에 물들고 만다. 선행을 하더라도 '내가 했다'는 때가 묻어 자기도 모르게 보상을 바라게 된다. 번뇌가 묻은 선, 즉 유루선有漏善이 될 뿐이다. 유루에서 '누漏'는 무엇이 샌다는 의미인데 불교에서는

'번뇌'의 의미로 사용한다. 번뇌는 안이비설신의의 6근에서 새어나오기 때문이다. 유루有漏는 번뇌가 있다는 뜻이고, 무루無漏는 번뇌가 없다는 뜻이다.

유루선으로는 세속적 행복을 얻거나 사후에 천상에는 태어날 수 있으나 해탈은 불가능하다. 말나식의 작용이 멈춰, 번뇌의 때가 전혀 끼지 않은 무루선無漏善을 행해야 해탈에 이를 수 있다. 견도의 문턱에도 이르지 못한 우리는 대체 어떻게 해야 할 것인가?

유식에 따르면 중생은 다음의 5단계 수행을 거쳐 부처가 된다. 자량위資糧位·가행위加行位·통달위通達位·수습위修習位·구경위究竟位가 그것이다. 이 중 세 번째 단계인 통달위를 견도라고도 부르고, 네 번째 단계인 수습위를 수도修道라고도 부른다. 이 5단계의 수행을 통틀어 부르는 용어가 오위五位다.

우리가 하는 모든 행위는 생각이나 말이나 육체적 행동 중의 어느 하나이며, 유식의 입장에서는 이 셋은 모두 식(마음)의 작용에 다름 아니다. 모든 행위는 일어남과 동시에 아뢰야식에 그 행위와 똑같은 성질의 종자가 심어진다고 앞에서 말했다.

종자는 여러 기준에 따라 다양하게 분류된다. 그중의 하나가 신훈종자新熏種子와 본유종자本有種子의 구분이다. 수많은 윤회를 해오면서 어떤 생각이나 말이나 행동을 할 때마다 심어지는 종자를 신훈종자라고 한다. 이와는 달리 본래부터 아뢰야식에 계속 있어온 종자가 있는데, 이를 본유종자라 한다.

또한 종자를 유루有漏종자와 무루無漏종자로 구분하기도 한다. 유루종자란 번뇌 종자를 말한다. 무루종자는 완전히 청정한 지혜의 종자,

깨달음의 종자를 가리킨다. 유식에 따르면 우리에게는 '본유무루종자 本有無漏種子', 즉 '원래부터 있는 깨달음의 종자'가 있다.

선善종자는 선행 그 자체가 아니라 선행이 될 수 있는 가능성으로서 아뢰야식에 있다. 기온이 알맞고 땅이 비옥해야 꽃이 피듯이, 여러 조건(衆緣)이 갖추어져야 선종자에서 실제의 선행이 생한다. 마찬가지로 본유무루종자는 완전한 지혜, 곧 깨달음이 될 가능성으로서 있다. 조건이 갖추어져서 본유무루종자에서 실제의 지혜가 생하는 단계가 견도이고, 바로 그 지혜가 위에서 말한 무분별지다.

본유무루종자가 무분별지로 생하기 위해선 어떤 조건이 필요할까? 그것은 견도 이전의 수행 단계인 자량위와 가행위에서 정법을 바르게 듣고 실천 수행한 결과로 심어진 선종자들이다. 자량위와 가행위에서는 아직 말나식의 작용이 단절되지 않았으므로 이때의 선종자는 번뇌의 때가 묻어 있는 유루의 선종자다.

이 유루의 선종자가 쌓이고 쌓이면 그것이 조건이 되어서 본유무루종자에서 무분별지가 생하게 되고, 이때부터 말나식의 작용도 소멸되기 시작한다. 본유무루종자가 무분별지의 씨앗이라면, 자량위와 가행위에서 심는 유루의 선종자는 이 씨앗을 싹트게 하는 토양·수분·양분 등과 같은 것이다.

유식에서는 우리의 번뇌에 선천적인 것과 후천적인 것, 이 두 가지가 있다고 한다. 전자를 구생기俱生起 번뇌, 후자를 분별기分別起 번뇌라고 한다. 태어날 때부터 본능적으로 갖고 있는 번뇌가 구생기 번뇌라면, 잘못된 가르침에 영향을 받거나 본인의 분별망상에 의한 번뇌가 분별기 번뇌다. 말나식이 일으키는 번뇌는 모두 구생기 번뇌다.

번뇌가 소멸되는 차원도 두 가지로 나뉜다. 번뇌의 싹만 잘리는 것과 번뇌의 뿌리까지 완전히 제거되는 것, 이 둘로 구분한다. 전자는 번뇌가 억제되어 실제의 번뇌로 일어나지는 않지만 그 번뇌 종자만큼은 아직 남아있는 상태다. 그러므로 때가 되면 언제라도 번뇌는 다시 일어날 수 있다. 반면에 후자는 그 번뇌의 종자까지 완전히 소멸된 상태다. 전자를 전문 용어로는 '숨을 복伏'자를 써서 '복'이라 하고, 후자를 '끊을 단斷'자를 써서 '단'이라 한다.

분별기 번뇌, 즉 후천적 번뇌는 자량위와 가행위를 거치는 동안 수행의 힘에 의해 억제되어 실제의 번뇌로는 일어나지 않는다. 하지만 그 종자까지 소멸되는 것은 아니다. 후천적 번뇌의 종자는 견도에서 무분별지가 생하는 순간, 단번에 소멸된다. 뜨거운 사막에서 수증기가 일시에 증발하듯이, 무루의 무분별지에 의해 아뢰야식에서 그 종자가 일시에 소멸되어버리는 것이다. 이렇게 후천적 번뇌는 견도에서 그 종자까지 완전히 종식을 고한다.

한편 구생기 번뇌, 즉 선천적 번뇌는 대부분 견도 이후까지 지속된다. 견도에서 생한 무분별지로 선천적 번뇌를 소멸해가는 과정이 견도 다음에 있는 수습위, 즉 수도의 과정이다. 수도에서의 수행을 통해 소멸되어 가던 선천적 번뇌가 그 종자까지 완전히 없어지는 순간이 수행 마지막 단계인 구경위다. 이때 부처가 된다.

구경위에서는 안식에서 아뢰야식까지의 8식이 완전하게 지혜로 바뀐다. 번뇌로 얼룩진 유루의 식이 완전히 다른 차원으로 바뀌어 번뇌 한 점 없는 무루의 지혜로 전환되는 것이다. 이것을 '전식득지轉識得智'라 한다. 유루의 식識을 바꿔서(轉), 무루의 지혜(智)를 얻는다(得)는 뜻이다. 이 전식득지가 유식 사상이 지향하는 목표다.

전식득지가 일어날 때 안식에서 신식까지의 전오식은 성소작지成
所作智라는 지혜로 바뀐다. 의식은 묘관찰지妙觀察智라는 지혜로, 말나
식은 평등성지平等性智, 아뢰야식은 대원경지大圓鏡智라는 지혜로 각각
바뀐다.

노선승이
손제자에게 한 말

자신의 마음이면서도 자신의 뜻대로 되지 않고, 나와 내 것에 대한 집
착은 바위처럼 견고하다. 문득 정신을 차려 칠흑 같은 어둠 속에서 길
을 찾아 횃불을 들었지만 그것도 잠시, 거센 바람에 횃불은 곧 꺼지고
다시 찾아온 암흑 속에서 망연자실 서있다. 본유무루종자가 있다고 하
나 엄동설한 굳은 땅에 묻힌 전단향의 종자처럼 싹은커녕 향기조차도
뿜지 못하고 있다.

위의 상황이 우리가 직면한 상황이 아닐까. 그러나 부처님과 역대
전등 조사들이 걸으신 그 길을 향한 염원을 저버리지 않고, 넘어질 때
마다 발원하여 일어서서 그 길을 한 걸음 한 걸음 걷다 보면 때가 온다.

하늘은 비를 내린다. 이 비에 대지가 촉촉이 젖으면 땅속의 전단향
종자도 마침내 향기로운 싹을 낸다. 여기서 하늘은 부처님이고, 비는
부처님의 가르침이다. 촉촉이 젖은 대지는 가르침에 따라 실천 수행한
우리들 마음이고, 전단향 종자는 본유무루종자이며, 돋아난 향기로운
싹은 무분별지다.

유식의 수행 제1단계가 자량위다. '자량資糧'이란 필수품·준비라는 뜻이다. 따라서 자량위란 깨달음에 이르기 위한 필수품을 쌓아나가는 준비 과정이라고 할 수 있다. 무엇이 깨달음을 위한 필수품일까? 지혜와 복덕福德이 그것이다. 그래서 이 둘을 '지혜 자량'과 '복덕 자량'이라고 부른다. 지혜는 온 몸과 마음으로 진리를 꿰뚫어 아는 것이요, 복덕이란 복을 짓고 덕을 베푸는 것이다. 복덕은 자비행에 다름 아니다.

자량위에서는 불법佛法을 배우고 실천하여 완전한 형태는 아니지만 그래도 지혜의 종자를 하나하나 심어 가는 동시에, 다소 번뇌의 때가 묻어있더라도 선행을 쌓아나간다. 이 지혜와 복덕이 견도에서 무분별지가 생하게 되는 조건들이 된다. 유식에서는 이 자량위에서 십주十住·십행十行·십회향十廻向의 단계를 설정해 수행해나간다.

우리는 자량위의 문턱 앞에 서 있는 사람들이다. 때문에 십주 등에 대해 언급하는 것보다 지혜와 복덕을 함양하는 데 도움이 되는 이야기를 하는 것이 낫다는 생각이 든다. 먼저 복덕에 대해 말하고자 한다.

필자의 간화선 스승이신 일본 향악사(向嶽寺, 일본 발음은 고가쿠지)의 다이호(大峰) 방장스님께서 20살을 갓 넘긴 새파란 수행승이었을 때다. 스님의 스승은 40대 중반이었고 그 스승의 스승은 80대의 노승이셨다. 절집에서는 스승의 스승을 노스님이라 부른다. 방장스님의 노스님은 당대를 대표하는 유명한 선승이었다. 지도를 받고자 하는 사람들이 구름처럼 몰려들었고, 그 연세에도 정기적으로 독참 지도를 하셨는데 제자들이 많다 보니 한 번 하면 서너 시간씩 쉬지 않고 할 정도였다.

노스님의 지도는 엄격하기 그지없었다. 제자들은 화장실에 가는 시간도 아까워하며 좌선에 매진하였다. 다이호 스님의 스승은 40대 중반이었지만 그때까지도 노스님의 기척만 나면 언제 어디서나 반사적으로 벌떡 일어나 두 손을 모으고 자세를 바로잡았다. 그런데 손제자뻘인 다이호 스님이 시중을 들기 위해 노스님의 거처에 들를 때면 그렇게 자상할 수 없었다. 그야말로 방학 때 시골로 내려온 손자를 맞는 할아버지와 같았다.

그렇게 거처에 들를 때마다 노구의 노스님은 자상한 목소리로 손제자에게 이렇게 말씀하셨다. "덕을 쌓아야 한다. 덕을." 행주좌와 화두를 들어야 한다가 아니었다. 당대를 대표하는 노선승이 손제자를 볼 때마다 한 말은 "덕을 쌓아야 한다. 덕을."이었다. 이 말의 무게가 가슴에 다가오는가?

개구리를 처음부터 뜨거운 물속에 넣으면 놀라서 물 밖으로 펄쩍 뛰쳐나간다. 그런데 적당한 온도의 물에 넣은 채 아주 서서히 물의 온도를 높이면 개구리는 바깥으로 뛰쳐나가지 않고 물속에 그대로 머문다고 한다. 그러다가 마침내 뜨거워진 물에 죽고 만다.

이 실험은 많은 점을 시사한다. 알코올 중독자가 마신 술 한 병은 그를 기분 좋게 한다. 하지만 태어나서 처음으로 술 한 병을 마신 사람은 아마도 머리가 핑 돌고 가슴이 뛸 것이다. 나쁜 음식에 길들여진 사람은 그 음식을 맛있다고 먹지만, 그렇지 않은 사람에게 그 음식은 부담을 느끼게 한다.

술 한 병, 나쁜 음식 한 접시가 감미롭게 느껴진다고 해서 우리 몸에 나쁜 영향을 끼치지 않는 것은 아니다. 오히려 감미롭게 느껴지는 자체가 문제다. 서서히 나쁜 것에 젖다 보면 나쁘다는 감각이 둔해지고 점점 그것이 달콤하게 느껴지다가 마침내는 큰 해를 입고 만다. 마치 개구리가 뜨거운 물속에 그대로 머물며 죽어가듯이.

거짓말 한 번, 물건 하나 슬쩍하는 행동이 별것 아닌 것처럼 생각될 지 몰라도 그 종자는 어김없이 심어진다. 그 종자가 늘어날수록 그 행 동에 대해서는 무감각하게 되고, 급기야 뜨거운 물속의 개구리와 같은 지경을 당하게 된다. 때가 늦기 전에 스스로 되돌아볼 일이다.

일체의 상을 여읜 이가 부처다

다음은 지혜와 관련된 이야기다. 『금강경』에 "일체의 상相을 여읜 이를 부처라 한다(離一切諸相, 即名諸佛)"는 구절이 나온다. 『금강경』에는 여러 한역본이 있다. 이 중 우리나라에서 가장 많이 읽히는 것은 구마라집(鳩 摩羅什, 344~413) 스님의 한역본이고 위의 인용도 이에 따랐다.

중국 역경사에서 구마라집 스님과 쌍벽을 이루는 분이 현장(玄奘, 602?~664) 스님인데, 현장 스님이 한역한 『금강경』에는 위의 '일체의 상 相'이 '일체의 상想'으로 번역되어 있다. '모습 상相'자가 아니라 '생각 상 想'자로 번역되어 있는 것이다. 현재 남아있는 『금강경』 산스끄리뜨 원 본에 따르면 이때의 '상'에 해당하는 단어는 삼즈냐samjñā로 '생각 상想' 자에 해당한다. 구마라집 스님은 의역의 대가이고, 현장 스님은 직역의 명인이라는 점을 감안하면 충분히 납득이 가는 대목이다.

일단 "일체의 상을 여읜 이를 부처라 한다"에서의 '상'을 삼즈냐, 즉 '생각 상想'의 의미로 새겨보자. 상想이란 색·수·상·행·식의 오온에서 말하는 상이다. 오온에서의 상은 이미지(개념)를 형성하고 이름을 붙이는 마음 작용을 말한다. 구마라집 스님은 이 '상'이라고 하는 마음 작용 그 자체보다 그 결과로서 형성된 이미지와 이름에 중점을 두었기 때문에 '모습 상相'으로 번역했을지 모른다.

사실 중생에게 삼즈냐samjñā, 즉 상想이란 초연하면서도 중립적으로 이미지와 이름을 형성하는 마음 작용이 아니다. 중국 선종의 제3조 승찬(僧璨, ?~606?) 대사의 저작으로 알려진 『신심명』은 다음과 같은 구절로 시작된다. "지극한 도는 어려울 것이 없다. 취사선택의 간택만 하지 않으면 된다. 싫어하고 좋아하지만 않으면, 확연히 명백하다.(至道無難 唯嫌揀擇 但莫憎愛 洞然明白)"

취사선택만 하지 않으면, 싫어하고 좋아하지만 않으면 깨달음과 해탈은 그 자리에서 이루어진다는 말이다. 역으로 말하면, 중생은 좋고 싫은 것을 가려서 좋아하는 것은 늘 잡으려 하고 싫은 것은 항상 멀리하려고 하기 때문에 괴로움의 바다에서 헤맨다는 것이다.

『신심명』이 갈파한 위의 내용처럼, 중생은 자신의 선택 방향과 싫고 좋음에 따라 이미지와 이름을 만든다. 게다가 자신이 만든 이미지와 이름 그대로 세상이 그렇다고 오인해버린다. 그렇게 오인된 이미지와 이름은 끈끈이처럼 마음에 달라붙어 떨어질 줄 모른다. 그 결과로 이미지와 이름은 마음을 포승줄처럼 구속해버리고 만다. 우리에게 삼즈냐는 이러한 성질의 이미지와 이름을 만들어내는 마음 작용이다.

구마라집 스님은 이러한 삼즈냐의 작용보다도 삼즈냐의 작용에 의해 마음을 지독하게 구속하는 이미지와 이름을 부각시켜서 나타내고자 한 듯하다. 그래서 삼즈냐에 의해 형성되는 이미지와 이름을 '모습 상相'으로 표현했을 것이다. 이미지와 이름이란 어떤 것에 대해 자신이 파악한 모습(相)이기 때문이다. 집착된 이미지와 이름의 심각성을 고려할 때 구마라집 스님의 번역은 큰 의미가 있다고 생각한다.

이상과 같은 여러 가지 면을 감안한다면, 문제의 '상'을 '이미지를 형성하고 이름을 붙여 거기에 집착하는 마음 작용이나 그 결과로서 집착된 이미지와 이름'으로 이해하면 무난할 것이다. 따라서 '상'이란 쉽게 말해 마음속으로 자신이 소중히 여기거나 언짢아하는 것들이다. 그것은 자신의 가슴을 뜨겁게 만드는 가치관이나 신념·이념일 수 있다. 그것은 자기 이름일 수도 있고, 사람 또는 물건에 대한 고착된 생각일 수도 있다. 배신감이나 미래에 대한 절망일 수도 있고, 자신에 대한 좋고 나쁜 평일 수도 있다.

이러한 '상'을 모두 다 여읜 이가 부처다. 이쯤에 오면 사람들은 상을 제거하려고 한다. 그런데 '상은 제거되어야 한다는 생각' 자체가 또 하나의 상이다. 상에 대해 어떻게 하려는 것은 모두 또 하나의 상에 근거한 행위들이다. 따라서 상을 제거하려는 것 등은 상을 여의는 것이 아니다. 어떻게 상을 여읠까?

우리는 나 자신 자체는 상과는 별개인 존재라고 생각한다. 상과는 별개인 '나'가 이런저런 여러 상을 만든다고 믿는다. 그렇기 때문에 나는 상을 제거할 수도 있다고 생각한다. 그런데 불교에 의하면 '나'는 상들의 집합에 불과하다. 내가 상을 만드는 것이 아니라 상에 의해 만들어진 것이 '나'다. 따라서 상이 상을 만들고 형성하는 것이지 상과는 별개인 내가 상을 만드는 것이 아니다. 상 덩어리인 '나'에 의해 인연에 따라 여러 상이 만들어지고, 그 상을 '상 덩어리인 내'가 바라보며 또 여러 상을 만든다. 상이 상을 보는 것이요, 내가 나를 보는 것이다.

'밉다'라는 상 그 자체가 나이고, '밉다'라는 상과 별개인 나는 없다. 이 사실을 뼛속 깊이 자각했다면 '밉다'에 대한 긍정과 부정, 정당화와 비난 등 그것에 대한 더 이상의 상을 형성하는 작용은 멈춘다. '밉다'에 대해 긍정과 부정 등 새로이 덧붙여지는 대립되는 상들이 있다면 그것들 사이에 갈등이 일어난다. 예를 들어 미워해야 할지 말아야 할지 갈등이 생긴다. '밉다'에 대해 이러쿵저러쿵 더 이상의 상을 형성하는 작용이 멈추었으므로 대립되는 상들도 없고 그것들 사이의 갈등도 없다. 이때 '밉다'라는 상에 '있는 그대로' 직면한다. '일체의 상을 여읜 부처', 곧 참된 지혜의 길은 위의 제반 사항에 대한 혼신의 참구에서부터 열리기 시작한다.

과거에 심은 나쁜 종자 때문에 두려워하는 이에게

이렇게 고백하는 분들이 더러 있다. "지금부터는 착한 종자를 착실히 심으려고 합니다. 그런데 과거에 심은 나쁜 종자 때문에 두렵습니다. 높은 수행단계에 이르기 전까지는 나쁜 종자가 없어지지 않는다 하니 언제 거기서 또다시 나쁜 행동이 나올지 모르고, 나쁜 행동을 일으키면 그만큼 나쁜 종자가 늘어나서 괴로운 과보 받을 확률은 점점 높아질 것 같고…."

견도에서 무분별지가 번쩍 터지고 그 힘에 의해 아뢰야식 안에서 번뇌 종자들이 소멸되기 전에는 번뇌 종자가 행동으로는 나오지 않을 수 있으나 종자 자체는 없어지는 일이 없으니 걱정할 만도 하다.

종자는 아무 때나 행동이나 과보로 나오지 않는다. 봄이 와야 꽃이 피듯이 종자가 행동이나 과보로 나타날 수 있는 여러 조건들이 갖추어졌을 때 행동이나 과보로 나온다. 이때의 여러 조건들을 중연衆緣이라 한다고 했다. 견도에 이르기 전까지 우리가 할 수 있는 일은 번뇌 종자에서 그릇된 행동이나 과보가 생겨날 중연을 만들지 않는 것이다.

만원 버스나 지하철만 탔다 하면 손이 근질거려 남의 물건에 손을 댈 수밖에 없는 소매치기는 만원 버스나 지하철을 타지 않는 것이 중연을 만들지 않는 것이다. 급한 불 끄는 심정으로 그렇게라도 해야겠지만, 보다 근본적인 '중연 만들지 않기'는 좋은 행동을 많이 행하여 좋은 종자를 많이 심는 것이다.

소금 한 움큼을 컵 속의 물에 타면 매우 짜다. 하지만 우물 속에 넣으면 물맛은 거의 변화가 없다. 소금의 양은 일정하지만 소금이 들어가는 물의 양에 따라 물맛은 달라진다. 과거에 심은 번뇌 종자가 있다 하더라도 지혜와 자비의 종자를 많이 심어나간다면, 우물 속의 소금 한 움큼처럼 그 힘이 미약해서, 번뇌 종자에서 악행이나 괴로운 과보가 생겨날 확률도 그만큼 떨어지기 마련이다.

오늘부터 당장 지혜와 자비의 종자를 차근차근 심어간다면 죽고 사는 것을 초월하는 해탈을 향해 첫발을 내디딘 것이다.

빈손으로 오지 않고
빈손으로 오지 않고
빈손으로 가지 않는다

심상속心相續,
마음이 있다는 것의 의미

마음은 하나가 아니라 여덟이다. 안식에서 아뢰야식까지의 여덟 개의 마음이 각각 별도로 있으며, 따라서 여덟 마음이 동시에 작용할 수도 있다. 모든 마음, 즉 8식은 조건이 갖추어졌을 때 생겨나서 작용했다가 조건이 다하면 소멸하는 연기적 존재요, 찰나적 존재다. 반짝 빛났다가 소멸하는 빛과 같다.

빛이 소멸하면 밝게 비추는 작용도 동시에 소멸한다. 빛은 소멸했는데 밝게 비추는 작용만 남아있는 경우는 없다. 마찬가지로 밝게 비추는 작용은 소멸했는데 빛만 남아있는 경우도 없다. 소멸한 빛은 조건이 갖추어지면 다시 생겨나 밝게 비춘다. 마음은 이러한 빛과 같다. 그러므로 어떤 마음의 작용이, 예를 들어 의식의 작용이 멈추었다는 것은 의식 자체가 소멸했다는 것을 뜻한다. 작용만 멈추었을 뿐 의식 자체는 그대로 있다는 것이 결코 아니다. 의식 자체는 언제나 그대로 있다고 한다면 의식은 불교가 부정하는 아뜨만이나 자성自性이 되어버린다.

의식은 작용을 멈추어 소멸하지만 조건이 되면 다시 생겨나 작용한다. 여기서 주의할 점이 있다. 의식이 5분간 작용했다는 것은 전구가 5분 동안 계속 켜져 있는 것처럼 작용한 것이 아니다. 마음은 찰나적 존재다. 생하는 즉시 소멸한다. 지금 이 찰나의 의식이 작용하고 소멸하자마자 빈틈없이 다음 찰나에 새로운 의식이 생하여 작용하고는 곧 소멸한다.

의식이 5분간 작용했다는 것은, 의식을 B라고 했을 때 'B1(제1찰나) → B2(제2찰나) → B3(제3찰나)…'와 같은 식으로 5분간 이어진 것을 말한다. B1과 B2는 '의식'이라 불리는 같은 작용을 하지만 완전히 동일한 의식은 아니다.

우리 몸의 세포들은 일정 시간이 지나면 모두 새로운 세포들로 대체된다고 한다. 일정 시간이 지난 후 나의 뇌세포가 완전히 새로운 세포로 바뀌었다 해도, 이 세포가 전혀 엉뚱한 심장 기능을 한다거나 나와 특징이 다른 타인의 뇌세포로 변한 것은 아니다. 바뀌기 전과 마찬가지로 여전히 나만의 독특한 뇌세포 기능을 한다. 그렇다고 해서 바뀌기 전과 그 후의 뇌세포를 동일한 뇌세포라고는 할 수 없다. 따라서 뇌세포는 영원불변의 아뜨만이 아니다.

B1과 B2의 관계는 바뀌기 전후의 뇌세포의 관계와 같다. 그러므로 B, 즉 의식은 불변의 아뜨만이 아니다. 더군다나 B1에서 B2로의 진행, 다시 말해 B2가 생겨나는 데도 많은 조건들에 의존해야 가능하다. 빛 하나가 생겨나는 데 얼마나 많은 조건들이 필요한지 상상해보라. 따라서 B1과 B2 등 B 계열의 하나하나의 마음은 '조건에 의존하여 생한 것', 즉 연기적 존재이지 아뜨만이 아니다. B1과 B2 등이 어떤 조건에 따라 생하는가를 잘 보여주는 것이 식전변설이다.

5분간 위와 같이 찰나적으로 작용하다가 조건이 다하면, 예를 들어 깊은 잠에 들면 의식은 더 이상 작용하지 않고 한동안 소멸한다. 아침에 눈을 뜨면 다시 생겨나 작용한다. 의식은 이렇게 생멸을 반복하면서 독자적인 하나의 흐름을 형성한다. 의식뿐만 아니라 8식 모두가 각기 자신만의 독특한 기능을 하면서 하나의 흐름을 형성한다. 마음의 이러한 흐름을 마음의 상속, 즉 '심상속心相續'이라 부른다.

결국 8식 각각은 자신만의 독특한 기능을 하는 8가지 마음의 흐름을 가리킨다. 안식은 조건이 갖추어졌을 때 생겨나 색깔과 모양을 식별했다가 조건이 다하면 소멸하는 마음의 흐름이며, 이식은 같은 방식으로 소리를 식별하는 마음의 흐름이다. 안식이 있다는 것은 '안식'이라고 불리는 독특한 기능을 하며 찰나적으로 생멸하는 마음의 흐름이 있다는 것을 뜻한다. 이 점을 늘 주의해야 한다.

부처가 되었을 때 8식 각각은 지혜로 바뀐다고 했다. 이를테면 의식은 묘관찰지라는 지혜로 바뀐다. 이것은 번뇌에 물든 의식의 흐름이 차원이 완전히 바뀌어 번뇌가 전혀 없는 '지혜의 의식(=묘관찰지)'의 흐름으로 전환되었다는 것을 뜻한다. 나머지 식識도 이에 준하여 이해하면 된다.

멸진정과 아뢰야식

8식을 나무라고 한다면 그 뿌리에 해당하는 마음이 아뢰야식이다. 아뢰야식은 이렇게 근원적인 마음이다. 아뢰야식과 말나식은 대부분의 경우 단 1초도 중단됨이 없이 우리에게 자각되지 않을 정도로 미세하게 작용한다. 그래서 이 두 마음을 흔히 잠재적인 마음 혹은 무의식의 마음이라고 한다.

말나식의 작용이 멈출 때라도 아뢰야식은 계속 작용한다. 말나식은 멸진정滅盡定이라는 선정에 들면 그동안만큼은 일시적으로 작용이 멈춘다. 말나식의 작용이 멈추었다는 것은 나에 대한 무의식적 집착까지도 없어진 상태라는 것을 뜻한다. 하지만 아뢰야식은 그 멸진정에서조차도 작용한다.

멸진정에서는 안식부터 의식까지 전육식前六識의 작용도 당연히 멈춘다. 따라서 어떤 생각도 어떤 인식도 어떤 감각도 없다. 그러나 멸진정에서 나오면 전육식이 행하는 평소의 생각과 인식 등이 그대로 되살아난다. 가족도 알아보고 추위와 더위도 느끼며 평소대로 운전도 할 수 있다.

이것은 멸진정에서도 평소의 인식이 되살아날 가능성이 어떤 형태로든 존속하고 있어야 가능한 일이다. 멸진정에서 평소의 인식이 되살아날 씨앗조차 소멸해 버린다면 멸진정에서 나와도 그 인식은 되돌아오지 않는다. 멸진정에서는 전육식의 작용이 멈췄고 따라서 이때는 전육식 자체가 소멸되고 없는 상태다. 그렇다면 전육식이 행하는 평소의 인식이 되살아날 씨앗은 무엇일까? 그것은 바로 과거에 평소의 인식들, 곧 전육식이 작용하는 순간마다 남겨진 종자들이다. 따라서 멸진정에서조차도 종자는 보존된다. 그런데 그 종자를 보존하는 것은 아뢰야식이다. 결론적으로 멸진정에서조차도 아뢰야식은 존속하며 작용하고 있다.

위의 내용에서 멸진정 대신에 숙면이나 기절 등 우리가 경험할 수 있는 일들을 대입하면 이해는 더 쉬울 것이다. 숙면 중일 때는 평소의 인식, 즉 전육식은 소멸된다. 잠에서 깨어나면 평소의 인식이 되살아난다. 잠을 자는 동안에도 그 종자들을 보존하는 아뢰야식은 지속되고 있었다는 말이다.

멸진정에서처럼 안식에서부터 말나식까지 여타의 식이 다 그 작용을 멈춰도 아뢰야식은 멈추지 않는다. 멸진정에서 육체적 생명이 유지되는 것도 아뢰야식의 작용 때문이다. 이와 같이 아뢰야식은 단 한 찰나의 멈춤도 없이 지속된다. 숙면 중일 때와 식물인간일 때 작용하는 것은 아뢰야식과 말나식뿐이다. 참고로, 꿈은 안식에서 신식까지 전오식前五識의 작용이 소멸한 상태에서 의식만 작용해서 일어나는 현상이다. 물론 꿈을 꿀 때도 아뢰야식과 말나식은 작용하고 있다.

아뢰야식의 주요 기능

아뢰야식에서 '아뢰야阿賴耶'란 산스끄리뜨 '알라야alaya'를 발음 그대로 한자로 옮긴 음역어다. 유식의 완성에 큰 공헌을 한 인도의 세친(世親, Vasubandhu, 기원후 4~5세기경)이 유식의 입장에서 색·수·상·행·식의 오온을 재조명한 저술이 『오온론』이다. 거기에서 세친은 왜 아뢰야식이라 불리는가 하는 물음에 답하고 있다.

그 문맥을 잘 살펴보면 아뢰야, 즉 알라야에는 '곳간', '집착', '육체에 내재하는 것' 등의 의미가 있고, 이 의미들 때문에 아뢰야식이라 불린다는 것을 알 수 있다. 그러므로 이 의미들은 아뢰야식이 어떤 기능을 하는지를 잘 나타내고 있다 할 것이다.

아뢰야식이 하는 주요한 기능으로는 다음 세 가지를 들 수 있다. 첫째, 행위가 남기는 영향력인 종자를 저장하여 보존한다. 둘째, 육체의 생명을 유지한다. 셋째, 윤회의 주체다.

우선 첫 번째 기능부터 알아보자. 우리가 하는 모든 행위는 생각이나 말이나 육체적 행동 중의 어느 하나다. 모든 행위는 과거에 행해진

같은 성질의 행위가 남긴 종자에서 나오며, 행위가 일어남과 동시에 아뢰야식에 그 행위와 똑같은 성질의 종자가 심어진다는 것은 이미 누차 이야기했다. 아뢰야식은 행위가 남기는 이 종자를 하나도 유실됨이 없이 저장하고 보존하는 식識이기 때문에 '곳간'이란 의미를 갖는 아뢰야를 자신의 이름으로 하게 된 것이다. 아뢰야식은 종자를 보관하는 곳간과 같은 마음인 것이다.

세계 최고봉들이 즐비한 히말라야 산맥, 그 '히말라야'라는 말은 '히마hima'와 '알라야ālaya'가 합쳐져서 된 합성어다. 히마는 '눈(雪)', 알라야는 '곳간'을 의미하므로, 히말라야는 '눈의 곳간', '눈이 쌓여있는 곳'을 뜻한다. 그래서 중국에서는 히말라야를 설산雪山이라고 불렀다. 일 년 내내 눈을 머리에 인 설산들이 늘어서 있는 데에서 유래한 이름임을 쉽게 알 수 있다.

아뢰야식은 종자를 저장·보존하는 식이므로 '일체종자식一切種子識' 또는 '장식藏識'이라고도 불린다. 장식에서 '장藏'은 '곳간', '간직하다', '저장하다'의 뜻을 갖는다. 따라서 장식은 아뢰야식의 의역에 해당한다.

아뢰야식의 두 번째 기능은 육체의 생명을 유지하는 것이다. 이 기능 때문에 아뢰야식은 '육체에 내재하는 것'이란 의미를 갖는 아뢰야를 그 이름으로 하게 되었다. 유가사瑜伽師들은 깊은 선정 체험과 통찰을 통해, 육체에 내재하여 한 찰나도 단절됨이 없이 생명을 유지시키는 마음이 있다는 것을 알았다. 그리고 그 마음은 이미 알려진 전육식이 아니며 항상 작용하는 새로운 마음이라는 것도 알았다. 그 새로운 마음에 '육체에 내재하는 것'이라는 뜻을 가진 아뢰야라는 명칭을 부여한 것이다. 참고로 말나식은 8식 가운데 가장 나중에 정립된다.

깊은 잠에 빠졌을 때 우리는 죽었는지도 살았는지도 모른다. 자기 전에 "내가 잠에 떨어지면 전혀 모르니까, 몸 너는 그때도 꼭 생명을 유지시켜야 한다" 하고 몇 번이나 다짐을 하고 자는 것도 아니다. 하지만 우리 몸은 저절로 호흡을 하고 신진대사가 이루어져 생명이 유지된다. 식물인간인 상태에서도 마찬가지다.

바이러스와 같은 병원균이 몸에 들어왔을 때 우리는 전혀 감지하지 못한다. 병원균을 보지도 못하고 듣지도 못하며 느낄 수도 없다. 그러나 우리 몸은 병원균을 알아채고 면역 체계를 가동하여 생명을 유지한다. 죽은 사람의 몸은 호흡도 없고, 신진대사와 면역 작용도 이루어지지 않는다. 육체의 생명 유지는 단순히 몸만 있다고 해서 일어나는 일은 아닌 것이다.

깊은 잠에 들거나 식물인간일 때는 안식부터 의식까지 전육식은 소멸한다. 우리는 몸에 들어온 병원균을 알아채기는 하나, 그것은 자각적 감지가 아니다. 자각적 감지는 전육식에 의해 일어난다. 그렇다면 병원균에 대한 알아챔은 전육식에 의해 일어나는 것은 아니라는 말이다. 그러나 깊은 잠, 식물인간, 병원균의 침입 등 어느 경우든 생명을 유지시키는 작용은 지속된다. 이것은 생명이 전육식에 의해 유지되는 것은 아니라는 증거다.

죽은 사람의 몸에는 생명이 없다는 것은 생명 유지가 전적으로 몸에 의해서 유지되는 것이 아님을 방증한다. 또한 말나식이 중단된 멸진정에서도 생명이 지속되고 있다는 것은 말나식에 생명을 유지하는 기능이 있는 것은 아니라는 것을 뜻한다.

도대체 생명은 무엇에 의해 유지되는가? 생명을 유지하는 것은 바로 아뢰야식이다. 아뢰야식은 그 존재를 전혀 인식하지 못할 정도로 미세하게 작용한다고 했다. 또한 단 1초도 멈추는 일 없이 언제나 작용한다. 멸진정에서는 나에 대한 무의식적 집착까지도 완전히 끊어진다. 그러한 깊은 선정의 상태에서도 지속되는 아뢰야식의 작용에 의해 우리의 생명은 유지된다.

　아뢰야식은 이와 같이 늘 우리 몸의 상태를 파악하고 생명이 유지되도록 끊임없이 작용하고 있으나, 그 작용이 워낙 미세하기 때문에 스스로 자각하지 못하고 있을 뿐이다. 종자를 보존하는 일 이외에 아뢰야식이 하는 또 하나의 일은 이렇게 육체적 생명을 유지하는 것이다.

　아뢰야식의 세 번째 기능은 윤회의 주체가 된다는 것이다. 이생이 마감되면 그것으로 끝이 아니다. 깨닫기 전에는 자신의 원願과 상관없이 본인이 지금까지 어떠한 행위(업)를 행했는가에 따라 죽은 뒤 무엇인가로 다시 태어난다. 인간이 아닌 생명체로도 태어날 수 있고, 인간으로 태어나더라도 용모와 재능, 가계 등을 매우 달리해서 다양하게 태어난다. 각자가 행해온 행위가 다르기 때문에 태어나는 상태도 제각각이다.

　새로 태어나서 살다가 죽음을 맞으면 재차 어딘가에 다시 태어난다. 수레바퀴가 끝없이 반복하여 구르며 앞으로 나아가듯이 이렇게 태어남과 죽음을 반복하는 것을 윤회輪廻라고 한다. '윤회'에서 '윤輪'은 수레바퀴를 뜻하고, '회廻'는 회전을 뜻한다. 이 괴로움의 윤회에서 영원히 해방되는 것을 해탈이라고 한다.

　누가, 무엇이 윤회하는가? 이 질문에 "갑이 윤회한다"고 답한다면 갑이 윤회의 주체가 된다. 인도의 전통 종교인 바라문교에서 설명하는 것처럼 아뜨만과 같은 '영원불변의 나'가 있어 이것을 윤회의 주체라고 하면 윤회는 쉽게 설명된다. 아뜨만은 개개인의 변치 않는 영혼에 해당한다. 행위에 대한 과보로 이루어지는 것이 윤회다. 행위를 한 자도 나의 아뜨만이요, 그 과보를 받는 자도 동일한 나의 아뜨만이기 때문에 아뜨만을 인정하면 윤회는 쉽게 설명된다. 바라문교에서는 윤회의 주체를 아뜨만이라고 생각했다.

그러나 불교에서는 아뜨만과 같은 '영원불변의 나'를 부정한다. 착각에 불과하다는 것이다. 이를 표방한 말이 '무아無我', 곧 '영원불변의 나는 없다'이다. 무아인데 무엇이 윤회한다는 말인가? 불교에서는 이 문제를 해결하여 무아와 윤회를 조화롭게 연결시키려는 여러 사상이 나왔다. 유식에서는 아뢰야식을 윤회의 주체로 본다. 자신이 행한 행위가 남긴 종자를 하나도 유실하지 않고 보존하고 있는 아뢰야식이 윤회의 주체라고 본 것이다. 아뢰야식이 아뜨만과 같은 영혼이 아니라는 것은 앞에서 다룬 심상속의 내용을 통해 충분히 납득했을 것이다.

왜 갑은 명석한 머리에 인자한 성격을 가지고 부유한 가정에 태어났는데, 을은 그렇지 못한가? 태어나기 전에 행한 각자의 행위, 즉 업業이 남긴 종자가 다르기 때문이다. 갑과 을은 다 그렇게 태어날 만한 종자를 심었기 때문에 달리 태어난 것이다.

그렇다고 해서 운명론적인 것은 아니다. 각자의 아뢰야식에는 본유무루종자를 비롯한 수많은 선善종자도 있다. 따라서 비록 불우하게 태어났다 하더라도 얼마든지 선업을 행할 수 있고, 새로운 삶을 살 수 있다. 선업을 행하는 순간 그 종자는 아뢰야식에 심어지고 그 선善종자에

347

서 때가 되면 합당한 과보가 나오게 된다. 이렇게 앞으로 어떤 행위를 해서 어떤 종자를 심어 나가느냐에 따라 삶은 달라진다.

앞에서 아뢰야에는 '집착'이라는 의미도 있어 아뢰야식이라 명명하게 되었다고 했다. 아뢰야식은 말나식에 의해 끊임없이 '나'로 오인되고 집착되는 대상이다. 이 이유로 '집착'의 의미를 가진 아뢰야가 명칭으로 채택된 것이다.

"빈손으로 왔다가 빈손으로 간다"는 말이 있다. 이 세상에 태어날 때 과연 빈손으로 왔다가 떠날 때는 빈손으로 갈까? 어느 누구라도 세상을 떠날 때 빈손으로 가지 않고, 새로 태어날 때 빈손으로 오지 않는다.

찢어지게 가난한 가정에 태어난 만호는 부유하게 살아보는 것이 평생의 꿈이었다. 가난 때문에 학교 교육도 제대로 받지 못한 그는 오직 잘살아보겠다는 일념으로 온갖 설움과 수모를 참아가며 돈을 벌었다. 그래서 나이 예순 가까이 되었을 때 서울 강남의 요지에 자그마한 빌딩 하나를 소유하게 되었다.

자신의 인생 전체를 투자한 빌딩이었다. 누가 그 빌딩을 강제로 압수라도 하려 한다면 차라리 싸우다 죽는 게 낫지 절대 빼앗길 수 없는, 그런 빌딩이었다. 하지만 그 만호도 이 세상을 떠날 때는 그 빌딩을 갖고 가지 못했다. 목숨보다 귀한 빌딩을 두고 떠나갔다.

이런 서글픈 현실을 일러 '공수거空手去, 빈손으로 간다'고 한다. 하지만 만호는 결코 빈손으로 이 세상을 떠난 것이 아니다. 빌딩은 가져가지 못했지만, 이 세상을 살면서 불우이웃 돕기 성금 한 푼 넣었을 때 심어진 종자, 마음에서 우러나온 미소 한 번 지었을 때의 종자, 악담 한마디 종자, 그 모든 종자는 고스란히 다 간직하고 다음 생으로 갔다. 견도見道에 이르지 못한 중생인 한, 지금까지 심어온 종자를 다 가진 채 떠나고 태어난다.

자유를 향한 사무치도록 뼈저린 자각

같은 소리가 왜
사람에 따라 다르게 들릴까?

유식이 진정 말하고자 하는 바는 이런 것이다. 일체는 내 마음이 만든 것이다. 우리 각자는 자신의 마음이 만든 우물 안에서 평생을 산다. 눈에 보이는 광경, 귀에 들리는 소리, 옳고 그름, 기쁨과 슬픔, 이 모든 것은 다 내 마음이 연출하는 세계요, 내 마음이 그때그때의 인연에 따라 그리는 그림일 뿐이다.

마음에 의해 꽃의 그림이 그려지는 순간 나는 꽃을 보게 된다. 여기에서 꽃을 마음에 의해 찍힌 사진이 아니라, 마음에 의해 그려진 그림이라고 한 것에 주의해야 한다. 사진은 카메라 외부의 사물을 있는 그대로 베껴놓은 것이다. 이에 반해 마음이 그리는 그림은 외부의 사물 없이 마음 독자적으로 그리는 허구의 그림이다. 내가 경험하는 모든 것은 이와 같이 내 마음이 그리는 허구의 그림일 뿐이다.

그러나 중생은 자신에게 보이는 꽃이 자신의 마음에 의해 그려진 가공의 그림인 줄 모른다. 보이는 그대로 꽃은 저기에 실제로 있는 것으로 오인해 버리고 만다. 중생은 뿌리 깊은 어리석음(無明) 때문에 시시각각 이렇게 오인한다. 이 오인의 결과로 눈에 보이는 좋거나 싫은 것, 나아가서는 자신이 파악한 모든 상相이 자신에게 보이고 생각되는 그대로 실제로 그렇다는 맹목적인 확신을 갖게 된다.

이를테면 '꽃은 꽃이고, 내가 나쁘다고 하는 것은 진짜 나쁜 것이다'라고 맹신하는 집착의 그물에 걸려드는 것이다. 모든 번뇌는 여기서 시작된다. 중생은 평생 이 집착의 그물에 걸려서 '꽃', '좋다', '나쁘다' 등의 상相에서 자유롭지 못하다. 거미줄에 걸려 꼼짝달싹 못하는 나비와 같다. 중생은 심지어 그것들이 허구의 그림이라는 진실에 의심을 품기 일쑤다. 간혹 어렵게 수긍하는 것 같다가도 금세 기존의 집착으로 되돌아가 버린다.

이 집착의 그물은 언제 소멸할까? 모든 상이 허구의 그림일 뿐이라는 자각, 사무치도록 뼈저린 자각이 필요하다. '모든 것은 내 마음에 의해 그려진 허구의 그림일 뿐이다'를 유식의 용어로 바꾸어 표현하면, '모든 것은 내 마음(識)이 그런 형상을 띠고 나타난(=현현顯現한) 것일 뿐이다'가 된다. 마음의 속성상 마음이 어떤 형상을 하고 나타나면 그 형상은 본인에게 그대로 인식된다. 내 마음이 꽃의 형상을 띠고 나타나면, 그와 동시에 나는 꽃을 보게 된다는 말이다.

이상의 내용을 전문 용어로는 '유식무경唯識無境'이라 한다. 내 마음의 외부에 어떠한 존재도 실재하지 않는다는 것이 '무경無境'이고, 오직 그러한 모습으로 마음이 나타나 마음 스스로에 의해 그렇게 인식된 것일 뿐이라는 것이 '유식唯識'이다. 미운 사람도 내 마음이 그런 모습으로 나타난 것이고, 사랑하는 사람도 마찬가지다. 산과 들, 삼라만상 모두 내 마음이 그런 모습으로 나타난 것이다.

여기서 의문이 들 것이다. 마음은 지금 왜 많고 많은 형상 중에 어떤 특정의 모습으로, 예를 들어 꽃의 형상을 띠고 나타날까? 또 그 꽃에 대해 친구는 너무도 아름답다고 하는데 왜 나에게는 그렇게 보이지 않을까? 이에 대한 답을 제시하는 것이 식전변설識轉變說이다. 식전변설이 단지 위의 의문에 대한 답만 제시하는 것은 아니다. 식전변설은 유식무경이 성립하는 근거에 대한 설명이기도 하고, 식(識=마음)이 연기적 존재며 찰나적 존재임을 나타냄과 동시에 아뢰야식과 7식(안식~말나식)의 상호 인과因果에 의해 자신의 모든 경험이 생겨난다는 것을 밝히는 체계이기도 하다.

식전변설에는 이와 같은 복잡한 내용들이 포함되어 있기 때문에 칠판에 그림을 그려가며 매우 전문적으로 설명해야 온전히 이해할 수 있다. 따라서 필자에게 주어진 제한된 지면과 여건으로는 이 식전변설 전체에 대한 설명은 불가능하다. 또한 일반인이 식전변설의 세세한 부분까지 전문적으로 알 필요가 있을까 하는 의문도 든다. 그래서 이하에서는 필요한 부분에 한정하여 이해의 편의 위주로 식전변설에 대해 간략하게 언급하고자 한다.

우선 다음의 이야기부터 들어보자. 문을 닫고 법당 안에서 목탁을 딱딱딱 쳤다. 바깥에는 불교 신자인 할머니와 유치원생 손자가 있었다. 문을 열고 물었다. "방금 전의 소리가 무슨 소리였어요?" 할머니는 목탁 소리라 대답했고, 손자는 나무 두드리는 소리라 했다. 같은 소리가 목탁 소리로도 들리고 나무 두드리는 소리로도 들린 것이다.

혹자는 두 소리가 결국 같은 소리가 아니냐고 반문할지 모르겠다. 그러나 목탁 소리와 나무 두드리는 소리는 판이하게 다르다. 전자는 종교적 의미가 들어있는 소리이지만 후자는 그냥 나무 부딪치는 소리일 뿐이다. 같은 소리가 왜 이렇게 다르게 들릴까? 상식적으로 설명하면, 할머니는 절에 다니면서 스님께 목탁에 대해 배우고 그 소리를 여러 번 들었기 때문이고, 손자는 나무 두드리는 소리로 들릴 수밖에 없는 정보만 갖고 있기 때문이다. 이에 대해 유식은 어떻게 말할까?

식전변識轉變

할머니는 스님께 목탁에 대해 설명을 들었다. 이에 대해 지금까지 이 책에서는 다음과 같은 식으로 말했다. "스님께 설명을 듣는 순간 그 내용이 할머니의 아뢰야식에 종자로 심어졌고, 그 종자는 계속 보존되어 간다"라고. 여기서 스님의 설명이 할머니에게 전달되는 방식에 대해 유식은 어떻게 말하는지 알아보자. 세친(4~5세기경)의 『유식20론』에 근거해서 언급하면 이렇게 된다.

목탁에 대해 설명하려는 의도(思)를 가진 스님의 의식意識에 영향을 받아 할머니에게는 스님의 설명 내용이 음성의 형태를 띠고 이식耳識으로 나타나게 된다. 이식은 소리만 인식할 뿐 그 의미를 파악하지는 못한다. 이 이식에 의거하여 그 음성의 의미를 파악하는 의식이 할머니에게 생하여 할머니는 목탁을 알게 된다. 스님의 음성을 이식이 직접 듣는 것이 아니라 스님의 의식에 영향을 받아 할머니의 이식이 스님의 음성의 형태를 띠고 나타난다고 한 점에 유념해야 한다.

우리의 상식대로 하면, 소리나 음성은 마음과는 별개이며 마음은 그것을 수동적으로 '있는 그대로' 인식한다. 그러나 위의 내용, 즉 유식은 소리나 음성은 결코 마음과 별개인 것이 아니며, 마음이 소리나 음성의 형태로 나타나 마음 자신에 의해 그렇게 인식된 것에 불과하다고 한다. 마음과 별개인 음성은 없으므로 3업 가운데 구업口業은 결국 마음의 작용이다. 마찬가지로 신업身業도 마음의 작용이다.

얼마 후 스님이 목탁을 쳤다고 하자. 목탁을 치려는 의도를 가진 스님의 의식에 영향을 받아 할머니에게는 그 소리의 형태를 띤 이식이 생겨난다. 이 이식에 의거하여 할머니의 의식은 그 소리가 '목탁' 소리임을 안다.

유식에서 말하는 위의 내용은 잠깐 접어 두고 상식선에서 조금 더 깊이 들어가 생각해보자. 나에게 들리는 소리는 같은 소리라도 시시각각 내 마음의 상태에 따라 미세하게 다르게 들린다. 같은 음악이라도 언제는 시끄럽게 들리고 언제는 유쾌하게 들린다. 개의 청력은 인간보다 몇 배나 뛰어나다고 한다. 그 음악이 개에게는 분명히 나와는 다르게 들릴 것이다. 그렇다면 내게 들리는 저 소리는 언제나 내 마음의 작용에 의해 그렇게 들리는 것이지, 저 소리 자체가 나에게 '있는 그대로' 들린다고는 할 수 없다.

나의 외부에 고정된 소리 자체가 있다는 것도 하나의 믿음에 불과하다. 혹자는 소리의 세기를 측정하는 기계에 찍힌 수치가 그 소리 자체를 나타내는 것이 아니냐고 반문할지 모른다. 하지만 동일 소리라도 대기 중이냐 수중이냐, 산속이냐 도심이냐 등 주위 환경에 따라 그 수치는 다르다. 또한 측정 기계가 발달할수록 그 수치도 미세하게 다르게 측정될 것이다.

질량과 무게는 다르다고 한다. 지구에서 몸무게가 $60\,kg$중인 사람이 달에 가서 몸무게를 재면 $10\,kg$중으로 나온다. 하지만 그 사람의 질량은 지구에서나 달에서는 언제나 $60\,kg$이다. 이와 같이 장소나 상태에 따라 달라지지 않는 물질의 고유한 양을 질량이라 한다. 같은 장소에서 무게는 이 질량에 비례한다.

질량과 마찬가지로 주위 환경에 영향 받지 않는 '소리 자체'라고 부를 만한 뭔가가 있지 않을까 하고 생각할 수도 있다. 그러나 아인슈타인이 특수상대성원리에서 밝힌 대로 질량도 불변의 상수가 아니라 물체의 속도에 따라 변한다. 더군다나 질량은 비물질인 에너지의 한 형태라고 한다. 그렇다면 질량은 다수가 허용하는 일종의 약속으로서의 양이지 고정불변의 뭔가는 아니다. 고정불변의 질량이 없듯이 세기 등이 고정된 '소리 그 자체'도 없을 것이 당연하다.

고정된 소리 자체가 없는 한편 내게 들리는 소리는 항상 내 마음의 영향을 받은 소리다. 나는 그런 소리만을 알고 있으며, 그 소리가 아닌 '소리 자체'라는 것은 없다. 그렇다면 소리는 내 마음이 그리는 그림, 내 마음의 나타남이라 할 수 있지 않을까? 이것을 유식은 위와 같은 방식으로 말한다고 일단 이해하자.

이제 할머니의 목탁 소리 듣기와 관련하여 식전변설에 대해 언급하고자 한다. 세친의 『유식30송』과 이에 대한 안혜(6세기경)의 주석, 『성유식론』의 관련 부분에 근거하여 말하겠다. 식전변의 기본을 이루는 두 뼈대는 다음과 같다.

첫째, 마음(안식~말나식)은 아무런 이유 없이 그냥 생하지 않는다. 반드시 그 마음의 종자가 아뢰야식에 있어야 하고, 생할 수 있는 조건이 성숙해야 해당 종자에서 해당 마음이 생한다. 예를 들어 선도 악도 아닌 무기無記의 안식 종자에서는 무기의 안식이 생하고, 의식의 선善종자에서는 선의 의식이 생한다. 종자에서 마음이 생하는 것을 중국의 법상종에서는 '종자생현행(種子生現行, 종자가 현행을 생한다)'이라고 표현했다. 이와 관련해서는 제5장의 아뢰야식 연기설에서 자세히 언급해 놓았으니 참조하시기 바란다.

다만 거기에서는 '안식에서 말나식까지의 7식'이라고 써야 할 부분에 '신체적 행동·말·생각(이나 과보)'라고 적어놓았다. 7식과 유식무경에 대한 기초 지식이 없는 초보자들을 단계적으로 이해시키기 위한 조처였다. '신체적 행동·말·생각이나 과보'는, 모든 것은 마음의 나타남이라고 보는 유식의 입장에서는 결국 7식의 나타남이다. 위에서 말한 내용, 즉 음성 등이 마음과 별개로 존재하는 것은 아니며 신업과 구업은 마음의 작용인 점을 안다면 납득이 갈 것이다.

둘째, 종자에서 생한 안식에서 말나식까지의 7식 각각은 생하는 순간과 동시에 아뢰야식에 자신과 동일한 성질의 종자를 심는다. 이것은 쉽게 말하면, 우리가 어떤 인식이나 경험을 하는 순간, 미래에 동일한 성질의 인식이나 경험을 할 수 있는 어떤 힘이나 영향력이 아뢰야식에 남겨진다는 말이다. 이를 '현행훈종자(現行熏種子, 현행이 종자를 훈습한다)'라고 한다.

이렇게 아뢰야식에 심어진 종자는 유실 없이 보존되어 간다. 그 보존되어 가는 과정을 '종자생종자(種子生種子, 종자가 종자를 생한다)'라는 용어로 표현한다. 보존된 종자 가운데 식으로 생할 조건을 만난 종자에서 식이 생한다. 이것은 곧 처음의 '종자생현행'의 과정으로 돌아가는 것으로, 결국 '종자생현행 → 현행훈종자 → 종자생종자 → 종자생현행…'의 과정이 계속적으로 반복된다는 것이다. 식전변이 말하고자 하는 바는 이 순환적 반복의 과정을 통해 모든 존재와 인식과 경험이 생겨난다는 것이다.

할머니가 목탁 소리라고 인지한 것은, 그 소리의 형태를 띤 이식과 이 이식에 의거하여 '목탁 소리'라고 식별한 의식이 할머니에게 생했기 때문이다. 이때의 이식과 의식은 아무런 이유 없이 그냥 생긴 것이 아니다. 그에 합당한 종자가 있었고 그 종자가 식으로 생할 만한 조건이 갖추어졌기 때문이다.

이 경우의 이식을 생한 종자는 어떤 것일까? 과거에 목탁을 설명하는 스님의 음성으로서 나타난 이식과 목탁을 칠 때 그 소리로서 나타난 이식이 남긴 종자다. '목탁 소리'라고 식별한 의식을 생한 종자는 어떤 것일까? 과거에 해당 이식에 의거하여 '이것이 목탁 소리다'라고 식별한 의식이 심은 종자가 그것이다.

이 이식과 의식의 종자들이 아뢰야식에서 이어져 오다가 유사한 상황을 만나 그 이식과 의식으로 생했기 때문에 할머니는 목탁 소리라고 인지한 것이다. 그런데 이렇게 인지한 순간 그 이식과 의식은 동일한 성질의 종자를 아뢰야식에 새로이 또 심는다. 결과적으로 목탁 소리라고 식별할 수 있는 이식과 의식의 종자는 증가한다. 따라서 같은 행위가 반복될수록 '이것은 목탁 소리다'라는 인식은 강해지며 이에 대한 집착도 강해진다.

분별과 자유

다음의 『유식30송』 제17송에 귀를 기울여보자. "이 식전변이란 분별이다. 분별된 것은 실재하지 않는다. 따라서 이 일체는 유식唯識이다." 불교에서 흔히 말하는 분별이란 위에서 말한 식전변을 두고 하는 말이라고 단언한다. '종자생현행 → 현행훈종자 → 종자생종자 → 종자생현행…'의 반복되는 과정을 통해 일어나는 우리의 인식과 경험 등이 바로 분별이라 한 것이다.

이어서 게송은 그렇게 인식되고 경험된 내용은 모두 허구이며 실제로 그런 것이 있는 것은 아니라고 말한다. 눈에 보이는 꽃은 실제의 꽃이 아니며, 미운 놈은 내가 생각하듯 진짜 미운 놈이 아니라는 것이다. 모두가 마음이 그리는 허구의 그림이다. 게송에서 말하듯, 그러므로 일체는 유식이다. 다시 말해 마음이 그런 모습으로 나타나 마음 스스로에 의해 그렇게 인식된 것에 지나지 않는다.

우리는 엄청난 짐들을 짊어지고 있다. 여태껏 심어온 번뇌 종자들이 그것이다. 분노의 종자, 괴로움의 종자, 미움의 종자, 끝을 모르는 욕망의 종자, 일체를 자신 위주로 바라보는 아집의 종자…. 때가 되면 이 종자들은 실제의 분노·괴로움·미움·욕망·아집 등으로 나타난다. 또한 목탁 소리로 인식한 결과로 심어진 종자 때문에 그 소리는 언제나 목탁 소리로 들릴 가능성이 매우 높다. 하지만 그 소리가 목탁 소리로 들릴지라도 그 소리는 결코 '고정된' 목탁 소리가 아니다. 요강이 요강이 아니라 양념단지이기도 한 것처럼.

더 심각한 것은 다음과 같은 중생의 현실이다. 중생에게 미움의 종자에서 미운 생각이 일어날 때 상대는 영락없이 미운 놈으로 보인다. 그렇게 보려는 본인의 의지에 의해서가 아니라 자연스럽게 그렇게 보인다. 밉게 보면 안 된다는 생각을 일으키지만 마음 한구석에서는 여전히 밉게 보인다. 목탁 소리로 들으려고 해서 그렇게 들리는 것이 아니라, 그냥 목탁 소리로 들리고 그 결과 그것은 틀림없는 목탁 소리라고 믿게 되어 버린다. 그런 만큼 그 집착에서 벗어나는 것은 어렵고 힘들 수밖에 없다.

어떻게 할 것인가? 내가 심은 종자대로 세상은 보인다. 내게 괴로움의 종자가 없었다면 괴로움은 없었다. 세상 자체는 즐거움도 괴로움도 아닌 공이다. 공인 세상이 자신이 심은 종자에 따라 이렇게도 보이고 저렇게도 보인다. 무문 선사는 말했다. "쓸데없는 일에 마음이 걸리지 않으면, 그야말로 인간 세상은 호시절이다."

요컨대 내가 상대를 보는 것이 아니라, 내가 나 자신을 보고 있다는 자각이 긴요하다. 우리의 생각과 경험은 그것이 아무리 훌륭해도 본인이 심은 종자 내에서 이루어진 것이라는 한계를 지닌다. 마치 그것은 허공에 떠다니는 터럭 하나와 같고, 거대한 강물에 떨어지는 물 한 방울과 같다.

이 한계에서 어떻게 자유롭게 될 것인가? 수행하다 죽어도 좋다는 각오로 화두를 드는 이유가 여기에 있다. 마조 선사가 제자인 백장 선사와 함께 길을 걷고 있었다. 그때 오리 한 마리가 날아갔다. 마조가 백장에게 물었다. "저게 뭔가?" 당신이라면 어떻게 답하겠는가? 머리 굴리거나 읽고 들은 것으로 흉내 내서 답한다면 영원한 중생이다.

아는 대로 행해지지 않는 교리는
절름발이에 불과하다

가슴 깊이 젖어 드는 감동적인 이야기는 일부러 외울 필요도 없이 마음에 오래 남아 눈이 되고 귀가 되고 혼이 된다. 불교 교리는 어렵고 방대하다고 한다. 이 불교 교리의 고갱이만을 추려서 그것을 감동적인 이야기로 풀어내고자 한 것이 이 책이다.

불교 교리 전체를 꿰는 실이요, 정수라 할 수 있는 사상은 연기緣起다. 이에 대해 이의를 제기할 사람은 없을 것이다. 연기의 대승불교적 전개가 공空과 유식唯識 사상이다. 연기·공·유식을 형해만 남은 죽은 사상이 아니라 자기 몸속에서 펄펄 살아 숨 쉬게 하여, 연기·공·유식 그대로 살고자 하는 것이 선禪이다. 연기·공·유식·선은 세계사상사의 견지에서도 실로 귀중한 사상과 실천이며, 앞으로도 인류에 크게 공헌할 자산이다.

연기·공·유식·선 가운데 어느 하나에 대해서만 해설하고 설명한 책들은 많다. 하지만 선을 바탕에 깔고 연기·공·유식의 핵심을 모두 보여주는 책은 거의 없다. 그것도 단순한 이론 전달이 아니라, 감동적인 이야기 또는 쉽고 재미있으면서도 정곡을 찌르는 일상적인 실례를 통해 그 핵심이 자연스럽게 스며들게 하는 책은 매우 드물다. 이 책은 그일을 하고자 했다.

자신의 진실을 왜곡하지 않고 '있는 그대로' 잘 알아, 한쪽에 치우치지 않고 올바른 삶을 살아서 부작용 없는 진정한 행복을 누리라고 가르치는 것이 불교다. 이러한 불교의 목적을 실현하고자 할 때 반드시 알아야 할 정확한 개념과 내용이 이야기와 실례를 통해 독자의 몸과 마음에 배어들 수 있도록 노력했다.

불교에서 제일 중시하는 것이 지혜다. 대전에서 목적지인 서울을 향하여 열심히 가기는 가지만 방향을 부산 쪽으로 잡았다면 아니 감만 못하다. 열심히 가면 갈수록 목적지에서 점점 더 멀어질 뿐이다. 열심히 성실히만 한다고 해서 무조건 좋다고는 할 수 없다. 지혜가 결여되어 있다면 열심히 하는 만큼 오히려 더 나쁜 행동을 할 수 있다. 이 책을 읽으면 각자의 사고방식을 진단하고 바로 잡을 수 있을 것으로 기대한다. 일상생활에서 불교의 가르침을 활용하려고 노력해 보지만 어떻게 해야 할지 모르는 답답함도 해소될 것이다.

불교는 누구라도 마음을 열고 듣기만 하면 납득할 수 있는 내용으로 되어 있다. 다만 그 내용을 일반인이 왜곡 없이 정확하게 접하기에는 몇 가지 걸림돌이 있다. 그중의 하나는 불교의 생생한 원음을 담고 있는 언어들이 산스끄리뜨, 빨리어, 티베트어, 한문 등 현대인들이 해독하기 어려운 고전어라는 점이다. 또 하나의 걸림돌은 불교가 오랜 시간과 광대한 지역에 걸쳐 전개되어 왔기 때문에 그 내용이 워낙 방대하다는 점이다.

일본 교토(京都)대학에 유학하여 고전어로 기록된 불교 문헌을 정확하게 읽어낼 수 있는 능력을 함양한 것이 책을 쓰는 데 크게 도움이 되었다. 또 대학 강단에서의 불교 강의, 16년에 걸친 전문 선禪 수행과 지도 경험은 불교의 고갱이를 선별하는 눈이 되어 주었다.

이 글을 탄생시킨 주인공인 '시방삼세 제망찰해'의 모든 존재에게 머리 숙여 감사의 예를 올린다. 특히 지근한 거리에서 정성을 쏟아주신 불광출판사 여러분의 노고에 진심으로 고마움을 전하며 무궁한 발전을 기원한다.

_2017년 12월 김사업 합장

363

인문학을 좋아하는
사람들을 위한 불교수업

ⓒ 김사업, 2017

2017년 12월 18일 초판 1쇄 발행
2024년 5월 22일 초판 10쇄 발행

지은이 김사업
발행인 박상근(至弘) · 편집인 류지호 · 편집이사 양동민
편집 김재호, 양민호, 김소영, 최호승, 하다해, 정유리
디자인 쿠담디자인 · 그림 신은숙(010.3624.5063)
제작 김명환 · 마케팅 김대현, 김선주, 이선호 · 관리 윤정안
콘텐츠국 유권준, 정승채, 김희준
펴낸 곳 불광출판사 (03169) 서울시 종로구 사직로10길 17 인왕빌딩 301호
　　　　대표전화 02) 420-3200 편집부 02) 420-3300 팩시밀리 02) 420-3400
　　　　출판등록 제300-2009-130호(1979. 10. 10.)

ISBN 978-89-7479-373-9 (03150)

값 18,000원